国家社科基金项目"价值链视域下城市社区公共物品供给困厄与解围机制研究"研究成果
天津城建大学"十三五"综投业务费资助

城市社区公共物品协同供给治理创新研究

何继新　著

机械工业出版社
CHINA MACHINE PRESS

现阶段，在社区治理转型和完善城乡社区治理进程中，如何提高城市社区公共物品协同供给效率，注重协同供给的系统性、复杂性、整体性和协同性，适应社区公共物品供给的多样化、复杂化、动态化、网络化、社会化、智能化、精细化的发展趋势，创新社区公共物品协同供给框架、模式和机制，是近年来公共服务领域理论和实践发展的热点议题。本书力图运用跨学科的理论与方法，融合定性和定量分析，立足城市社区治理特点、规律和条件，从理论到实践对城市社区公共物品多元主体协同供给治理创新主题展开深入研究，系统性地解答城市社区公共物品多元主体协同供给治理理论与现实基础、实存样态状况、治理内在逻辑、相关利益主体关系、现实动因及机理、模式与成效、引导策略和管理对策等问题。

图书在版编目(CIP)数据

城市社区公共物品协同供给治理创新研究/何继新著. —北京：机械工业出版社, 2019.4

ISBN 978-7-111-64289-3

Ⅰ.①城… Ⅱ.①何… Ⅲ.①城市-社区-公共物品-供给制-研究-中国 Ⅳ.①F299.241

中国版本图书馆 CIP 数据核字(2019)第 269822 号

机械工业出版社(北京市百万庄大街 22 号　邮政编码 100037)
策划编辑：汤　攀　责任编辑：汤　攀　臧程程
责任校对：刘时光　封面设计：张　静
责任印制：常天培
北京虎彩文化传播有限公司印刷
2020 年 4 月第 1 版第 1 次印刷
184mm×260mm・14.75 印张・360 千字
标准书号：ISBN 978-7-111-64289-3
定价：79.00 元

电话服务　　　　　　　　网络服务
客服电话：010-88361066　机　工　官　网：www.cmpbook.com
　　　　　010-88379833　机　工　官　博：weibo.com/cmp1952
　　　　　010-68326294　金　书　网：www.golden-book.com
封底无防伪标均为盗版　　机工教育服务网：www.cmpedu.com

序

  城市社区的发展离不开公共物品的供给，不同的供给模式影响着城市社区公共物品的供给和使用效率。在改革开放前的计划经济时代，当时的城市居委会实际上是一种发育尚不成熟的城市社区。那时的城市社区管理同样需要一定数量的公共物品，但由于当时的社会物品绝大多数姓公而不姓私，因而关于公共物品的供给问题很少有人做为一个专门的学术问题去研究。事实上，当时城市社区公共物品的供给模式相对简单，供给主体主要有上级政府、辖区内或为之服务的企业与事业单位。由于当时企业和事业单位都是政府办的，供给模式一般都是采取划拨方式，所以人们习惯性地把这种供给方式称为行政性供给模式。同时，由于当时整个社会处于物品稀缺时代，因而当时城市社区的公共物品也十分匮乏。那个时代对于城市社区而言，既是一个公共物品供给主体和供给模式单一的时代，也是一个公共物品稀缺和匮乏的时代。改革开放以来，我国不但在社会经济方面得到了极大发展，为城市社区的公共物品较充分供给创造了物质条件；而且通过经济体制、行政体制和社会管理体制的改革，公共物品的供给主体也得到了多方面的发展，涌现出一大批民营企业、社会组织。加之城市社区自治组织通过改革也更加健全、更有活力，城市居民的自主意识、参与意识、自治能力也不断提升，从而使城市社区公共物品的供给主体出现了多元化局面，并且供给能力也不断增强。并且，随着政府职能的转变，政府对城市社区公共物品供给方式也发生了实质性的变化，城市社区公共物品的供给方式也日益多元化。面对这种新的局面和新的形势，如何选择更有效的供给模式并进行更有效的治理，已被城市社区研究者提上重要的议事日程。本书作者适应这一需要，通过多年研究形成的这一重要研究成果，不但在实践上对于推动我国城市社区公共物品供给模式的改革和治理创新具有重要的现实意义，而且在理论上对于提升我国城市社区公共物品供给治理模式的研究水平具有重要的学术价值。

  本研究的建树主要体现在以下几个方面：

  首先，构建了一个有关城市社区公共物品供给协同治理创新研究的逻辑体系或理论框架。全书共由基础篇、关系篇、动力篇、模式篇和对策篇构成，每一篇在内容上相对独立，而在逻辑上又紧密相连。在基础篇中，探讨了有关城市社区公共物品供给协同治理创新研究的理论基础与现实基础问题，内容包括城市社区公共物品协同供给演进及结构研究、城市社区公共物品协同供给实存状况的实证分析、城市社区公共物品协同供给现实问题的理论分析和城市社区公共物品协同供给治理的逻辑梳理。在关系篇中，探讨了有关城市社区公共物品供给的利益相关者及其他们之间的关系，内容包括城市社区公共物品协同供给利益相关者框架、城市社区公共物品协同供给利益相关者诉求、城市社区公共物品协同供给利益相关者关系、政府与城市社区公共物品协同供给联动关系等一系列问题的研究。在动力篇中，探讨了有关城市社区公共物品供给的驱动机理及要素问题，内容主要包括城市社区公共物品协同供给动力因素和城市社区公共物品协同供给影响因素的研究。在模式篇中，探讨了价值链下的城市社区公共物品协同供给模式及机制问题，内容包括基于价值链的城市社区公共物品协同供给网络模型、基于价值链的城市社区公共物品协同供给模式和基于价值链的城市社区公共物品协同供给机制的研究。在对策篇中，探讨了引导策略和管理对策等问题，内容包括城市社区公共物品协同供给引导策略和城市社区公共物品协同供给管理对策等问题的研究。以上五篇由基础到关系，再进而由动力到模式，并进而到管理对策，在逻辑上构成一个层层递进、相对完整的结构体系，不仅凸显本研究成果内容丰富，体系完整，而且为今后进一步研究城市社区公共物品的供给模式改革和治理创新提供了一个可资借鉴的理论框架。

其次，理论上有关城市社区公共物品协同供给治理创新研究方面做出了一些新的有益探索。在当前我国国家治理模式和治理能力现代化、社区治理转型、政府职能转变和公共物品需求多元化的背景下，城市社区公共物品供给的传统模式的弊端日益凸显，创新城市社区公共物品供给模式势在必行，城市社区公共物品多元协同供给治理创新应运而生。本研究成果在梳理和总括当前国内外相关研究基础上，围绕着城市社区公共物品协同供给治理创新做了一系列新的探索，较突出的亮点表现在：总体上通过对城市社区公共物品供给全生命周期探索，研究了其以价值引导驱动不同供给环节主体自内而外和由被动参与到主动参与的整个过程。具体而言，本研究以协同治理理论、行动者网络理论、利益相关者理论以及价值链理论等为支撑，采用规范研究与实证研究相结合、定性分析与定量分析相结合的方法，对城市社区公共物品多中心协同供给理论基础、现实问题、驱动因素及机理、利益相关者关系、协同供给价值链网络模型、模式、机制和协同绩效、引导策略和管理对策等一系列问题进行了全方位的研究。一方面，借鉴价值链理论，提出基于价值链视角的城市社区公共物品全流程多主体链接一体化协同供给治理体系，创新及发展完善公共物品供给理论，试图为破解我国现阶段城市社区公共物品协同供给困境，选择优化供给模式，提供有效的科学依据和创新性的、有特色的建设性路径；另一方面，通过阐释多元主体协同供给内在治理逻辑和分析利益相关者关系框架，搭建体现网络价值和主体利益的网络化协同供给体系，以衔接不同供给主体的价值诉求，进而实现价值驱动的思想导向到利益驱动的具有可操性的供给创新转向，揭示当前和未来社区公共物品协同供给可持续运转的原动力；再者，采用系统动力学方法，并结合系统科学方法、协同分析、网络组织分析、利益相关者分析和博弈论模型等方法，对不同环节供给主体供给运行机制进行深入分析，引入制度演化、政府作用力、社区多元环境等因素全方位考察城市社区公共物品协同供给体系，在此基础上，就如何改造、构建新的城市社区公共物品协同供给和运行机制提出了相应对策。

最后，本书在研究方法上也有自己的特色，尤其是在实证研究和定量分析方面进行了有益探索。目前国内关于城市社区公共物品协同供给研究多停留在理论层面，实证分析和模型构建的成果相对较少。本研究的作者在研究过程中进行了较为深入的现场调查，收集了大量的研究数据，在篇幅有限的情况下用较多的篇幅对相关问题进行了量化分析。在第三章中，作者对城市社区公共物品协同供给实存状况，如协同供给状况、协同供给满意度、协同供需配匹性、协同供给效率性、协同供给合力性、协同供给监督性等问题，进行了实证研究；在第七章中，作者对城市社区公共物品协同供给利益相关者诉求，如利益相关者诉求的重要性、利益相关者诉求的认知差异等，进行了量化分析；在第十一章中，作者对城市社区公共物品协同供给影响因素运用 logistic 模型进行了回归分析；在第十五章有关基于价值链的城市社区公共物品协同供给的绩效评价中，引入定量评价方法，对其城市社区公共物品协同供给的绩效进行了量化评价。大量的调查数据，严谨的实证研究，深入的量化分析，为本研究增强了说服力。

当然，任何研究都有可能存在这样或那样不完善的地方，本研究也不例外。由于研究内容涉及面较广，加之篇幅所限，在对有些问题的探讨方面尚不够深入，还有需要进一步研究和发展的余地。希望作者及其研究团队，继续对本研究中提出或涉及的相关问题做更为深入的研究，理论上为推动城市社区公共物品供给及其治理制度的研究提供高质量的学术成果，实践上为促进城市社区公共物品供给及其治理制度的改革提供有益的政策咨询。我相信，这不仅仅是我的期盼，也是很多读者的期盼！

胡象明
二〇一九年十月五日
于北京市海淀区清林苑

前　言

　　城市社区公共物品供给是一项涉及教育、医疗、卫生、住房、养老和社区安全的复杂而庞大的网络协同供给系统工程。现阶段，在国家治理能力现代化、社区治理转型、政府职能转变和公共需求多元化的背景下，城市社区公共服务多元主体协同供给问题已成为城市社区治理和公共管理的核心问题，提高社区公共服务协同供给质量是当前中国社区建设的当务之急。理论和实践均证明，在当前的社区治理转型和完善城乡社区治理进程中，只有提高城市社区公共物品协同供给效率，注重协同供给的系统性、复杂性、整体性和协同性，重塑社区公共物品协同供给结构与体系，创新社区公共物品协同供给体制机制，才能适应社区公共物品供给的多元化、复杂化、动态化、网络化、法治化、社会化、智能化、精细化的发展趋势。传统的社区公共物品供给难以提供有效的理论解释和调控策略，传统的应对之策也常常治标不治本，城市社区公共物品多元协同供给治理创新因此应运而生。

　　学界针对城市社区公共物品供给、基层公共服务治理，以及社会治理语境下的社区公共服务多主体供给模式已经开展了必要的理论探讨和实践探索，这为本书提供了重要基石和前提。然而，在社区公共服务协同供给领域仍存在着巨大的拓展空间和行为规律的深入挖掘，对社区公共物品协同供给机制、流程及架构关系系统化研究还不充分。从整体、全程、价值和相关利益者管理思想出发，通过纵贯供给全过程的价值引导，驱动不同供给环节主体自内而外，由被动参与到主动参与，构建城市社区公共物品全流程多主体链接一体化协同供给治理体系，真正缓解我国现阶段城市社区公共物品协同供给困厄，提供一条具有特色和创新性的可能建设路径，显得尤为重要。

　　本书是一本研究和探讨城市社区公共物品协同供给治理创新模式的著作，力图运用跨学科的理论与方法，融合定性和定量分析，以协同治理理论、行动者网络理论、相关利益者理论以及价值链理论等为支撑，立足城市社区治理属性特点、内在规律和前提条件，从理论到实践，对城市社区公共物品多元主体协同供给治理创新主题展开深入研究，系统性地解答城市社区公共物品多元主体协同供给治理理论与现实基础、实存样态状况、治理内在逻辑、相关利益主体关系、现实动因及机理、模式与成效、引导策略和管理对策等问题。

　　本书共计分为5篇17章，具体包括：①基础篇，共计5章，包括导论、城市社区公共物品协同供给演进及结构、基于实证分析的城市社区公共物品协同供给实存状况、基于理论分析的城市社区公共物品协同供给现实问题、城市社区公共物品协同供给治理逻辑；②关系篇，共计4章，包括城市社区公共物品协同供给利益相关者框架、城市社区公共物品协同供给利益相关者诉求、城市社区公共物品协同供给利益相关者关系、政府与城市社区公共物品协同供给联动关系；③动力篇，共计2章，包括城市社区公共物品协同供给动力因素、城市社区公共物品协同供给影响因素；④模式篇，共计4章，包括基于价值链的城市社区公共物品协同供给网络模型、基于价值链的城市社区公共物品协同供给模式、基于价值链的城市社区公共物品协同供给机制、基于价值链的城市社区公共物品协同供给绩效评价；⑤对策篇，共计2章，包括城市社区公共物品协同供给引导策略、城市社区公共物品协同供给管理对策。

　　本书是在我指导的研究生以及作为课题组成员杨鹏、陈真真、高亚君等同学开展的硕士论文研究和共同合作发表的论文的基础上，进一步完善和提升形成的学术研究成果，得到"天津城建大学十三五综投资助"的支持，也是国家社科基金年度项目《价值链视域下城市社区公共物品供给困厄与解困机制研究》的重要研究成果。在编写过程中，我曾就书中的学术思想与校内的诸多同事和校外的同行及社区实践工作者、基层政府管理者进行了讨论、交流和印证，从中受益良多。本书还参考和借鉴了国内外学者大量有关研究的观点和思想。许多硕士生帮助我查阅、收集了大量文献资料。在此，我谨向上述专家学者的鼎力帮助，社区实践工作者的大力支持，研究生同学们的辛勤劳动，学校的资助以及相关文献的作者致以衷心的感谢。

　　由于研究对象的复杂性和本人研究水平的局限性，书中的观点、内容、思考问题的角度以及一些研究结论等，难免存在缺憾和不当之处，恳切希望各位读者对本书可能存在的错误与疏漏给予批评指正。

何继新
二〇一九年十二月
于天津

目 录

序
前言

基础篇　理论基础与现实基础

第1章　导论 ·· 2
  1.1　研究背景与意义 ··· 2
    1.1.1　研究背景 ·· 2
    1.1.2　研究目的 ·· 2
    1.1.3　研究意义 ·· 3
  1.2　研究基础综述 ·· 4
    1.2.1　国外研究现状 ··· 4
    1.2.2　国内研究现状 ··· 6
    1.2.3　研究评述 ·· 9
  1.3　研究理论基础 ·· 9
    1.3.1　基础理论支撑 ··· 9
    1.3.2　核心概念体系 ··· 12

第2章　城市社区公共物品协同供给演进及结构 ················· 14
  2.1　城市社区公共物品协同供给演进 ·································· 14
    2.1.1　萌芽阶段（1949—1977 年） ·································· 14
    2.1.2　起步探索阶段（1978—1990 年） ·························· 14
    2.1.3　中期发展阶段（1991—1999 年） ·························· 15
    2.1.4　普及推广阶段（2000—2009 年） ·························· 15
    2.1.5　创新发展阶段（2010 年至今） ······························ 15
  2.2　城市社区公共物品协同供给功能作用 ·························· 16
    2.2.1　主体互动，扩大供给空间 ····································· 17
    2.2.2　协同合作，提升供给效能 ····································· 17
    2.2.3　多方驱动，促进供需平衡 ····································· 17
    2.2.4　有序分工，发挥优势互补 ····································· 17
    2.2.5　需求导向，推动社区和谐 ····································· 18
  2.3　城市社区公共物品协同供给结构 ·································· 18
    2.3.1　城市社区公共物品供给环节构成 ························· 18

2.3.2　城市社区公共物品供给主体构成 …………………………………… 21
　2.4　城市社区公共物品协同供给主体角色 ………………………………………… 22
　　2.4.1　政府部门角色和职责 …………………………………………………… 22
　　2.4.2　市场营利组织角色和职责 ……………………………………………… 23
　　2.4.3　社区非营利组织角色和职责 …………………………………………… 24
　　2.4.4　社区自治组织角色和职责 ……………………………………………… 25
　　2.4.5　社区居民角色和职责 …………………………………………………… 25
　2.5　城市社区公共物品协同供给环节 ……………………………………………… 26
　　2.5.1　建设决策环节 …………………………………………………………… 26
　　2.5.2　建设实施环节 …………………………………………………………… 27
　　2.5.3　运营维护环节 …………………………………………………………… 28
　　2.5.4　消费环节 ………………………………………………………………… 28
　2.6　城市社区公共物品协同供给流程 ……………………………………………… 29
　　2.6.1　城市社区公共物品供应链管理内涵及原理 …………………………… 29
　　2.6.2　城市社区公共物品供应链管理的节点和流 …………………………… 30
　　2.6.3　城市社区公共物品供给流程结构分析——以社区物业公共服务供给为例 …… 31
　　2.6.4　城市社区公共物品5F供应链管理方法和工具 ………………………… 33

第3章　城市社区公共物品协同供给实存状况：实证分析 …………………………… 36
　3.1　研究方案设计 …………………………………………………………………… 36
　　3.1.1　调查对象的确定 ………………………………………………………… 36
　　3.1.2　调查范围的确定 ………………………………………………………… 36
　　3.1.3　调查数量的确定 ………………………………………………………… 36
　　3.1.4　调研方法 ………………………………………………………………… 37
　　3.1.5　调查问卷设计 …………………………………………………………… 37
　3.2　调研实施 ………………………………………………………………………… 37
　　3.2.1　预调研与问卷修正 ……………………………………………………… 37
　　3.2.2　正式调研与问卷回收 …………………………………………………… 38
　3.3　样本统计特征 …………………………………………………………………… 38
　3.4　城市社区公共物品协同供给现状分析 ………………………………………… 39
　　3.4.1　城市社区公共物品协同供给满意度 …………………………………… 39
　　3.4.2　城市社区公共物品协同供需匹配性 …………………………………… 41
　　3.4.3　城市社区公共物品协同供给效率性 …………………………………… 42
　　3.4.4　城市社区公共物品协同供给合力性 …………………………………… 44
　　3.4.5　城市社区公共物品协同供给专业性 …………………………………… 46
　　3.4.6　城市社区公共物品协同供给监督性 …………………………………… 47

第4章　城市社区公共物品协同供给现实问题：理论分析 …………………………… 49
　4.1　城市社区公共物品供需失配 …………………………………………………… 49

4.1.1		时间滞后性	49
4.1.2		空间破碎性	49
4.1.3		结构差异性	49
4.1.4		选择被动性	49
4.2	城市社区公共物品供给低效		50
4.2.1		政府导向偏离	50
4.2.2		社会参与不足	50
4.2.3		居民参与受阻	50
4.2.4		供给管理短板	50
4.2.5		供给环节迟滞	50
4.3	供给主体功能角色偏差		51
4.3.1		权力分配不均	51
4.3.2		责任界限不清	51
4.3.3		公私边界混淆	51
4.4	多环节多主体协同乏力		51
4.4.1		信息协同	52
4.4.2		环节协同	52
4.4.3		主体协同	52
4.5	管控流程非规范		52
4.5.1		业务流	52
4.5.2		工作流	52
4.5.3		信息流	52
4.5.4		资金流	52
4.6	价值导向虚构		53
4.6.1		横向维度	53
4.6.2		纵向维度	53
4.6.3		内涵偏颇	53
4.6.4		导向偏差	53
4.7	激励与约束匮乏		53
4.7.1		社会参与不足	53
4.7.2		居民参与不足	54
4.7.3		政府管理不善	54
4.8	主体一体化割裂		54
4.8.1		利益诉求背离	54
4.8.2		价值导向模糊	54
4.8.3		管理机制短板	54
4.9	社会资本弱化		54
4.9.1		社会环境不良	55
4.9.2		主体关联松散	55

- 4.10 信息非对称和碎片化 ·· 55
  - 4.10.1 信息非对称 ··· 55
  - 4.10.2 供需不匹配 ··· 55
  - 4.10.3 信息碎片化 ··· 55
- 4.11 管控评估缺失 ·· 55
  - 4.11.1 评估体系不健全 ··· 56
  - 4.11.2 社会机构难介入 ··· 56
  - 4.11.3 评估目标不准确 ··· 56
  - 4.11.4 管控机制不完善 ··· 56

第5章 城市社区公共物品协同供给治理逻辑 ····························· 57
- 5.1 多重治理逻辑：城市社区公共物品供给的三种逻辑及其行为 ·········· 57
  - 5.1.1 国家的逻辑——以供给均等化为目标的科层逻辑 ················ 57
  - 5.1.2 市场的逻辑——以利益共生为基点的经济逻辑 ··················· 58
  - 5.1.3 社区的逻辑——以需求满足为出发点的权利逻辑 ·················· 59
- 5.2 现实困厄：三种治理逻辑的相互作用关系及结果 ······················ 59
  - 5.2.1 向上负责——路径依赖式的行政化治理 ························· 59
  - 5.2.2 权责和供需失衡——机制缺失下的治理弊端 ···················· 60
  - 5.2.3 迭绎循环——科层组织压力下的治理困厄 ······················ 60
- 5.3 理性选择：城市社区公共物品多元互动治理模式 ····················· 61
  - 5.3.1 城市社区公共物品多元互动治理模式的要素和表征 ················ 61
  - 5.3.2 城市社区公共物品多元互动治理模式的"四度"制度设计 ··········· 62
  - 5.3.3 城市社区公共物品多元互动治理模式的运行机理 ················ 62

关系篇 利益相关者关系

第6章 城市社区公共物品协同供给利益相关者框架 ························ 66
- 6.1 相关范畴与理论界定 ·· 66
  - 6.1.1 利益相关者内涵 ·· 66
  - 6.1.2 利益相关者分类 ·· 67
  - 6.1.3 社区公共物品供给发展 ·· 67
- 6.2 社区公共物品供给主体利益相关者多维分类和角色功能 ··············· 68
  - 6.2.1 社区公共物品供给主体利益相关者内涵界定 ···················· 68
  - 6.2.2 社区公共物品供给主体利益相关者多维分类和角色功能 ·········· 68
- 6.3 社区公共物品供给主体利益相关者的复合协同治理 ··················· 73
  - 6.3.1 社区公共物品供给主体利益相关者导入复合协同治理新视角 ······ 74
  - 6.3.2 社区公共物品供给主体利益相关者治理凸显社会复合和协同互构的核心特征 ·· 74
  - 6.3.3 社区公共物品供给主体利益相关者治理能够消解单一主体失灵 ···· 74

6.3.4 社区公共物品供给主体利益相关者治理创新社会复合供给模式 …………… 75

第7章 城市社区公共物品协同供给利益相关者诉求 ……………………… 76
7.1 样本区选择与分布 …………………………………………………………… 76
7.2 利益相关者利益诉求研究方法 ……………………………………………… 77
    7.2.1 利益诉求指标选择 …………………………………………………… 77
    7.2.2 数据来源及样本统计特征 …………………………………………… 79
7.3 利益诉求的重要性排序分析 ………………………………………………… 79
7.4 利益诉求认知的偏差分析 …………………………………………………… 83
    7.4.1 利益相关者对社区居民利益诉求认知偏差 ………………………… 83
    7.4.2 利益相关者对私营机构利益诉求认知偏差 ………………………… 84
    7.4.3 利益相关者对社区组织利益诉求认知偏差 ………………………… 85
    7.4.4 利益相关者对政府部门利益诉求认知偏差 ………………………… 85

第8章 城市社区公共物品协同供给利益相关者关系 ……………………… 87
8.1 基层政府、私营机构和社区居民之间的博弈关系 ………………………… 87
    8.1.1 私营机构与基层政府 ………………………………………………… 88
    8.1.2 私营机构与社区居民 ………………………………………………… 88
    8.1.3 社区居民与基层政府 ………………………………………………… 88
8.2 基层政府、营利组织和社区居民之间的动态博弈分析 …………………… 89
    8.2.1 私营机构与基层政府的动态博弈 …………………………………… 89
    8.2.2 私营机构与社区居民的动态博弈 …………………………………… 90
    8.2.3 社区居民与基层政府的动态博弈 …………………………………… 92
8.3 政府与非政府组织"行为集合"分配博弈分析 …………………………… 93
    8.3.1 设定模型 ……………………………………………………………… 94
    8.3.2 基于柯布-道格拉斯函数的均衡分析 ………………………………… 96
    8.3.3 结论和讨论 …………………………………………………………… 99
8.4 政府—企业—社会组织—居民博弈分析 …………………………………… 101
    8.4.1 社区公共物品系统内供给企业主体间的协同关系分析 …………… 102
    8.4.2 社区公共物品系统内政府与供给企业主体间的协同关系分析 …… 106
    8.4.3 社区公共物品系统内社会组织、居民与供给企业主体间的协同关系
          分析 …………………………………………………………………… 109
    8.4.4 结论及建议 …………………………………………………………… 111

第9章 政府与城市社区公共物品协同供给联动关系 ……………………… 113
9.1 政府与社区公共服务建设发展联动逻辑多视角解读 ……………………… 113
    9.1.1 政府与社区公共服务建设发展联动的"闭环逻辑" ……………… 113
    9.1.2 政府与社区公共服务建设发展的"多主体协同逻辑" …………… 114
    9.1.3 政府与社区公共服务建设发展的"多层次耦合逻辑" …………… 115

9.2 政府与社区公共服务建设发展联动的现实问题表征考察 ... 116
9.2.1 政府与社区公共服务建设发展联动的脱节 ... 116
9.2.2 政府与社区公共服务建设发展联动的失轨 ... 118
9.2.3 政府与社区公共服务建设发展联动失措 ... 119
9.3 政府与社区公共服务建设联动发展的立体化路径构建 ... 120
9.3.1 政府与社区公共服务建设发展"多维对接"路径 ... 120
9.3.2 政府与社区公共服务建设发展"点—线—面"联动路径 ... 121
9.3.3 政府与社区公共服务建设发展"三维一体"协同路径 ... 121

动力篇 驱动机理及要素

第10章 城市社区公共物品协同供给动力因素 ... 124
10.1 城市社区公共物品协同供给的动力学特征 ... 124
10.2 城市社区公共物品协同供给因果关系分析 ... 125
10.2.1 影响协同供给效率的分析框架 ... 125
10.2.2 影响协同供给效率子系统因果关系分析 ... 126
10.2.3 影响协同供给效率因果关系总图 ... 129
10.3 城市社区公共物品协同供给的动力因素 ... 130
10.3.1 内外结合驱动：政策扶持和引导 ... 130
10.3.2 主体均衡激励：绩效考核与评估体系 ... 130
10.3.3 合作共育共赢：自身能力建设和运营管理 ... 131
10.3.4 供需对称契合：信息交互与共享 ... 131
10.3.5 核心理念使命：公共利益价值导向 ... 131

第11章 城市社区公共物品协同供给影响因素 ... 133
11.1 研究假说的提出 ... 133
11.2 多元 logistic 分析简介 ... 135
11.3 变量选择及定义 ... 135
11.4 信度和效度检验 ... 136
11.4.1 信度检验 ... 136
11.4.2 效度检验 ... 136
11.5 logistic 回归分析 ... 137
11.5.1 模型适用度检验 ... 137
11.5.2 拟合优度检验 ... 137
11.5.3 影响因素分析 ... 138

模式篇 价值链下的协同供给模式及机制

第12章 基于价值链的城市社区公共物品协同供给网络模型 ... 142

12.1 基于价值链的社区公共物品协同供给理论探究 ·············· 142
12.2 基于价值链的社区公共物品协同供给内涵及特征 ·············· 144
12.2.1 公共物品价值链供给治理的内涵 ·············· 144
12.2.2 公共物品价值链供给治理的特征 ·············· 144
12.3 基于价值链的社区公共物品协同供给生成效应 ·············· 145
12.3.1 公共物品供给侧创新发展的整体性治理及协同机制 ·············· 145
12.3.2 共同价值创造的价值链供给生态圈和差异化优势 ·············· 146
12.3.3 公共物品供需匹配及无缝衔接的三重效应 ·············· 146
12.3.4 效能和价值双重目标框架下的"三性"治理逻辑 ·············· 147
12.4 基于价值链的社区公共物品协同供给发展趋势及其行动原则 ·············· 148
12.4.1 基于价值链的社区公共物品协同供给发展趋势 ·············· 148
12.4.2 基于价值链的社区公共物品协同供给的行动原则 ·············· 148
12.5 基于价值链的社区公共物品协同供给网络分析 ·············· 149
12.5.1 价值链网络化范型及其对社区公共物品协同供给管理的影响 ·············· 149
12.5.2 基于价值链的社区公共物品协同供给主体要素分析 ·············· 150
12.5.3 基于价值链的社区公共物品协同供给节点（环节）分析 ·············· 153
12.5.4 基于价值链的社区公共物品协同供给流程解构 ·············· 153
12.6 基于价值链的社区公共物品协同供给网络模型构建 ·············· 158
12.6.1 基于价值链的社区公共物品协同供给价值系统分析 ·············· 158
12.6.2 基于价值链的社区公共物品协同供给网络构建基础 ·············· 159
12.6.3 基于价值链的社区公共物品协同供给网络模型 ·············· 160

第13章 基于价值链的城市社区公共物品协同供给模式 ·············· 163
13.1 基于价值链的社区公共物品协同供给的必要性和可行性分析 ·············· 163
13.1.1 基于价值链的社区公共物品协同供给的必要性 ·············· 163
13.1.2 基于价值链的社区公共物品协同供给的可行性 ·············· 163
13.2 基于价值链的社区公共物品协同供给方式及特征分析 ·············· 165
13.2.1 政府组织与社会组织的公共物品供给协同方式及特征 ·············· 165
13.2.2 政府组织与市场组织的公共物品供给协同方式及特征 ·············· 167
13.2.3 社会组织与市场组织的公共物品供给协同方式及特征 ·············· 168
13.2.4 社区自治组织与政府组织的公共物品供给协同方式及特征 ·············· 168
13.2.5 社区自治组织与市场及社会组织的公共物品供给协同方式及特征 ·············· 168
13.3 基于价值链的社区公共物品协同供给模式类型及复合运用 ·············· 169
13.3.1 政府主导的公共物品协同供给模式及复合运用 ·············· 169
13.3.2 企业主导的公共物品协同供给模式及复合运用 ·············· 169
13.3.3 社会组织主导的公共物品协同供给模式及复合运用 ·············· 171
13.3.4 社区自主主导的公共物品协同供给模式及复合运用 ·············· 171
13.4 基于价值链的社区公共物品协同供给模式构建 ·············· 172
13.4.1 社区公共物品协同供给模式构建系统要素分析 ·············· 172

13.4.2　基于价值链的社区公共物品协同供给模式运行适用条件 …………… 173
　　13.4.3　基于价值链的社区公共物品协同供给的模式构建 …………………… 174

第14章　基于价值链的城市社区公共物品协同供给机制 ……………………… 176
14.1　社区公共物品协同供给机制的理论回顾 ……………………………………… 176
14.2　基于价值链的社区公共物品协同供给机制问题 ……………………………… 176
　　14.2.1　价值导向缺失 …………………………………………………………… 176
　　14.2.2　利益分配失衡 …………………………………………………………… 177
　　14.2.3　信息共享孤岛 …………………………………………………………… 177
　　14.2.4　激励驱动失效 …………………………………………………………… 177
　　14.2.5　风险防控失能 …………………………………………………………… 177
　　14.2.6　协调互信脆弱 …………………………………………………………… 178
14.3　基于价值链的社区公共物品协同供给机制内涵及构架 ……………………… 178
　　14.3.1　基于价值链的社区公共物品协同供给机制内涵 ……………………… 178
　　14.3.2　基于价值链的社区公共物品协同供给机制构架 ……………………… 179
14.4　基于价值链的社区公共物品协同供给机制内容 ……………………………… 181
　　14.4.1　引导服务机制 …………………………………………………………… 181
　　14.4.2　利益分配机制 …………………………………………………………… 181
　　14.4.3　资源配置机制 …………………………………………………………… 181
　　14.4.4　信息共享机制 …………………………………………………………… 182
　　14.4.5　沟通互信机制 …………………………………………………………… 182
　　14.4.6　主体一体化链接机制 …………………………………………………… 182
　　14.4.7　主体驱动机制 …………………………………………………………… 183
　　14.4.8　风险防控及监管机制 …………………………………………………… 183

第15章　基于价值链的城市社区公共物品协同供给绩效评价 …………………… 185
15.1　基于价值链的社区公共物品协同供给绩效评价理论分析 …………………… 185
　　15.1.1　基于价值链的社区公共物品协同供给绩效评价内涵 ………………… 185
　　15.1.2　基于价值链的社区公共物品协同供给绩效评价研究回顾 …………… 186
15.2　基于价值链的社区公共物品供给协同绩效评价体系构建 …………………… 187
　　15.2.1　基于价值链的社区公共物品协同供给绩效评价指标特点 …………… 187
　　15.2.2　基于价值链的社区公共物品协同供给绩效评价方法体系分析 ……… 187
　　15.2.3　基于价值链的社区公共物品协同供给绩效评价体系构建 …………… 188
15.3　基于价值链的社区公共物品协同供给绩效评价实施 ………………………… 189
　　15.3.1　基于价值链的社区公共物品协同供给绩效评价指标体系的构建 …… 189
　　15.3.2　基于价值链的社区公共物品协同供给绩效评价数据处理 …………… 191
15.4　实证分析 ………………………………………………………………………… 193
　　15.4.1　调查对象的确定 ………………………………………………………… 193
　　15.4.2　基于价值链的社区公共物品协同供给绩效评价分析 ………………… 193

15.4.3　协同供给绩效评价结果分析 ·························· 197

对策篇　引导策略和管理对策

第16章　城市社区公共物品协同供给引导策略 ·························· 200
16.1　深化政府引导支持公共物品供给体系建设 ·························· 200
　　16.1.1　加强政府与市场的合作生产 ·························· 200
　　16.1.2　推进非营利组织的培养 ·························· 200
16.2　构建社区公共物品信息化管理机制 ·························· 201
　　16.2.1　构建信息共享网络平台 ·························· 201
　　16.2.2　建立扁平化信息传递结构 ·························· 201
　　16.2.3　强化信息披露制度建设 ·························· 202
16.3　完善社区公共物品协同供给监督和激励体系 ·························· 202
　　16.3.1　建立多层次、多途径的监督体系 ·························· 202
　　16.3.2　构建公共物品评估指标体系 ·························· 202
　　16.3.3　完善社区奖罚制度和激励措施 ·························· 203
16.4　强化多元主体间公共利益价值导向 ·························· 203
　　16.4.1　树立正确的价值目标导向 ·························· 203
　　16.4.2　培育协同合作精神 ·························· 203
　　16.4.3　建立完善公平的利益分配机制 ·························· 204
　　16.4.4　优化利益表达渠道 ·························· 204
16.5　增强信任互惠的社区资本关系网络 ·························· 204
　　16.5.1　提升居民的社区归属感 ·························· 204
　　16.5.2　注重社区信任体系建设 ·························· 205
　　16.5.3　完善社区相关规范 ·························· 205

第17章　城市社区公共物品协同供给管理对策 ·························· 206
17.1　树立社区公共物品供给价值增值和价值创造导向 ·························· 206
17.2　增加价值链系统各环节的公共财政投入与金融支持 ·························· 206
17.3　加强社区公共物品自主供给 ·························· 207
17.4　完善公共物品供给主体功能分工和协作体系 ·························· 208
17.5　加强公共物品风险防控与监管 ·························· 208
17.6　形成多元化驱动激励体系 ·························· 209
17.7　提升公共物品投入产出效能 ·························· 210

参考文献 ·························· 211

基础篇

理论基础与现实基础

第1章 导 论

1.1 研究背景与意义

1.1.1 研究背景

社区公共物品供给是一项涉及教育、医疗、卫生、住房、养老和社区安全的复杂而庞大的网络系统工程,提高社区公共物品供给效率,注重社区公共物品供给的系统性、复杂性、整体性和协同性,重塑社区公共物品供给结构与体系,创新社区公共物品协同供给机制,适应社区公共物品供给的多样化、复杂化、动态化的发展趋势,是当前中国社区建设的当务之急。实践证明,伴随着市场经济的快速变化,网络信息技术的广泛普及以及智慧社区的发展,传统的社区公共物品供给理论已不能对复杂化、智能化和精细化的供给需求提供有效的解释和调控策略,传统的应对之策也常常治标不治本。与此同时,随着我国政府职能转变和市场经济的发展,城市社区公共物品供给由政府单一供给模式转变为政府、市场、非营利组织、社区自治组织和居民等共同参与的多主体供给模式,传统的治理模式已然不能满足城市社区的多元化需求。

因此,必须从影响社区公共物品协同供给的基础性、整体性以及根本性问题入手,创新社区公共物品协同供给网络模型、协同模式和机制,规避传统机制的单一性和时效性所产生的盲目性和风险。而将价值链理论引入社区公共物品协同供给框架,是近年来公共服务领域管理学理论和实践发展的显著趋势,通过社区公共物品多中心协同供给的生成机理研究,发现多中心协同供给信息流、工作流、业务流、资金流以及实物流等多流程协同过程中存在的复杂价值网络结构。不难发现,价值链系统理论与公共物品协同供给具有内在契合性,能够揭示社区公共物品协同供给流程中复杂现象的内在机理和规律,有助于辨识多中心协同供给复杂性形成的根本动因,为社区公共物品协同供给提供新的研究范式。

1.1.2 研究目的

社会建设、社区建设和公共物品供给有着内在的联系,社区公共物品有效供给是和谐社会建设的必要条件。城市社区公共物品供给作为我国各级政府的一项重要职能,在城市经济发展中发挥了极其重要的作用,是各类社会组织(例如各种协会、企业、私人和民间组织等)参与城市社区事业及其对经济社会发展做出贡献的重要领域。然而,目前各供给主体之间的矛盾冲突却制约着社区公共物品供给效率的提升。本研究目的主要是:①针对城市社区公共物品的供给过程,即建设决策—建设实施—运营维护—消费四个环节,分析每个环节的主要内容及主体构成,以及各环节和各主体的具体功能和职责。②通过问卷调查分析我国城市社区公共物品的供给现状，从供需匹配性、供给效率性、供给协同性和供给专业性等多个方面进行居民满意度的调查，探索社区公共物品多主体供给中存在的主要问题。③通过对社区居民及供给主体的问卷调查和深入访谈，分析城市社区公共物品多元供给效率的影响因素及影响程度，为社区公共物品协同供给绩效提升和整体价值提高提供理论支持和实践依据。

1.1.3 研究意义

城市社区公共物品有效供给是社区建设的物质保障，是我国构建和谐社会、和谐社区的重要途径之一，它可以为社区居民创造良好的生活环境，有助于我国城市社会的基层治理。但是，目前我国城市社区公共产品出现供给总量不足、供给结构不合理以及供给效率低等一系列问题，直接影响着社区居民的生活质量。由于我国城市社区公共物品供给由政府、市场、社区自治组织、非营利组织和社区居民等多方协同参与完成，所以探究多元主体参与城市社区公共物品供给中的问题现状与影响因素，加强各供给主体之间的相互协作，提高社区公共物品的供给效率是值得深入研究的问题。

1. 理论意义

一方面，有助于公共物品多主体供给模式的理论研究。从多环节多主体协同供给角度分析目前我国城市社区公共物品供给现状和问题，探求如何加强多主体间的协同，提高社区公共物品供给效率，深化对城市社区公共物品多主体供给模式的理论研究。同时，通过实证分析，不仅可以探寻出影响社区公共物品多主体供给效率的因素以及影响程度，也可以逐步拓展和优化公共物品供给效率分析框架。

另一方面，有助于丰富和发展我国公共产品理论。随着我国国情的不断变化，具备中国特色的公共产品相关理论在不断发展和变化。在公共产品理论视阈下，通过对城市社区公共物品多元供给模式中各主体协同现状、问题、影响因素及改善策略的研究，进一步完善适合中国城市社区的公共产品理论，为改善城市社区公共产品供给提供理论依据，更好地推动我国城市社区建设的发展。

2. 现实意义

首先，提高社区居民的生活环境质量。城市社区是最代表居民基础利益，最贴近百姓生活的平台。随着城镇化速度加快，城市社区的人口急剧增加，人们对社区生活、教育、娱乐等公共物品需求量也随之不断增大，社区居民希望社区能够提供更多、更好的社区服务和居住环境。因此，需要研究如何协同社区内外力量，充分利用社区资源来改善社区环境，满足居民对公共物品的需求，增强社区居民的满意度和归属感。

其次，有利于提升城市形象。社区公共物品包括社区的市政设施建设、环境卫生、文化体育等多个方面，这些公共物品的供给数量和质量已经成为衡量社区发展好坏和基层居民生活质量高低的标准，也逐渐影响整个城市的可持续发展能力和综合竞争力。因此，如何更有效供给社区公共物品，以实现社区福利最大化，建设和谐社区，提高城市魅力，对于城市的发展非常重要。

最后，帮助建设和谐社会。和谐社区是构建和谐社会的基础，而无论社区硬件服务设施建设还是社区软性资本建设都是社区公共物品供给的重要内容，提高多元主体参与机制下的社区公共物品供给效率、参与度和协同性，有助于和谐社区的建设与发展。

1.2 研究基础综述

1.2.1 国外研究现状

1. 城市社区公共物品供给协同多元主体研究

社区公共物品多元主体供给中，Hall 等（1982）[1]指出在社会政策领域，有四个主要的机构行为人：国家、公民社会、商业部门以及国际发展机构（IDIs）或金融机构。其中，政府仍是最重要的社会政策机构，"公民社会"则是一个概称，包括国内以及国际级的非政府组织，现已在社会政策的设计和实施上成为主要的行动者。Himmelman（1991）[2]指出多部门协作是社会变革的一项策略，在社区建设中要引入社区外的公共部门、私人部门和非营利组织，并通过合作赋权，共同支持社区目标。Winter 等（2006）[3]指出社区参与运动的兴起对大学以"公民"身份参与社区公共物品供给提供了可能，包括在社区中提供社会和经济基础设施，支持公平、多样的高等教育和公民民主教育。并认为大学—社区合作有助于提高公共利益，在不断改变的经济与社会背景下，"社区"一词有着更广泛的社会概念。Fontan 等（2009）[4]指出一些大城市中的旧街区面临贫困和失业的增长，需要调动社区内部和外部的公民社会组织协同参与到社区公共服务的供给中，社区组织、公共机构和私人机构共同参与社区治理。Bertot 等（2013）[5]研究了通过电子政务创新公共图书馆、地方政府机构和社区组织的合作伙伴关系，为当地社区提供重要的公共服务并能够降低资金投入。Mappasere 等（2014）[6]研究了城市社区中废物管理的利益相关者——政府、私营部门和社区的合作关系，缺少任何一方都会导致严重的健康问题和生活环境的恶化，三者的合作还能将不值钱的垃圾变为高价值的经济与社会资源。同时，其采用定性研究的方法，通过观察、深入访谈、文档搜集，从政府—私营部门合作关系、政府—社区合作关系、社区—私营部门合作关系、政府—私营部门—社区合作关系这4个视角对其协同关系进行详细的分析。

2. 城市社区公共物品供给协同影响因素

国外学者采用关键事件法、文献回顾法、半结构式访谈法等方法，通过理论分析和实践调研分析了城市社区公共物品供给协同中各主体间行为和关系的影响因素。Saidel 等（1989）[7]认为公共机构选择协同社区组织提供公共服务有三个重要的原因：一是非营利组织能够相对快速地行动；二是非营利组织能够因地制宜制定方案；三是非营利组织能够为社区居民提供公共机构不能直接提供的服务。White 和 Wehlage（1995）[8]在《社区协作：如果是一个好主意，为什么这么难做？》一文中指出，社区服务供给协同应当注意三件事：一是那些之前被定义为顾客或接受服务的人现在也被看作合作伙伴；二是政府、私营企业和社会服务组织的合作伙伴关系；三是新的治理形式需要制定政策并协调他们的实践行动和资源利用。他们还研究了社区协作中存在的三个问题：一是政策意图和街道行动之间的错位；二是政策和社会环境之间的脱节；三是在社区协作中需要注重社会资本。Ansari 和 Phillips（2001）[9]探讨了南非5个跨专业合作伙伴参与当地社区以及服务机构，提供长期有计划的健康卫生服务。他们还搜集了4个利益相关者中427位参与者的观点，包括：社区卫生工作者、项目核心成员、社区成员以及志愿组织和非政府组织的代表，讨论了社区参与的收益、成本、满意度、所有权、贡献和承诺等问题，研究表明利益相关者虽然看重他们的伙伴关系，但是一些与他们相关的成本会影响他们的满意度和承诺。Weyers 和 van den Berg (2006)[10]用关键事件法（CIT）研究了影响社区工作者成功完成社区服务的相关因素，发生率在50%以上由大到小的影响因素分别为：足够的财力资源、足够的外部支持（指社区和社区领导者的支持，包括精神支持、技能培训等）、激励项目人员、良好的规划和管理、雇主的足够支持、社区实际需求和需求评估、社区工作者自身因素以及志愿者参与，并将关键事件法和民意调查法的调查结果进行对比分析，认为关键事件法是一种更为中立的调研工具。Chen 和另一位学者 Berkowitz（2012）[11]也研究了老年人选择家庭及社区服务（HCBS）模式与选择养老机构的影响因素。Hellman 等（2006）[12]对大学生参与社区医疗卫生服务进行调查，通过多元回归分析研究了大学生有效参与社区服务的影响因素，其中因变量包括意识、行动、能力、情感、连通性、规范性、成本、收益等。Foster-Fishman 等（2001）[13]通过文献回顾总结了社区建设协同能力，具体包括四个关键要素：成员能力、关系能力、组织能力和规划设计能力。Perrault 等（2011）[14]强调协作是社区工作中所必需的要素，为了实现组织间相互协同，每位成员必须注意他们及他们的组织是如何与其他组织在合作中相互联系与相互作用的，并指出了影响协同服务成功的两个因素：一是注意非正式的联系和成员关系；二是建立信任、尊重、理解。Sung 等（2013）[15]通过对半结构式访谈、直接观察和文档分析法搜集的数据进行分析，提出社区协同参与的七要素模型，包括归属感、承诺、沟通、灵活的方法、真实性、关联性和可持续性。Kocher 等（2015）[16]研究了信念、信任、风险对公共物品供给协同的影响。

3. 城市社区公共物品供给协同对策和方法研究

针对城市社区中公共物品供给协同中存在的问题，国外学者从增加有效沟通、公民参与文化、建立审计机制、激励机制和柔性管理模式等多方面提出了对策建议。Jones 等 (2007)[17]指出增加社区居民与服务机构之间的有效沟通、各机构间的有效沟通，可以减少社区服务重复建设，增加服务供给。Docherty 等（2001）[18]认为城市社区治理中公民参与的培育，不仅需要依靠政治体制和公共政策，还需要公民参与文化的支持。Burns 和 Taylor (2000)[19]把审计机制应用于社区公共服务协同参与中，具体包括七个步骤，形成闭环，具体调查对象包括：①社区概况与参与模式；②合作伙伴参与策略的质量；③合作伙伴的社区参与能力；④社区支持有效参与的能力；⑤社区协同参与的影响评估；⑥行动计划与基准；⑦行动与计划的实施。此外，他们还对每个步骤的关键指标进行了详细的阐述。Vargas-Hernández（2010）[20]认为建立社区合作伙伴关系是促进墨西哥地方发展的重要一面，他在研究社区协同治理中指出，时间长不总是成功合作的一个很好的指标，"松紧式"的柔性管理模式也许是一种合作原则和实用解决方法，合作伙伴通过风险管理，实现合作利益最大化，同时持续有效合作产生的基于信任和支持的社会资本使得合作伙伴和利益相关者得到更大的回报。此外，建设和促进透明、互相尊重的关系是成功的社区合作伙伴关系的一个重要基准。Harris（2014）[21]研究了志愿奖金、非营利奖金能否帮助社区协会中各组织面临问题和挑战。Bhuiyan（2011）[22]指出社会资本作为一种有用的资源，有利于促进社会互动和相互支持合作，政策规划者、捐助机构、非政府组织和市民社会等可以利用社会资本更好地帮助社区治理和可持续发展。

此外，国外学者还通过不同方法和模型的构建优化社区公共服务供给协同，其中包括社区赋权交互模型、网络分析法、自我效能感测量、结构方程模型等。Fawcett 等（1995）[23]采用社区赋权模型帮助改善社区合作伙伴关系，保持社区健康与发展。首先，他们勾勒出一个社区赋权的交互模型，描述授权过程中个人或集体因素以及环境因素之间的相互影响；其次描述了一个社区伙伴赋权的迭代框架，包括协同规划、社区行动、社区变化、能力建设、成果等；再次描述了社区领导和组织促进社区授权过程的活动；最后进行了案例研究。Butterfoss（2006）[24]通过案例分析研究了如何用定性和定量方法，通过过程评价来衡量社区参与，以确保社区参与的价值，评估社区公共服务供给协同的过程和结果，并有效运用于社区规划。Cross 等（2009）[25]指出近年来通过跨部门合作来提升社区福祉、环境、公共健康以及教育成果等越来越受到人们的重视，并采用混合方法和网络分析法检测评价了跨部门的合作关系和发展。Reeb 等（2010）[26]研究了公民在参与社区服务行动中自我效能感的核心作用，通过文献回顾分析了自我效能感和行为意识之间的关系，并从心理学视角开发了社区服务自我效能感量表。华盛顿大学的 Chen 和 Thompson（2010）[27]用结构方程模型研究了家庭及社区服务（HCBS）模式对老年人居家养老，提高老年人在社区中生活能力的影响。他们还指出目前建立一套有效的家庭及社区服务（HCBS）系统，使老年人留在社区已成为美国政府、决策者、服务供应商的一项重要任务。

4. 城市社区公共物品供给协同的重要性

目前，国外发达国家依靠发达的社会组织体系，在多主体参与社区公共物品供给协同的建设中取得了丰富的成果，越来越多的学者认识到这一供给协同模式的重要性。Fredericksen 等（2000）[28]指出政府和社区发展组织（CBDOs）之间的协作伙伴关系已经被证明是长期以来社区复兴的关键。联邦和政府机构在资源短缺的地方权力下放，社区非营利组织越来越多地参与到社区发展的努力建设中。Mulroy（2000）[29]认为未来社区建设措施和服务传递系统可能是复杂的，社区中的纵向变化和横向联结影响着社区的网络结构和可持续发展。21世纪的社会工作需要人际交往的灵活性，组织间网络化运行的知识，以及服务管理和建设的技术能力。社区组织、规划、开发、管理和宣传技巧都将被无缝连接地使用。Guareschi 等（2004）[30]认为尽管存在问题和矛盾，推进社区公共物品供给协同仍然在伦理和实践中都是改善贫困社区生活和医疗的基本原则。Dumont 等（2005）[31]指出互联网为分散个体在线交流与合作提供了可能，网络社区是一种非正式的、在线提供多对多交流的通信，是一个被忽视的提供社区公共物品的服务传送系统。Heath（2007）[32]指出社区协作已成为一个有影响力的跨组织的现象，提供了社会问题的创新解决方案，并研究了对话理论对社区协同的影响和作用。Sirianni（2009）[33]指出很多国家包括英国、美国、澳大利亚都有社区协会（CAs），作为基层公民社会的关键要素，努力灵活应对环境变化，提高组织效能。Taylor 等（2012）[34]研究了澳大利亚卫生系统中社区非政府组织与卫生部门合作关系的形成与动机。他们还指出"社区联盟"被描述为由不同利益群体组成，结合他们的物质和人力资源，达到单个主体无法实现的目标。Parrish 等（2013）[35]指出在公共资源和私人投资共同参与社区资源整合中，大量社会服务机构都需要从传统服务供给的"孤岛"模式转向增加社区协作和服务协作，并介绍了一种自学方法用于服务提供者相互协作满足社区居民的实际需求。

1.2.2 国内研究现状

1. 城市社区公共物品供给协同主体构成

随着经济、社会的变迁与快速发展，城市社区发生了诸多改变，其核心在于城市社区公共物品供给主体由单一转向多元，即供给主体多元化[36]。同时，协同思想逐渐被运用到社区领域，多元主体在社区公共物品供给中协作、互助，有利于各主体作用的发挥，达到社区善治。张洪武（2010）[37]认为城市社区在整合资源、提供公共服务中，需要基层政府、党组织、市场组织、非营利组织和社区居委会在相互依赖、合作的基础上完成，其中党组织和政府是领导和主导力量。阮陆宁（2012）[38]指出我国城市社区卫生服务网络主体主要是患者、社区卫生服务机构、城市医院、医疗保险机构和政府。郑岚（2010）[39]认为社区治理强调国家和社会之间的良好合作，社区治理离不开国家和社会。治理主体由单一的政府转变为政府、社区组织、其他非营利组织和居民等多元行动者。各主体因掌握的资源不同，彼此间在协商、合作、碰撞过程中共同为社区建设贡献力量。王巍（2009）[40]指出城市社区的管理工作涉及多方利益相关者，包括物业公司、基层行政单位、社区居民、社区企事业单位等，这些利益相关者对于社区事务存在不同的认知，社区治理需要协调各方的利益需求。谢俊（2014）[41]认为城市社区治理主体中的政府、社区居委会和社区民间组织是辅助社区承接社会职能、满足社区居民的需求、引导居民参与的主力军。

2. 城市社区公共物品供给协同行为

多主体在参与城市社区公共物品供给的过程中，由于各方的利益诉求不同，在各自采取行动、没有有效协同的情况下，公共物品的供给效率难以满足居民和社会发展的需要。因此，针对多元供给主体的协同行为和存在的问题，很多学者进行了研究并提出建议。黄超（2014）[42]认为多主体协同参与城市社区公共事务中应当遵循三个原则即有限性原则、分工协作原则、科学性与民主性相结合的原则。陈璞（2009）[43]根据我国各地实际情况，将政府和城市医院协同构建社区卫生服务机构归纳为四种模式：政府主导模式、官办分离模式、院办院管模式、非公立社区卫生服务机构模式。王国春（2013）[44]对北京市社区进行调查发现，社区民间组织已全面介入社区公共事务，其中社区文体类占30.8%，其他如教育、医疗保健、环境卫生保护、慈善救灾与援助、社区管理与物业管理等分别占到了5%~10%。杨现雷（2011）[45]对我国城市社区卫生组织的内部协同和外部协同进行了研究，以提高社区卫生服务的质量和效率。李莉、章君凤（2012）[46]认为社区公共物品供给协同中存在不足：一是社区治理主体角色偏差，行政化色彩较多导致"管理行为"多于"服务行为"；二是社区专业化工作者缺乏，协同治理能力不足；三是社区协同治理的意识淡薄，社区建设参与不足。同时他们还研究了社会工作人才、机构与方法的介入。吴隆基（2012）[47]以社区体育文化和高校体育资源相互协调、共同发展为出发点，探讨社区体育和高校体育资源相互促进、协同发展的可行性、意义及战略对策。

此外，近年来大学生参与社区服务正在受到学者们的广泛关注。在美国高校，每个本科生至少参与完成一项社区或校内的服务项目，才能顺利毕业，学校把社区服务作为其本科生教育经历中重要组成部分[48]。许多学者借鉴欧美发达国家的实践经验，对我国大学生参与社区建设进行了研究。刘丽娟（2013）[49]从微观、中观、宏观三个层面分析了大学和城市社区的协同发展，探讨了它们之间的相互影响以及资源共享，大学可以为社区提供科技、文化、教学、实践等多种公共服务。张振宇等（2011）[50]认为大学生社区服务的内容和形式较为单一，服务项目常常为了完成上级任务，存在走过场、搞形式的情况，不能真正满足社区的实际需求，导致社区积极性不高。所以，高校应当主动深入社区，结合自身资源与优势，加强与社区的沟通合作，为其提供多样化的社区服务。

3. 城市社区公共物品供给协同影响因素

在我国城市社区公共物品供给当中，政府、市场和社会都不是万能的，"政府失灵""市场失灵"以及社会组织出现的"志愿失灵"等都很难避免，各供给主体之间的相互协同合作至关重要，在此过程中，三者之间关系的掣肘和磨合需要一定的时间，还存在诸多影响因素在里面。李莉、刘晓燕（2012）探究了社会非营利组织在参与社区公共物品供给协同中的制约因素，包括五个方面：第一，政府购买机制不完善；第二，公共服务评估机制不透明；第三，社会组织外部依赖性强与自身建设能力弱；第四，高素质专职人员短缺；第五法制不健全限制社会组织的服务能力和范围。郭晓琴（2013）[51]认为社区公共安全网络协同治理中需要考虑的重要因素包括网络成员之间的互赖性、关系形态、互动规则以及网络机构与文化等。黄超（2014）[42]认为影响协同机制建立的因素：一是政府在社区治理中占据主导地位；二是公民参与社区治理的参与度低。张丽娜（2012）[52]从四个方面研究城市社区养老服务供应链供给协同的驱动因素：一是目标客户的驱动因素；二是养老企业的驱动因素；三是市场的发展要求服务提供商从竞争转向竞合；四是养老企业外界因素的驱动，包括政治因素、经济因素、社会因素、技术因素。孔娜娜（2014）[53]研究了城市社区公共服务在多元供给中的碎片化问题，认为社区公共服务碎片化表现为服务信息的碎片化、服务方式的碎片化、服务流程的碎片化。社区公共服务碎片化根源于政府碎片化，部门利益、职能分工、软预算、权力关系是影响政府碎片化的因素。

4. 城市社区公共物品供给协同机制

为了解决城市社区公共物品供给协同中出现的困厄与影响因素，近年来许多学者从不动视角出发对加强各主体间协同机制构建提出了建议，其中包括动力机制、信任机制、协作共生机制等。王艳丽（2012）[54]以动力机制为切入点，从理论研究和实证研究方面梳理了城市社区各权力主体协同治理利益联盟的形成机理和运作过程，并通过权力重构（包括确权、赋权和放权）力图实现多元主体的利益协同。阮陆宁（2012）[38]以城市社区医疗服务网络为研究对象，从组织协调机制和信任机制两方面对供应链网络中的主体协同行为进行了研究。其中，在组织协调机制中，基于合作能力建立了质量监督协调模型和利益分配机制；在信任机制中，分析了各成员间信任影响因素，并构建了信任机制模型。郭晓琴（2013）[51]通过案例研究分析了南京市玄武区社区公共安全网络协同治理机制的推进情况、经验、不足和难点，并提出了完善治理机制的对策建议。郑杭生等（2012）[55]认为复合治理需要建立多元主体互联、互补、互动机制。卫志民（2014）[56]指出社区利益主体多元化、公共产品需求多元化、社区功能社会化是城市社区协同治理的主要内生推动力量，社区公共物品供给协同需要配套的制度体系和机制建设，其中包括法律制度、协调机制、参与机制、监督制约机制、财力保障机制。刘伟红（2008）[57]认为构建政府管理与社区自治的协作共生机制是我国城市社区发展的较为稳妥的可行路径。麻宝斌、任晓春（2011）[58]详细分析了吉林省汪清县的城市社区改革和机制构建：在组织结构上，由集权式转向扁平式；在人财使用上，由少而单一转向多而复合；在职能权限上，由条块分割转向内容整合；在管理方式上，由各行其是转向协同配合，其中，社区工委与居民委员会的协同机制被概括为"网格化下的捆绑式机制"；在支持系统上，由缺乏到健全。郑巧、肖文涛（2008）[59]提出城市社区公共服务要实现行政功能与自治功能互补、行政资源与社会资源整合、政府力量与社会力量互动、政府依法行政与社区依法自治相结合的运行机制。李春（2012）[60]梳理了社区多元协作组织体系中的多重委托—代理关系，并从完善其激励—约束机制的角度提出对策建议。

1.2.3 研究评述

第一，国外对社区公共物品供给协同的实证研究较多，通过实证调研和模型构建，对社会组织、政府机构、私人组织在供给协同中产生的问题和解决方案进行了深入分析。虽然由于国外政治体制与我国不同以及社会组织的相对发达，在社区公共物品供给协同中出现的问题与国内不尽相同，但是，在研究方法和供给模式上可以对国内研究提供很好的借鉴。此外，尽管国外对供应链理论的研究相对较早，但是其在社区公共物品供给协同中的应用研究尚未多见，这为今后的研究方向提供了一个思路。

第二，国内学者对多主体共同参与社区公共物品供给的研究逐渐增多，具体涉及医疗、养老、社区安全、物业等多个方面，既有理论研究，也有实证分析，但是总体来看，研究的深度还不够，对社区公共物品供给多主体间的横向关系，以及公共物品生产的纵向流程没有系统的研究，个别学者开始尝试用供应链管理的思想对社区服务中个别领域进行研究，还需要进一步扩展，如何实现社区公共物品各环节和各主体之间相互协同、创造更大化的社会价值是未来研究的方向与热点。

第三，已有研究主要是从供给公共物品的数量和质量层面进行研究，而未从城市社区公共物品供给多主体、多环节、全流程以及功能责任层面深究问题所在。加上不同供给主体在自身利润目标和公共物品供给的社会利益目标的冲突与博弈平衡，名义上承担着改善社会福利的义务，但实际上更多强调自身利益的最大化。当各个供给主体的供应功能和责任不明确，且缺乏供给责任规范的制度性约束时，不同主体供给的失范性将会持续放大而导致供给继续失效。因此，深入研究各环节中各主体的利益诉求、协同关系、具体功能和职责问题已是当务之急。

第四，学界偏重于不同供给模式的框架研究，而缺乏对相应模式下供给各环节主体协同研究，由于各环节中主体的条件各不相同，因而供给过程中的矛盾冲突及不和谐在所难免。为了确保城市社区公共物品有效供给就必须做到整个供应链各环节和多元主体的无间隙链接，把内耗降到最低，为社区公共物品供给各环节主体的相互协调提供有利条件和环境。

1.3 研究理论基础

1.3.1 基础理论支撑

1. 公共物品供给理论

公共物品理论是最初形成于19世纪80年代资本主义国家的，为了克服市场失灵、干预经济的需要而确立的一种系统理论。早期的经济学在公共物品供给理论研究中认为，当需求目标确定时，政府机构会自动采取有效措施满足供给需求，不存在供给不足等问题，无论在理论研究还是实践过程中，政府在公共物品供给中都扮演着十分重要的角色，并一度成为最优的和唯一的公共物品供给主体。随着社会经济的发展以及人均收入不断提高，人们对文化、金融、医疗和教育等公共物品需求向多样化发展，使得政府针对公共物品供给的财政支出也相应增长[51]。在近代公共物品供给理论发展中，萨缪尔森（Samuelson）通过数学表达式对公共物品做出了新的定义，并认为公共物品的特点决定了它只能由公共部门来供给[8]。但是一些学者提出了与"市场失灵"相对应的"政府失灵"理论，认为政府本身在公共物品供给中也存在缺陷。此外，国内关于公共物品供给理论的研究主要分为两个阶段：一是基于传统公共物品理论构建公共财政体制框架时期。对公共物品供给的研究主要从如何提高公共物品供给效率出发。二是融合了制度经济学派和公共选择学派的研究成果，分析政府在公共物品市场中的治道问题。从上述总结可以看出近年来国内学者在公共物品供给理论研究中正向着系统性和逻辑性发展，在研究深度和广度上有了实质性的研究突破[52]。

总之公共物品理论认为，无论是公共物品还是私人物品，其供求的效率状况是私人成本与私人收益、社会成本与社会收益共同影响的结果。私人物品在生产消费中具有强竞争性和排他性，一般没有或很少存在"搭便车"现象，因此，私人物品容易通过市场机制调节来实现供需平衡。而公共物品则不然，由于公共物品非竞争性和非排他性的特点，具有很强的外部性，非政府组织对公共物品供给的参与度很低，使得公共物品在供给过程中容易出现供给不足等问题，协同政府、市场和非政府组织等主体间的关系是公共物品供给理论未来主要的发展方向。

2. 社区自治理论

"自组织治理"即为"自治"的全称，社区作为非政府单位和市场领域的功能单位，实际上是由若干子系统组成的"自组织系统"[53]。社区自治理论目前在我国的发展还处于起步阶段，学术界对于社区自治的定义还没有统一的答案，但是大部分学者认为社区自治是一种社会自治，处于政府管理之外，是社区居民通过自己选举产生的自治组织来管理社区公共事务。社区自治的原则包括以下几个方面：①社区组织。社区自治需要一个权威性的社区组织，对内维护社区团结，对外代表着社区的形象和利益。②集体选择。社区自治的基础是社区居民形成集体选择。集体选择代表社区多数居民的利益，并照顾到弱势居民的利益。③有效监督。有效的监督机制可以减少居民"搭便车"或"不合作"等现象。④冲突协调。通过冲突协调机制，保证社区居民关系的和谐稳定。

目前，社区自治作为一种治理方式已经运用于城市管理中来，以解决"全能型政府"的制度缺失。"全能型政府"在社会经济快速发展的今天，面临着很多问题，"政府失灵"已经成为不争的事实。所以，社会组织应当在城市管理中发挥更重要的作用，而城市社区作为国家和社会的连结点，需要社区居民通过自组织的形式共同管理社区事务，这样不仅能够减轻政府压力，而且可以让居民的意愿得到更充分的表达。

3. 新公共管理理论

新公共管理理论是在传统公共行政学的基础上发展而来的。20世纪70年代，由于西方国家政府职能的快速扩张，导致政府规模过于庞大，政府管理效率低下、体制呆板，而传统的公共行政学具有很多的局限性，其研究的焦点主要是政府内部的机构设置，而忽视了对政府的产出，造成政府组织臃肿，忽视了其根本职能是提供公共产品及服务研究。在这样的历史背景下，英国、美国、澳大利亚率先掀起了对政府组织和行政管理的改革浪潮，西方行政学者P·格里尔、D·奥斯本和T·盖布勒等成为新公共管理思想的倡导者，他们主张在政府行政管理中引入私营企业管理理论和方法以及现代经济学思想，自此，西方国家开始逐步进入新公共管理时代。

新公共管理理论作为一种新的管理理论，具有如下特点：第一，在公共管理和公共服务中，引入市场组织、社区组织和非政府组织等共同参与，而不是所有的行政事务都由政府垄断，以实现公共管理主体的多元化。第二，在公共管理中引入竞争机制，建立竞争性政府，目的是促进政府提高服务的效率，加强绩效评估机制的建设。第三，构建企业化政府，以市场为导向，通过市场力量来进行政府改革。第四，在公共服务中，把公民看作市场中的顾客，以顾客为中心，以满足顾客的需求为导向来进行公共服务，行政人员应是负有使命感和责任感的"企业管理人员"，强调回应式服务。

4. 价值链理论

1985 年，哈佛大学教授迈克尔·波特提出了价值链理论，他认为价值链是在商品交易生产过程中，企业内部和企业之间所经历的一系列增加价值的活动过程，覆盖了商品的设计、制造、销售、配送等各个环节，从价值形成过程看，每个环节在增加投入的同时又有价值的提升[55]。随后英国卡迪夫大学教授彼特·汉斯把波特价值链进行了新的定义，它与波特价值链的主要区别在于：波特所定义的价值链是把经济利润作为企业的主要目标，而汉斯的价值链与其作用方向恰恰相反，他把顾客对产品的需求作为生产过程的终点，把利润作为满足这一目标的副产品。随着科学技术的发展，学者们对价值链的认识逐渐深入。1995 年哈佛商学院教授雷鲍特和斯维奥克拉提出了虚拟价值链的概念，他们认为通过电子商务创造企业和顾客价值的各项活动具有很大的市场空间，是一个新的价值增长点[56]。

总之，价值链在现代经济活动中无处不在，它是企业提高经济效益、获取竞争优势的重要工具，它的理论方法是将上下游关联企业或企业内部单元通过业务流程联结成一个兼职创造和增值的链式结构。我们的目标就是要研究如何通过规划、组织、协调等手段加强价值链中各主体的协同关系，保证价值链中物流、信息流、资金流等业务相关流程的高效运转。由于我国城市社区公共物品供给流程是由建设决策、建设实施、运营维护、消费等诸多环节组成的，每个环节由不同的主体参与完成，这些多环节多主体就构成了城市社区公共物品供给价值链。因此，从价值链的视角研究城市社区公共物品问题是可行的且有意义的，更容易厘清各供给主体之间的关系，找出关键的供给环节和线路，为解决城市社区公共物品供给问题提供帮助。

5. 利益相关者理论

利益相关者最早是在 20 世纪 60 年代由斯坦福大学研究小组定义的，他们认为利益相关者是对于企业来讲的一种利益群体，如果没有他们的支持，企业就无法继续生存。随后人们认识到，企业服务的对象除了股东之外，还有周围关系到企业生存的其他利益群体。利益相关者理论在 20 世纪 80 年代以后被更多的企业管理者接受，直接促进了企业管理理念的变革，同时，美国经济学家弗里德曼进一步扩充了其内涵，他认为利益相关者是能够影响一个组织目标实现或者能够被组织实现目标过程影响的人[32]。这一观点中的利益相关者不仅包括影响企业目标的个人或群体，还包括企业运作中被影响的个人或群体，这一定义是从新的角度认识利益相关者。到了 20 世纪 90 年代，美国经济学家将利益相关者定义为所有那些向企业贡献了专用性资产，以及作为既成结果已经处于风险投资状况的人或集团。

近年来，随着我国城市社区公共物品由单一供给主体向多元供给主体转变，利益相关者理论在我国城市社区发展研究中的应用越来越广。社区公共物品供给利益相关者主要包括：基层政府、市场组织、社区非营利组织、居委会、业委会和社区居民等，他们通过正式和非正式制度规则公共构建起城市社区公共物品供给秩序。基于利益相关者理论，城市社区公共物品各供给主体虽然具有一定的独立性，但是某个主体的利益不能替代其他主体或所有主体的集合利益[22]。利益偏好不同使得各供给主体产生不同的利益行为，而利益相关者理论的应用就是要增强其协同的整体利益，而不是某些主体的单个利益。

1.3.2 核心概念体系

1. 公共物品概念

英文"public goods"可以翻译为"公共物品""公共产品"和"公共品"。最早关于公共物品的思想来源于对国家和政府职能的论述。随着政府与市场关系、职能和边界的演变，公共物品的思想开始逐渐孕育和发展。公共物品最经典的定义是1954年美国经济学家萨缪尔森提出的，他明确地区分了公共物品和私人物品，认为"纯粹的公共产品或劳务是这样的产品或劳务，即每个人消费这种产品或劳务不会导致其他人对该种产品或劳务消费的减少[8]。"此后，布坎南将公共物品定义为"任何由集体或社会集团决定，为了任何原因，通过集体组织提供的产品和服务"。斯蒂格利茨在其著作《经济学》中指出"公共物品是这样一种物品，在增加一个人对它的分享时，并不导致成本的增长（他们的消费是非竞争的），而排除任何个人对它的分享都要花费巨大的成本（他们是非排他的）[43]。"公共物品的这些特征使得私人提供者就没有提供这些公共物品的积极性[44]。

公共物品分为两类：一类是具有完全非排他性和非竞争性的纯公共物品，如国防、法律；另一类是或具有竞争性，或具有排他性的准公共物品，在消费上具有竞争性而非排他性的准公共物品，如公共图书馆、公共游泳池等，在消费上具有排他性而非竞争性的准公共物品，如有线电视、通信网络等。

2. 城市社区的概念

"社区"一词最早源于西方，1887年德国社会学家斐迪南·藤尼斯指出社区是具有共同价值观的同质人口组成的关系密切和富有人情味的社会共同体[45]。之后美国人R. E. 帕克、E. N. 伯吉斯等于1925年编著的《城市社会学——芝加哥学派城市研究》认为社区是占据在一块或多或少明确限定地域上的人群汇集[46]。费孝通认为社区是若干社会群体或者社会组织聚集在某一地域里形成的一个在生活上相互关联的大集体。此外，世界卫生组织在1974年将社区定义为在一个固定的地理区域范围内的社会团体，其成员彼此认识且互相来往，有着共同的兴趣，创造社会规范，行使社会功能，形成特有的价值体系和社会福利事业[47]。

目前，随着我国学者对社区研究的不断深入，对社区概念的理解也不断成熟和完善，虽然不同学者对社区的具体描述有所差异，但其实质内容是相同的。例如，耿云（2008）[48]认为社区的基本含义是一定区域范围内由个人、群体、组织所组成的、具有利益相关性的社会生活共同体。雷茜（2012）[49]指出社区具有五大要素，即具有一定数量的居民、具有限定的地域、具有文化维系力、具有内在互动关系、具有一定认同感[49]。综上所述，本书所指城市社区是指经过社区体制改革后的居民委员会辖区，城市政府为了实现政府各项职能以及进行有效管理社会，依据一定的地域范围和人口数量，由政府、党组织、居民、私人部门、第三部门组成的具有完备功能的社群结合体。

3. 城市社区公共物品概念

城市社区公共物品是指服务于社区内所有成员的，满足其生活和工作的各种公共需要的社会产品，具有地方公共产品的性质。城市社区公共物品具有三个特点：社区性、多样性和外部性。其中，社区性是指社区公共物品对社区范围内的全体成员不具有排他性，但对非本社区的成员具有排他性，即"俱乐部产品"，主要受益对象是社区的内部成员。多样性是指城市社区居民是由不同职业、不同年龄段、不同社会阶层的人员构成，他们对社区公共物品的消费需求也各不相同，例如：家里有孩子的居民希望社区中有安全、多样的儿童娱乐设施；年轻人希望有适合自己的体育运动设施，如篮球场、乒乓球台等；老年人则更注重养老设施或适合老年人活动健身的社区公共物品。

此外，城市社区公共物品表现为社区服务和社区管理两种实践形态。社区服务是在政府的支持和指导下，通过市场、非营利组织、社区自治组织、社区居民等多主体参与，开发和利用社区资源，满足社区居民各种需求的活动，建设面向全体居民的基础服务设施、便民利民服务设施以及面向弱势群体的福利服务等。社区管理是社区基层政权组织（街道、区政府派出的职能部门与社区居委会）、社区非营利组织、辖区单位等，为维护社区整体利益、推进社区全方位发展，采取一定方式对社区各项公共事务进行有效调控的活动和过程，它包括地区性事务、社会性事务、群众性事务、公益性事务等[50]。本书研究的城市社区公共物品是在城市社区范围内，被社区全体居民共同平等消费的公共物品，包括社区卫生、社区养老、社区医疗、社区治安、社区文化和社区保险等。

4. 社区公共物品协同供给概念

协同原本为一种物理化学现象，指的是两种或两种以上的成分调配在一起，产生的作用会大于各种成分单独应用时的作用总和，用"$1+1>2$"的形式表述。Haken 于 1971 年[61]首先提出协同（Collaboration）的概念，并在 1976 年系统地论述了协同理论（Collaboration Theory）。他认为在整个环境中，各个系统之间存在相互作用的关系，就像企业中不同职能部门之间的相互配合与协作一样，企业中形成相互联系的不同价值活动可以看作一个价值系统，也可以是一个协同系统（Collaboration System）。Ansoff 在 Haken 的基础上，将协同理论进行发展，他认为企业通过寻求合理的管理、运营和销售等，可以有效配置企业的生产要素、业务单元与企业外部的环境产生一种类似报酬递增的协同效应。Barratt[62]将协同分为横向协同和纵向协同，纵向协同指的是与客户、供应商的外部协同；横向协同指的是企业内部各个职能部门之间的协同。基于此，供给协同更侧重于外部协同，不同特征和类型的供给主体，通过各自职责分工参与到生产供给中来。

社区公共物品供给协同则是在城市社区这一地域范围内，发挥政府、市场组织、非营利组织、公民群众或个人等多元主体共同参与公共物品供给的优势，弥补单一主体供给产生的困境和不足，通过主体间资源互补、相互协调、合作生产，集聚整体力量，共同参与社区公共物品供给，实现个人利益与公共利益的互利共赢。

第 2 章　城市社区公共物品协同供给演进及结构

2.1　城市社区公共物品协同供给演进

2.1.1　萌芽阶段（1949—1977 年）

新中国成立初期，国家社会秩序相对混乱，生产力低下造成社会资源总量严重不足。为了促进我国政治、经济发展尽快步入正轨，党和国家通过单位设置，推动政府政策和方针向基层展开，组织人民群众参与各项社会活动。随后，"单位制"逐渐成为党政机关行之有效的社会管理方式，到 20 世纪 50 年代中期，大多数社会成员都成为单位人，并受到单位的组织管理。在这种社会管理体制下，国家把拥有的公共资源都下拨给各个企事业单位，城市居民所居住的小区由单位负责建设和分配，小区内成员基本都是本单位职工，并由单位负责为职工提供社会福利和公共服务，包括医疗、教育、环境卫生、社会保障等多项内容，使得职工对所在单位具有较强的依赖性和归属感。在单位人之外，还存在一些没有工作单位的边缘人群，为了照顾无单位人员的公共服务需求，国家同时建立起以街道办事处和社区居委会为主的"街居制"管理体制，1956 年，街居两级组织的组建在全国相继完成。至此，在城市社区范围内逐步建立了以单位制度为主、街居制度为辅的基层社会管理体制。在这一时期，事业单位和政府包揽了社区内所有的公共服务供给内容，并且采用计划式、行政化的管理方式，由政府统一规划、生产和供给，社区居民缺乏参与，这也使政府面临巨大的财政压力和负担。

2.1.2　起步探索阶段（1978—1990 年）

改革开放后，我国的经济结构开始出现重要转变，打破单一的公有制经济，走向以公有制经济为主体、多种所有制共同发展的格局。一方面，随着市场经济理念传播，城市中开始产生个体经营户或私营企业，人们的就业选择不再局限于传统的事业单位；另一方面，事业单位为了提高工作效率，通过政企分离、政社分开等方式，开始进行管理体制改革。在这两种因素的影响下，"单位人"的概念开始逐渐弱化，更多的公共服务职能开始落在街道办和居委会身上。1980 年，全国人大常委会重新颁布了《居民委员会组织条例》和《城市街道办事处条例》，开始积极拓展以居委会和街道办为核心的社区公共服务建设[63]。1985 年开展了公共事业部门管理体制改革，在各个领域、部门和事业机构当中形成了一种全方位联动的改革态势。随着城市居民对社区公共服务需求的增长，国家意识到社区公共服务是保障基层居民生活水平和社会福利的重要手段，于是 1987 年在武汉召开了全国社区服务座谈会，紧接着 1989 年又在杭州召开了全国城市社区服务工作经验交流会，开始积极探索我国社区公共物品发展路径。到 1989 年年底，我国已有 3267 个街道开展了社区服务工作，占当年全国城市街道总数的 66.9%，各类有偿、低偿、无偿服务类型正在逐渐形成。

2.1.3 中期发展阶段（1991—1999 年）

进入 20 世纪 90 年代，我国经济建设进入了一个飞速发展的时期，社会结构和环境发生巨大改变。其一，大量人口开始从农村涌向城市，城市流动人口急剧增加，社区内居民结构开始复杂化，不再局限于原有单位职工，社区公共服务需要在后单位制时期加强管理。其二，随着商品化住宅的发展，企业和事业单位的社会职能、福利供给逐渐剥离出来，公共服务供给职责更多地转向城市社区，由社区所在地基层政府组织建设。其三，国家在经济发展过程中对教育、医疗、住房等采取一系列改革措施，居民生活水平进一步提高，并且与社区联系越来越紧密，增加城市社区内公共服务配置迫在眉睫。因此，在新形势下，国家愈发重视并探索我国社区公共服务发展模式。1993 年在《关于加快发展社区服务业的意见》中对社区公共服务发展目标、工作原则、工作任务等做出明确规定，并把社区公共服务列入第三产业发展规划，多元主体供给模式已经初见苗头。1995 年召开的全国事业单位改革工作会议，初步建立了政企分开、现代管理、多元化经营的发展方针。1998 年国务院同时颁布《事业单位登记管理暂行规定》和《民办非企业单位登记管理暂行规定》，注明允许多种非国家机构和非国家经费注入公共事业领域，实现多元化的筹融资渠道。1999 年 3 月，国家在上海长宁区、北京西城区、南京鼓楼区等 11 个重点城市区域建立"社区建设试验区"，同年 8 月，将试验区在各地市增加到 26 个，开始对社区公共服务发展路径进行创新实践探索。

2.1.4 普及推广阶段（2000—2009 年）

2000 年 11 月，国务院和中央办公厅转发《民政部关于在全国推进城市社区建设的意见》的通知，自此标志着我国社区公共服务建设进入由点到面、由大城市到小城市、由试验区走向全国的全新阶段，以社区为载体的公共服务体系建设开始全面兴起。2001 年，国家在一些基础设施较好的大中城市开展社区建设示范活动，将北京市西城区等 148 个城区作为"全国社区建设示范区"、湖北武汉市等 27 个市作为"全国社区建设示范市"，在"示范"效应的带动下，全国范围内社区组织建设、社区服务硬件设施、工作人员队伍等各方面都取得了较快发展。在此期间，多元主体越来越多地参与到社区公共服务建设中，一方面政府积极通过特许经营、招投标、财政补贴等方式与私营部门建立合作，整合市场资源，借助自身政策导向功能，吸引更多企业参与社区建设。另一方面，一些社区居民以共同兴趣爱好或志愿精神为基础，建立民间组织，丰富社区文化体育活动和志愿者服务，逐渐成为社区公共服务建设中重要的参与力量。社区公共物品建设中政府、市场、社会互构的发展趋势已经成为必然并且在不断深入。

2.1.5 创新发展阶段（2010 年至今）

到 2010 年，我国全面社区建设经过一系列探索、实验、示范，在社区服务体系建设上取得了显著成果。据统计截至 2010 年年底，全国共建成街道社区服务中心 3515 个，社区服务站44237个，社区综合服务设施覆盖率达50.81%。此外，社区服务内容不断拓展。政府公共服务事项逐步向劳动就业、文化娱乐、社会保险、社会治安、社会服务等全方位覆盖。但是，总体看来，我国社区服务体系建设仍然处于初级阶段，在理论与实践中面临许多新的问题需要解决和创新，例如：社区服务人才短缺，素质偏低，结构亟待优化；社区服务设施缺口达49.19%，总量供给不足；社区服务项目供给方式单一，水平较低；社区服务缺乏统一规划，保障能力不强，社会参与机制亟待完善。基于此，2011年民政部在《城乡社区服务体系建设"十二五"规划》中明确提出，"构建以居民需求为导向、以政府为主导、社区参与"的多元化供给机制。另外，在2011年12月，国务院通过并印发《社区服务体系建设规划（2011—2015年）》，标志着我国社区公共服务建设进入一个新的发展阶段，国家提出了以人为本、政府主导、资源整合、因地制宜的社区服务发展理念。其中特别提到大力推进社区信息化服务建设工程和社区服务体制机制创新，通过创新技术和体制改革完善我国社区公共服务建设体系成为未来发展的方向。

综上分析发现：城市社区公共物品供给多主体协同合作在供给内容、供给角色、供给主体互动、供给理念等方面发生了巨大转变。概括起来，一是供给内容逐渐丰富。由过去单纯向社会特殊群体提供社会救助福利服务，演变为向社区居民提供便民利民的生活服务、社会保障服务以及下岗再就业培训等[5]。二是供给角色逐步转化。政府（组织者、监管者、协调者）通过与私人机构的合作（如PPP、BOT、BOO），购买公共物品，逐步从生产角色中解脱，转变为安排者，而私人机构则从私人物品供给向公共物品供给渗透；政府通过逐步放低公共物品供给领域的准入门槛，进而激励、扶持第三部门和社区居民参与到社区公共物品的供给，转化为培育者；而社区居民由公共物品的消费者转化为消费与供给（如社区邻里产品）角色于一身[6]。三是供给主体互动加强。政府与私人机构通过合同外包、特许经营、经济资助、政府参股、政府卸任等多种方式互动，联合供给公共物品；政府与第三部门通过政府委托、合同承包、部分替代等方式加强合作与互动；而私人机构则通过捐赠、产品义卖等形式资助第三部门，促进两者的合作互助[7]。概言之，主体间互动关系由传统的行政垄断范式到竞争范式再到伙伴式范式。四是供给理念日趋成熟。随着协同理念、善治理念、"和谐社区"融入社区建设中，一元理性向多元理性转变，直至形成合作理性[8]。而城市社区公共物品供给由一元垄断供给逐渐转变为多中心供给、多元合作供给，最终的趋势是多主体协同供给。

2.2　城市社区公共物品协同供给功能作用

在城市社区公共物品供给过程中，协同合作的基础来源于以下两方面：一是各主体均属于城市社区公共物品供给的利益相关者。二是各主体单独供给的局限性，而需求则具有多样性和层次性等异质性特征。因此，城市社区公共物品供给需要政府、市场、第三部门以及社区居民等多主体的协同合作，以整体性回应居民的异质性需求，防止碎片化、片面化供给。随着城市社区建设的不断推进，和谐社区、善治理念、以人为本等建设目标和理念不断涌入人们的视野，各种供给主体以协同合作的方式供给城市社区公共物品是上述目标和理念实现的基石与途径，且协同合作在推进社区建设过程中发挥着显要作用，其具体表现在以下方面。

2.2.1 主体互动，扩大供给空间

面对纷繁复杂的城市社区公共物品供给，单一供给主体的资源、能力和力量总是有限的，在供给过程中往往显得捉襟见肘、力不从心，进而导致供给空间过于狭小，使得多数社区居民的需求供给错位、缺失。随着城市社区管理的改革，社区公共物品的供给由单一主体垄断供给向多主体协同合作供给转变。通过城市社区公共物品供给的利益相关主体的协同合作，整合各主体力量，加强各主体互动，打破各主体自身局限性，进而扩展城市社区公共物品的供给涵盖范围，扩大城市社区公共物品供给空间。

2.2.2 协同合作，提升供给效能

我国的城市管理由单位制、街居制正向社区制转变，单一主体政府垄断行政化供给正向多主体协同合作市场化供给迈进。主要原因在于政府垄断行政化供给中，政府集生产者、供给者身份于一身，导致供给效率低下。此外，以社区居民集体大众需求为逻辑起点，忽略不同社区居民需求的异质性，导致公共物品供给单一化、同类化，供给质量处于初级水平。因此，通过城市社区的利益相关者政府、市场、第三部门以及社区居民的协作互助，使得供给结构、供给规则、供给方式多元化，提高了有效供给水平（效率与公平），可以消解单一主体供给的诸多效率和质量方面问题，提升供给效率，优化供给质量。

2.2.3 多方驱动，促进供需平衡

现阶段，社区居民物质文化需求显著增加，其具体体现在对社区公共物品的多样性和层次性需求，需求质量和数量显著上升。其中，在多主体供给市场化环境中，形成各个供给主体的相互监督和协同合作，不仅可以规范和约束供给主体供给行为，而且通过供给主体与居民需求信息的交互流通，知晓社区居民公共物品需求，实现社区居民的需求与各方主体供给决策相协调，进而达到城市社区公共物品的供需匹配与均衡。因此，在城市社区公共物品供给过程中，政府、市场、第三部门以及社区居民多方主体在"市场化""自身利益"和"利他主义"的驱动下，容易更多地关注自身供给或需求行为，加上供给结构、供给公共物品内容的非规模化服务、分散性和异质性，也会放大供需对接的失衡性和不匹配，只有建立多元供给主体协同供给逻辑，统一多主体利益行为偏好，才能达到供需动态平衡[2]。

2.2.4 有序分工，发挥优势互补

在城市社区公共物品供给的多主体协同合作中，政府、市场、第三部门以及社区居民等是以优质高效供给社区公共物品为核心组成的整体供给系统，各主体并非机械组合而是在有序分工的基础上整合而成的宏观层面上角色互补式协作型组织。在此供给系统中，根据不同主体的利益与能力有序形成相应的有效供给覆盖范围，即发挥有效供给的作用域，如行政管理、执法事务以及社区福利产品等的行政供给，社区物业管理、有线电视、供水供电供气等可收费公共物品的准市场化供给，帮困助残、帮老爱幼、法律援助以及便民利民服务等志愿化供给以及维护居民合法权益、宣传法律知识的社区组织和社区邻里产品的社会居民的自治化供给[3]。各主体供给范围上的互补，行政机制、市场机制以及社会机制（志愿机制、自

治机制）等多机制优势互补，多元化的资金筹集渠道，生产者、供给者、监督者、消费者的合理分工、有序运作，形成了多主体在公共物品供给方面的优势互补局面，促进社区公共服务供给市场化。

2.2.5　需求导向，推动社区和谐

人的需求是多种多样的，如物质、精神、健康以及参与社会活动的需求，而不是所谓的只具有"单边物质倾向"[4]，而社区居民本身参与社会活动的需求促使其成为供给主体，并且人的"多需"催生了供给主体的多元化协同合作。鉴于多主体协同合作供给对居民的需求更具敏感性、责任性、回应性等特征，在社区建设过程中，加强各主体协同合作，融入"善治""和谐""以人为本"等理念，以满足社区居民异质性需求为导向，接受社区居民需求信号，整合多方资源，满足社区居民对公共物品的需求，丰富社区建设内容，促进社区经济发展，营造"小政府，大服务"的和谐社区，进而推动整个社会的和谐发展。

2.3　城市社区公共物品协同供给结构

当前，价值链作为一种创新型商业模式，正广泛地应用于商业管理领域来实现多主体协同和价值最大化创造，而城市社区公共物品供给正是一个多主体多环节的复杂体系[57]。因此，可以基于价值链理论将城市社区公共物品供给过程分为建设决策、建设实施、运营维护和消费四个环节，并探讨环节中的主体构成及其职责功能。

2.3.1　城市社区公共物品供给环节构成

1. 建设决策环节

城市社区公共物品建设决策环节是以提高社区公共物品供给质量和效率为目标，基于一定科学理论和社区管理经验，通过对投资必要性、投资方向、资金来源、投资成本与公共利益等经济活动中主要问题的分析，选择适合于本社区的公共物品投资方案。建设决策是所有生产建设项目包括社区公共物品供给中的首要环节，尤其对于资金来源短缺但又关系社会民生的社区公共物品供给来说，建设决策的科学设计对于充分利用社会资源，提供给社区居民最关切、最需要的公共物品或服务至关重要。具体来说，社区公共物品供给的建设决策环节包括以下几个方面：

（1）社区公共物品需求调研。城市社区公共物品需求调研包含主体和客体，主体有两个：一是做出需求表达行为的社区居民，二是调研和分析居民需求特征的基层政府或企业等公共物品供给方；客体是指社区内各种类别的公共物品，具体可以分为社区市政设施、文化体育设施、卫生医疗和养老服务等，其中准公共物品占较大比例。社区居民根据自己不同的情况特征会对不同种类的社区公共物品产生需求偏好，居民有权通过需求表达向政府、企业或社区组织表达自身的需求偏好。同时，供给方需要将居民的不同需求进行整合、分析，为供给方案的制定提供参考依据。

（2）社区公共物品供给方案可行性研究。在选定合适的项目方案后，要对建设项目进行更具体的可行性研究，对项目从必要性、市场、进度、规模、财务和风险等方面进行全面

的分析，做出环境影响、社会效益和经济效益的分析和评价，为投资决策提供科学依据，并以此作为项目批准立项的书面依据。

(3) 社区公共物品供给方案制定。基层政府或私营企业等供给主体在投资初期要制定项目建议方案，即编制项目建议书，从宏观上论述项目设立的必要性和可能性，把项目投资的设想变为概略的投资建议。项目建议书的呈报可以供项目审批机关做出初步决策。它可以减少项目选择的盲目性，为下一步可行性研究打下基础。在项目的方案设计中，要避免重复建设，加强项目建设的针对性、前瞻性、便民性和公益性，不断完善新型社区公共服务项目，如社区便民早餐、老年人食堂、室内健身馆等[58]。由于在需求调研中居民会根据自己的个人特征产生不同的需求表达，供给方在无法满足所有社区居民的情况下，应当照顾大多数社区居民的需求意愿，及时做好社区公共物品的供需对接。

(4) 社区公共物品论证审批。政府对于投资项目的管理分为三种方式，即审批、核准和备案。凡企业不使用政府性资金投资建设的项目，政府实行核准制或备案制，其中企业投资建设实行核准制的项目，仅须向政府提交项目申请报告，而无需报批项目建议书、可行性研究报告和开工报告；备案制无需提交项目申请报告，只要备案即可。

2. 建设实施环节

在明确了社区公共物品供给项目的决策、规划和审批后，所要进行的即是项目的建设实施环节，即将多种渠道的资金投入转化成服务于社区居民的公共设施。对于政府部门来说，其本身不具备直接的生产能力，往往是采用委托代理或招投标的方式与企业进行合作，由企业进行设备生产或房屋建筑等，最后由业主方即政府对生产结果进行综合验收。对于私营企业或个体来说，它们既可能是公共物品供给的投资方，也可能是公共物品供给的生产方，在保证工程质量的前提下，私营企业或个体可以自主选择生产合作方式。同时，社区公共设施的建设实施要注重施工过程管理，投资方和生产方都需要从质量、进度、成本、安全和环保这五个方面对项目进行综合监督，按不同类别公共项目的规范、标准施工，保证社区居民享受合格的公共物品或服务，消除安全和环保隐患。

(1) 社区公共物品建设实施开工报告及审批。社区公共物品建设项目需要在实施前完成各项准备工作，具备开工条件，建设单位（基层政府或企业）及时向主管部门和有关单位提出开工报告。开工报告具体包括以下几个方面：a. 技术条件，施工组织设计与技术措施已审批，施工图已到并已会审；b. 物资条件，开工所需材料、施工工具已做检查，并配备齐全；c. 人员组织，人员已做开工上岗培训、考核，并已合理分工；d. 资金情况，资金到位，满足开工需求[59]。最后由有关行政主管部门对开工报告进行审批，开工报告批准后即可进行项目施工。

(2) 社区公共物品建设施工。城市社区公共物品包括硬件设施和服务类项目，本书讨论的公共物品以硬件设施为主。其中，硬件设施项目包括房屋建筑、装饰装修、公共设施的生产以及道路、花坛等市政工程，不同的施工项目需要专业的施工企业进行生产建设，建设资金来源于社区公共物品供给中的多元投资主体。施工企业需要按照投资主体的规划设计进行生产，不得偷工减料并保证施工材料的合格检验，有义务接受业主方的必要监督，并按期交付生产项目。服务类项目主要是政府或社会组织为社区居民提供的医疗、文化、体育方面的知识型服务，组织社区居民开展各种活动，丰富居民的社区生活。

(3) 社区公共物品建设实施监督和协调。首先，质量监督无论在公用还是私人建筑或设施生产流程中都占有重要的地位。在多元主体参与社区公共物品供给的框架下，公共物品供给质量监督也正发挥多元参与的优势，目前正在形成以政府部门为主导，投资主体、社区居民和社区自治组织等共同参与的监督管理体系，多元主体有权利也有义务参与到社区公共物品建设的监督环节中来。其中，政府作为主导力量，一方面要做好自身的监督工作，如采用定点监督、抽查监督、与中介机构合作等多种监督方式。另一方面要积极引导社区内部力量协同参与，为社区居民或自治组织创造有效的监督途径[64,65]。其次，城市社区公共物品生产建设中的组织协调包括两部分内容：一是各参与主体的内部协调，二是参与主体间的关系协调。其中，主体内部协调主要是指政府部门和生产企业需要健全自身的组织结构，加强组织间的协同配合，通过内部组织间权责划分、技术或管理人员的配备以及规章制度的健全等措施，提高自身的生产服务效率。主体间关系协调主要是处理政府部门、生产企业、社区居民、社区组织之间的关系，主要由基层政府和社区居委会牵头，协调主体间在相互合作中出现的问题，建立良好的协同工作机制，保证社区公共物品生产建设的顺利进行[66]。

（4）社区公共物品建设项目竣工验收。在城市社区公共物品生产建设完成后，政府、企业等投资方要组织人员按照合同约定和国家相关的建筑或设备验收标准对生产建设项目进行验收，并对验收报告和材料进行备案。对于未能按时移交建设项目的生产方，政府、企业等业主方要发现问题，及时整改，并保证生产质量。竣工验收是社区公共物品服务居民前的最后一道关卡，一定要通过规范化的程序，为广大社区居民负责。

3. 运行维护环节

运营维护环节是城市社区公共物品在规划设计和生产完成后，实现其更长的生命周期和更多经济、社会功效的重要环节。但是近年来我国城市社区中普遍存在公共服务设施建设与运营维护关系断裂的情况，出现重建轻养、维护资金短缺、维护主体不明确等一些问题，如何采取切实可行的措施加强对社区公共物品的运营维护是政府主导部门急需考虑的问题，从而延长公共物品使用价值的寿命，保证社区居民的正常使用。

（1）社区公共物品运行维护民主议事和立项。社区公共物品维护项目的立项需要建立"社区居民民主议事会"制度，该制度由社区党组织负责牵头实施，本着民主议事、民主管理、民主决策的原则进行工作，社区居民民主议事会由社区党组织、居民委员会、居住党员干部、居民代表等共同参加[67]。社区居民民主议事会对社区公共物品维护项目的概况、建设规模状况进行分析讨论，根据项目投资预算，进行维护立项，广泛征求居民意见，实现民主协商、民主决策、民主管理，对居民反映的问题尽量及时解决。

（2）项目维护投融资。城市社区公共物品运营管理者包括两大主体——政府部门和私人企业。其中，政府作为运营管理者主要面向由政府单独出资建设的服务项目，运营环节也需要政府进行投资维护；而私人企业作为公共服务项目的运营管理者包括两种情况，一种是私人企业与政府部门通过BOT、PPP等方式合作投资社区公共服务项目，私人企业在特许经营期内享有占有、运营和维护该项目的权利，在特许期满之后，再将权利移交给政府。另一种项目完全由私人企业投资完成，其对该项目拥有长期独立的运营管理权。此外，社区公共物品运营管理者和养护者既可以是统一的，也可以是分离的，具体包括管养统一、管养部分统一和管养分离三种模式：管养统一模式是指社区公共物品维修养护全部由负责运营管理的政府部门或私人企业负责。管养部分统一是对社区公共物品在使用过程中出现的小问题或简单问题，由运营管理者负责，如果需要大修或特殊维护，则请专业的施工单位进行维修养护。而管养分离则是运营管理者将某项社区公共服务设施的维护工作完全交由专业的维护公司进行，自身仅作为维护工作的投资方和监督方[68]。

（3）项目维护实施。维护实施工作就是在社区运营管理体系中，明确不同类型公共物品或服务的维护主体，在一定维护资金的支持下，由维护责任人对社区公共物品在使用过程中出现的问题进行维护和修缮工作，保证社区公共物品的安全和质量以及居民的正常使用。目前，随着我国社区公共物品向着更加现代化和宽领域发展，其维护工作也需要提高专业化水平、改善综合检测设备，可以建立信息化的社区公共物品设施管理数据库和管理平台，真正做到对公共设施的全面维护和无遗漏修缮，这样才能提升社区公共物品的公共效益，延长使用生命周期，提高居民对社区公共物品的满意度。

（4）项目维护考核评估。目前，我国城市社区公共物品在运营维护中问题处理不及时、效率低等现象较为突出，如社区图书馆、道路、路灯等设施年久失修，没有及时维护，会严重影响居民的日常生活。所以，我们要在社区公共物品运营维护环节进一步完善和践行相关绩效评价和监督机制，将维护修复速度和质量等因素纳入评价标准中，建立岗位责任制，在明确维护修缮责任人的基础上，依据评价指标检查其对社区公共物品的维护修缮成果。社区居委会、业委会及社区居民都应当积极地参与到评价体系中来，及时地与政府部门或私人企业等公共物品投资方进行互动反馈，在一定的激励与奖罚措施下，提高维护修缮责任人的工作效率，及时处理社区公共物品使用过程中的问题。

4. 消费环节

居民是社区公共物品供给的最终接受者，一项公共物品供给的好坏取决于居民最终的消费情况，居民在公共物品的供给过程中最有发言权。这里，社区公共物品消费环节主要包括如下内容。一是居民对社区公共物品消费使用环节。体现为社区民众依据自身资源基础、消费能力、支付意愿和消费偏好，有选择地消费和使用社区公共物品。这些公共物品包含付费和免费两种类型，供给主体来源于政府、企业、社会组织等多元化主体。二是社区公共物品消费权益保护环节。体现在社区民众按照相关消费权益保护以及差别类型的公共服务法律法规，在受到权益侵害和构成损失之时，有权利维护自身消费权益，并提出申诉和补偿。三是社区公共物品消费信息反馈环节。该环节是社区公共物品供给终端，也是新一轮供给肇始的前端。当然，从民众消费公共物品角度来看，信息反馈环节是提升和改善社区公共物品供给质量及效率的关键，更是下一步公共物品供给决策的关键环节。因此，加强社区公共物品消费信息反馈，尤其是精准运用大数据建构动态长期有效的社区居民消费公共物品信息库、资源库，对于提升社区公共物品供给水平和能力具有十分重要的价值。

城市社区公共物品多主体供给环节如图 2-1 所示。

2.3.2 城市社区公共物品供给主体构成

城市社区公共物品由于其非竞争性和非排他性的特点，其在供给过程中存在一定的复杂性和不确定性，会出现政府失灵和市场失灵等。在原来单位制和街居制的社区管理体制中，政府或单位是社区公共物品供给的唯一主体，但是随着城市人口的增加以及居民对社区公共服务需求的增加，政府或单位在供给社区公共物品过程中面临巨大的财政压力，无法快速回应公众多元化的需求，政府对社区公共物品的供给经历了一个从直接供给到有限供给的过程。自 20 世纪 80 年代，我国市场化改革不断深入，社区管理体制从单位制、街居制向社区

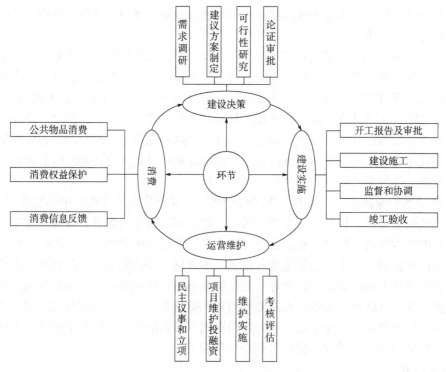

图 2-1 城市社区公共物品多主体供给环节

制转变，单位脱离了对职工所在社区的管理，政府也在从管理"全能型"政府向"服务型"政府改革，人们居住的社区也随之逐渐变成了商品房小区。在这样的社区体制下，社区公共物品供给由单一主体供给模式向多元化供给模式发展。

目前，我国城市社区公共物品供给主体主要包括：政府、市场、社区自治组织、非营利组织和居民五大类，每一类主体在社区公共物品供给中扮演不同角色，职责功能也不同，但是各自都在供给体系中发挥着重要的作用，拥有各自的供给优势。具体来说，政府部门主要包括基层政府中的社区街道办事处、民政局。市场主要包括私人企业和个体经营者。社区自治组织主要指社区居民委员会和业主委员会，虽然目前社区居委会更多的是协同基层政府来进行社区管理，但是从组织性质上来讲，其属于居民自治型组织。

2.4 城市社区公共物品协同供给主体角色

2.4.1 政府部门角色和职责

政府部门在社区公共物品建设中发挥着不可替代的作用，其重要性不仅体现在资金供给，而且担负着社区相关政策制定、宏观规划、监督引导等全局发展职责，具体来说，包括以下几个方面：第一，政府是社区公共物品建设的规划引导者。社区公共物品在多元主体协同参与中，离不开政府部门的政策支持，尤其在一些公益性较强的社区保障、社区救助等服务中，营利组织或居民参与的积极性不高，政府可以通过贷款倾斜、税收减免等方式引导发展。此外，在宏观规划中，政府需要因地制宜，根据所管辖社区的居民特征、设施条件、经济状况等合理地进行社区公共物品建设规划和确定目标，确保科学性和可操作性。第二，政府是社区公共物品建设的资金提供者。尽管市场和社会力量越来越多地参与到准公共物品供给，但是在一些特殊或复杂的公共物品供给领域中离不开政府的资金投入和支持。例如在社区纯公共物品中，社区图书室、健身器材、公办养老院等基础设施都需要政府投资建设。此外，在政府与营利组织的合作供给项目中（如社区老年食堂、民办养老院等），由于价格较低，政府需要给予一定的资金补贴。第三，政府是社区公共物品建设的监管者。政府在职能转变中，从原来的大包大揽到现在的"小政府、大社会"，逐渐从社区公共物品供给主体转型为监督管理主体，通过多参与主体的监督管理，才能为社区提供有序和谐的良好环境。一方面，确保社区公共物品供给质量规范化，保障居民获取公共服务的安全；另一方面，协调供给主体间的利益冲突和矛盾，提高协同效率。具体来说，政府部门中上级人民政府、街道办事处、民政局、房屋管理部门在社区公共物品供给中的主要职责见表2-1。

表2-1 政府部门主要职责

部门名称	主要职责
上级人民政府	1. 科学制定社区建设规划和目标；2. 完善社区法律法规、政策引导；3. 加强对供给主体监督管理；4. 完善社区建设绩效评价指标体系；5. 推进多元主体参与和人才培养等
街道办事处	1. 监督社区安全生产、消防工作；2. 协助社区计划生育、就业、社保等保障工作；3. 负责社区综合治理、信访、维稳治理；4. 制定并实施社区建设规划并动员居民积极参与；5. 落实上级政府政策、方针等
民政局	1. 负责社区救助规划、实施和体系建设；2. 负责婚姻、管理、收养等管理工作；3. 指导社区服务站建设；4. 拟定和落实社区总体建设、群众自治建设等发展规划；5. 负责社区团体、基金会的监督管理工作等
房屋管理部门	1. 负责物业管理活动的监督管理工作；2. 指导成立业主大会和业委会；3. 帮助解决物业管理纠纷；4. 制止和处理物业违法行为；5. 维护社区治安等

2.4.2 市场营利组织角色和职责

目前，我国城市社区大部分公共服务项目都由市场组织参与完成，市场组织可以为居民提供经营性的准公共物品，市场化供给不仅能够减轻政府的财政负担，而且能够极大地丰富社区公共物品服务范畴，例如社区物业公司、家政服务、美容美发店、餐饮市场以及水暖电供给企业等都属于社区准公共服务供给者。其中，市场组织既有与政府合作供给项目，也有独立经营项目，因此，市场营利组织的职责定位包括以下两个方面：第一，政府公共项目承接者。政府在寻求公共物品供给的市场合作中，往往采用合同生产、特许经营、财政补贴等多种方式，鼓励私营企业积极参与。此时，私营企业以投标的形式参与到政府购买社区公共服务的竞争队伍中，中标后签订生产服务合同，为社区提供相应的基础设施和服务项目。第二，社区服务直接投资建设者。该类市场营利组织独立经营，包括从资金投入、生产建设到运营管理的各个环节，自负盈亏。此时，市场化供给能够体现出更高的效率性，在追逐服务客户和利润的驱动下，私营机构会设法降低成本并提高服务质量，并且能对社区居民的公共服务需求变化做出及时反应。然而，市场化供给离不开政府的监督管理，政府部门需要通过监管减少私营机构投机行为，保障居民公共利益。具体来说，市场组织中社会企业、物业企业、个体商户在社区公共物品供给中的主要职责见表2-2。

表2-2 市场组织主要职责

组织名称	主要职责
社会企业	1. 合法经营、保障服务质量和安全；2. 参与供水、供电、供暖、网络通信等服务项目；3. 接受居民和主管部门的监督；4. 维护社区环境、消费者利益等
物业企业	1. 合法经营、履行物业服务合同；2. 收取物业管理费用；3. 接受居民和主管部门的监督；4. 及时处理居民的意见反馈等
个体商户	1. 合法经营、保障服务质量和安全；2. 接受居民和主管部门的监督；3. 维护社区环境、消费者利益；4. 及时处理居民的意见反馈；5. 维护社区环境、消费者利益等

2.4.3 社区非营利组织角色和职责

社区非营利组织是指在社区公共物品供给中不以营利为目的，从事公益事业的社会组织、志愿团体或民间协会，也称作第三部门。社区非营利组织是居民自愿参与组成，以追求公共利益为价值取向，其资金来源不同于私营机构的利润累计，也不同于政府的财政税收，而是主要来源于组织成员所交会费以及政府部门的资助，同时，在不受外界干扰的情况下，非营利组织的资金不用于成员间分配，只用于组织运营和管理需求。近年来，我国的社区非营利组织逐渐兴起，例如太极拳协会、乒乓球协会、老年大学等，在社区公共物品供给中扮演重要角色。社区非营利组织的职责定位主要包括两个方面：第一，政府职能转变的承载者。政府在职能转变中，逐渐从社区公共物品供给主体转向监督管理主体，将更多精力放在引导多元主体协同参与。其中，非营利组织就是一个重要载体，它与基层广泛接触，更了解社区居民实际需求，通过整合内外资源，能够为其提供丰富的社区活动和公益服务。第二，社区志愿服务的组织者。非营利组织只有在大量志愿者的参与下，才能持续地生存和发展，非营利组织需要在社区内广泛宣传支援文化和精神，并且在能力范围内，为参与者提供场地和培训，以此来引导更多的社区居民参与进来，使得志愿者服务能够良性循环。具体来说，非营利组织中群团组织、志愿服务组织、公益性组织在社区公共物品供给中的主要职责见表2-3。

表2-3 非营利组织主要职责

组织名称	主要职责
群团组织	1. 关心困难群众、扶贫救助；2. 开展社区志愿活动、公益活动；3. 提供心理咨询或法律援助、协调矛盾纠纷；4. 开展社区文化体育类活动等
志愿服务组织	1. 组织社区文化、体育等志愿活动；2. 推广志愿者服务精神、引导居民参与；3. 不开展商业营利性活动；4. 为志愿者提供相关技能培训；5. 参与社区建设、了解居民需求等
公益性组织	1. 开展社区公益活动；2. 发挥维稳功能、化解社区矛盾；3. 提高自身能力建设、引导居民参与；4. 促进社区环境保护、教育宣传等公益建设；5. 参与社区建设、了解居民需求等

2.4.4 社区自治组织角色和职责

社区自治组织是在社区这一地域范围内，由居民自发建立和组织的群体组织，它是在居民集体选择并符合地方法律法规的基础上形成的。在我国城市社区中，社区自治组织的典型代表为社区居民委员会和业主委员会。根据《中华人民共和国居民委员会组织法》规定，我国社区居委会是居民实现自我教育、自我管理、自我服务的基层群众性自治组织。但是在实际工作中，社区居委会并没有很好地发挥自治角色，而是作为政府机构的延伸，在政府领导下开展社区服务工作，负担了大量的行政任务，变成一种"类行政组织"。社区居委会产生角色偏差的重要原因之一就是对政府的财政依赖性，居委会办公用地、工资和经费支出都是由地方政府统筹解决。但是不可否认的是，居委会在协调社区民事纠纷、维护基层治理稳定、配合政府民政和计划生育等工作中都发挥了重要作用。业委会是已取得房屋所有权的居民，为了在物业管理中维护自身合法权益而成立的自治组织，其功能职责主要是监督和协助物业服务企业履行物业合同，保障社区内物业服务质量，并协调业主与物业服务企业之间的冲突矛盾。此外，业委会在自我管理中，还要负责业主大会、合同签订、工作档案等相关内部职责。总体来看，我国社区自治的主要职责一方面是协助城市基层政府开展社区管理、服务工作；另一方面是积极组织社区居民开展自主和互助服务。通过上述分析，自治组织中社区居委会、业委会在社区公共物品供给中的主要职责见表2-4。

表2-4 自治组织主要职责

组织名称	主要职责
社区居委会	1. 自我教育、自我管理、自我服务；2. 协调利益、化解矛盾；3. 基层公共卫生、计划生育、优抚救济、社区教育等工作；4. 协助维护社会治安；5. 反映居民意见、要求等
社区业委会	1. 监督和协助物业服务企业履行物业合同；2. 召开业主大会、汇报物业管理情况；3. 签订、变更或解除物业合同；4. 调解物业纠纷；5. 档案管理以及资金筹集、使用、管理等

2.4.5 社区居民角色和职责

居民在社区公共物品供给协同中的角色十分特殊和重要，因为居民既是社区公共物品的消费者，又是社区公共物品的供给者，具有双重性。居民应当清楚地意识到自身在社区公共物品建设中的角色，既不是单一的公共物品享有者和消费者，也不是被动的管理对象，而是有权参与多元主体供给协同中需求表达、监督评估、运营维护等过程的治理主体。可以看出，社区居民是社区公共物品供给的重要参与力量，其中蕴藏着巨大的发展潜能，居民的主动参与对于提高目前社区公共物品协同供给效率具有重要意义。综上，将社区居民的参与角色定义为以下几个方面：第一，诉求表达和内容设计者。社区公共物品只有契合居民的实际需求才能体现供给价值和效率，而在社区中，没有人比居民自身更及时、更清楚地了解自身需求，所以，居民是社区公共物品最理想的内容涉及者，其需要的更多的是需求表达渠道的完善。第二，协同监督和评价反馈者。居民在消费公共物品中，可以对供给主体进行积极监督，防止其为了个体利益而降低公共服务质量，并将自身的消费体验和问题意见向供给主体或政府部门反馈。第三，成为社区公共物品供给参与者。居民可以通过共同兴趣爱好或者价值取向为纽带，成立社区民间组织，形成社区互助服务，包括社区互助信息服务、社区互助志愿服务、社区互助商业服务等，提高自我供给和服务能力。通过上述分析，居民在社区公共物品供给中的主要职责见表2-5。

表2-5 社区居民主要职责

名称	主要职责
社区居民	1. 需求表达、建设决策参与；2. 供给监督、评价、消费意见反馈；3. 维护社区治安、环境和公共服务设施等；4. 积极参与社区公益活动；5. 遵守社区公约和规章制度等

2.5 城市社区公共物品协同供给环节

2.5.1 建设决策环节

城市社区公共物品建设决策环节是基于一定社区管理经验和科学理论，以提高社区公共物品供给效率和质量为目标，通过对经济活动中投资必要性、公共利益价值、资金来源、投资方向、投资成本等主要问题的分析，选择适合于本社区的公共物品投资方案。建设决策的科学设计对于提供给社区居民最关切、最需要的公共物品或服务，充分利用社会资源发挥着至关重要的作用。建设决策环节的社区公共物品供给参与主体包括基层政府（街道办、民政局）、居委会、业委会、私人企业或个体经营者、非营利组织和居民。其中，基层政府参与该环节的调研和需求分析，方案制定、可行性研究和投融资；居委会参与需求分析中的信息收集；业委会仅参与和物业相关的需求分析和规划；私人企业或个体经营者参与投融资，而且在投资前，它们也会通过需求分析对投资项目做可行性研究；非营利组织可以通过自主筹资渠道募集资金，为社区居民提供所需的公共服务。

1. **社区公共物品需求调研**

城市社区公共物品需求调研包含主体和客体，主体有两个：一是作为消费主体的社区居民，二是作为供给主体的基层政府、市场和非营利组织等。社区居民需要有权并主动表达对社区公共物品的实际需求，而供给主体应当做好调研和分析工作，在制订供给计划前充分考虑居民意愿。客体是指社区内各种类别的公共物品，具体可以分为社区市政设施、文化体育设施、社区养老或医疗卫生等，其中大部分为可收费的准公共物品。社区居民根据自己不同的情况特征会对不同种类的社区公共物品产生需求偏好，需求调研就是公共物品建设决策的第一步，也是实现公共物品供需对接的重要起点。

2. **社区公共物品供给项目建议方案制定**

基层政府或私营企业等供给主体在社区公共物品投资初期，需要从客观上分析项目建设的必要性和可行性，通过社区调查，研究编制项目建议方案，把投资设想变为概略的投资建议。为了加强公共物品建设的便民性、针对性、公益性，供给主体在设计方案时，要避免重复建设，合理利用资源，减少项目选择的盲目性，从而不断完善社区公共物品服务类别，如老年人食堂、体育活动设施、社区就业服务等。然而，由于居民需求多样化以及可投入资金限制，供给主体很难满足每个居民的公共需求，在方案制定时应当照顾大多数社区居民的需求意愿，做好供需对接。

3. 社区公共物品供给方案可行性研究

在选定合适的项目方案后，要对建设项目进行更具体的可行性研究，在对社区环境和居民意见调查研究的基础上，对项目从必要性、规模、进度、市场、财务和风险等方面进行全面的分析，做出经济效益、社会效益和环境影响的综合分析和评价，以确定建设项目是否可行，为投资决策提供科学分析，并以此作为项目批准立项的书面依据。此外，可行性研究也能为投融资、工程设计、合同签约等提供依据。

2.5.2 建设实施环节

建设实施环节是将多种渠道的资金投入转化成服务于社区居民的公共设施。对于私营企业或个体而言，其既可能是公共物品供给的投资方，也可能是公共物品供给的生产方，可以自主选择生产合作方式。对于政府部门而言，其往往是采用委托代理或招标投标的方式与企业进行合作，由企业进行设备生产或房屋建筑等，最后由业主方即政府对生产结果进行综合验收[69]。

1. 社区公共物品建设生产

城市社区公共物品工程项目包括硬件设施和服务类项目。其中，硬件设施项目主要包括公共设施生产、花坛道路建设维修以及用房建设等实体工程，由社区公共物品供给主体进行建设投资，具体的施工内容可以自身技术条件，自主完成或进行专业分包。为了保障供给质量，施工企业必须保证工程材料检验合格，不偷工减料，按照投资主体的规划设计、时间进度进行生产，并接受居民和有关部门的监督。此外，服务类项目主要是政府或社会组织为社区居民提供的文化、医疗、体育方面的知识型服务，组织社区居民开展各种活动，丰富居民的社区生活。

2. 社区公共物品建设监督和协调

通过质量监督和组织协调对公共物品生产过程进行严格把控，是确保公共物品供给质量的关键因素。首先，应当发挥多元参与的优势，形成以政府部门为主导，投资主体、社区组织和社区居民等共同参与的监督管理体系。其中，政府作为主导力量，从社区公共利益的角度出发，一方面可以通过抽查监督、定点监督等多种方式做好自身的监督工作。另一方面要积极引导社区内部力量协同参与，为社区组织和居民创造有效的监督途径[64]。其次，在供给过程的组织协调中，应当从主体自身内部协同和主体间外部协同两点入手。内部协调主要是指生产企业和政府部门通过优化人员配备、完善权责划分和规章制度等手段，提高组织内部的协同配合效率。外部协调主要是针对部门与企业、企业与居民等主体间相互关系，建立良好的工作协同和争议解决机制，及时处理主体合作中出现的问题纠纷，保证社区公共物品生产建设的顺利进行[66]。

3. 社区公共物品建设竣工验收

在城市社区公共物品生产建设完成后，政府、企业等投资方要组织人员按照合同约定和国家相关的建筑或设备验收标准对生产建设项目进行验收，并对验收报告和材料进行备案。对于未能按时移交建设项目的生产方，政府、企业等业主方要发现问题，及时整改，并保证生产质量。竣工验收是社区公共物品服务居民前的最后一道关卡，一定要通过规范化的程序，为广大社区居民负责。

2.5.3 运营维护环节

运营维护环节是城市社区公共物品在规划设计和生产完成后，实现其更长的生命周期和更多经济、社会功效的重要环节。该环节的社区参与主体包括街道办、居委会、业委会、私人企业或个体经营者四部分。但是近年来我国城市社区中普遍存在公共服务设施建设与运营维护关系断裂的情况，出现重建轻养、维护主体不明确、维护资金短缺等一些问题，如何采取切实可行的措施加强对社区公共物品的运营维护是政府主导部门急需考虑的问题，从而延长公共物品使用价值的寿命，保证社区居民的正常使用。

1. 项目维护投融资

城市社区公共物品运营管理者包括两大主体——政府部门和私人企业。其中，政府作为运营管理者主要面向由政府单独出资建设的服务项目，运营环节也需要政府进行投资维护；而私人企业作为公共服务项目的运营管理者包括两种情况，一种是项目完全由私人企业投资完成，其对该项目拥有长期独立的运营管理权。另一种私人企业与政府部门通过PPP、BOT等方式合作投资社区公共服务项目，私人企业在特许经营期内享有占有、运营和维护该项目的权利，期间的维护费用由企业承担，在特许期满之后，再由政府接管和负责。

2. 项目维护实施

维护实施工作就是由维护责任人对社区公共物品在使用过程中出现的问题进行维护和修缮工作，保证社区公共物品的安全和质量以及居民的正常使用。社区公共物品运营管理者和养护者既可以是统一的，也可以是分离的，具体包括管养统一、管养部分统一和管养分离三种模式。

3. 项目维护考核评估

目前，我国城市社区公共物品在运营维护中问题处理不及时、效率低等现象较为突出，例如社区图书馆、道路、路灯等基础设施年久失修，没有及时维护，严重影响居民的社区生活。解决这一问题的关键是基于岗位责任制，完善项目后期维护的考核评估机制。在明确维护修缮责任人的基础上，将维护修复速度和质量等因素纳入评价指标中，并由社区居委会、业委会及社区居民参与或监督实施，确保考核评估的真实有效。以此作为激励措施，提高维护修缮责任人处理社区公共物品问题的效率。

2.5.4 消费环节

公共物品供给的好坏或质量取决于居民最终的消费体验，居民是社区公共物品供给的最终接受者。因此，居民在公共物品的供给过程中最有发言权。消费环节的社区参与主体包括从基层政府到社区居民的所有主体，且参与内容都与信息反馈有关。其中，基层政府和私人企业或个体经营者（如物业企业）主要负责对居民消费情况的调查和信息收集，基层政府有关部门还需要处理居民保护自己消费权益的申诉；居委会既需要负责信息收集，还需要将这些信息向基层政府反馈；业委会仅参与物业相关的信息反馈；非营利组织在消费环节收集反馈信息和科普居民的维权意识；最后，社区居民是社区公共物品或服务的消费主体，居民在消费过程中存在的问题、意见和需求都可以向居委会、街道办等社区管理部门反映，居民的积极参与有利于社区公共物品的高效供给。

1. 社区公共物品的消费

城市社区公共物品的服务对象是全体社区居民，居民作为直接消费者处于公共物品供给环节的末端。居民消费的社区公共物品大致分为两类，一是免费的公共物品，如社区公共健身器材、社区图书馆、社区文化活动室等；二是需要付费的公共物品或服务，包括社区物业服务和养老服务、医疗服务等，市场机制的引入使得社区居民可以享受更加多样化的社区公共物品或服务，满足不同人群的社区需求。

2. 社区公共物品消费权益保护

社区居民作为社区公共物品的消费者，在消费过程中享受消费者权益保护。消费者和经营者发生消费者权益冲突时，可以向有关行政部门提出意见和申诉，行政机关有依法接受并处理消费者申诉举报的义务和责任[70]。社区居民无论在社区医疗、教育还是物业服务中，都有权检举和控告侵害消费者权益的行为。

3. 社区公共物品消费信息反馈

居民在社区公共物品消费过程中如果有意见和建议或与供给主体产生分歧，可以向街道办、居委会或业委会进行信息反馈，维护自身的合法权益。在社区公共物品供给中，消费环节的信息反馈既是本次供给流程的结尾，也是下一轮供给流程的开端，通过信息反馈可以明确居民真实需求，为下一轮供给决策提供参考。这样社区公共物品供给流程形成一个闭环，居民应在政府和居委会引导下，积极参与供给信息反馈和需求表达，不断完善供给机制，提高社区公共物品的供给效率。

2.6 城市社区公共物品协同供给流程

2.6.1 城市社区公共物品供应链管理内涵及原理

目前，有学者围绕资源整合、集成与协同等供应链管理核心，在研究中引入工作流（work flow）和业务流（business flow），与传统供应链管理的实物流（physical flow）、信息流（information flow）、资金流（fund flow）一起构成5F供应链管理模型[71]。而城市社区公共物品供给正是一个从规划设计、投资、有效生产到合理分配和充分消费的供应链管理过程，由于供给主体的多元化和复杂化，供给过程不仅涉及各个环节和主体之间的实物流、资金流和信息流，还要考虑到供给主体之间职责分工的工作流和工作关系范畴中的业务流，这些直接影响社区公共物品的供给效率。因此，城市社区公共物品供应链管理内涵体现在城市社区公共物品供给多元参与主体为提升供给效率和公益性价值创造而加强主体间的紧密合作。对城市社区公共物品供给中，从投资决策、生产建设、运营维护到消费等不同环节产生的工作流、业务流、实物流、资金流和信息流实施有效管理，以提高居民公共物品供给满意度，实现供给效率提升和供给价值创造。城市社区公共物品供给供应链管理的原理是通过各流"结构图"和"结构图说明"来描述供应链管理中的工作流、业务流、实物流、信息流和资金流等方面的内容，并对供应链所涉及的各个流程内容进行细分和描述。

2.6.2 城市社区公共物品供应链管理的节点和流

城市社区公共物品供应链上所包含的内容分为"节点"和"流"两类。"节点"是"流"汇聚的地方,也是"流"出发的地方,"流"在每个"节点"处得到加工和控制,然后传递到下一个或几个"节点","节点"职责功能的不同导致每个"节点"处"流"经过的数量也不同。而供应链上结构内部的关系称为"流"。这些流的内容是信息、资金、实物、工作和业务,流的方向用箭头表示,箭头指向即为"流"流动的方向,是实物、资金、信息传递的方向和工作、业务的被接受者的方向。

1. 城市社区公共物品供应链管理节点

"节点"即供应链上的组织与企业,必要时将供应链上的重要个人也视为该条供应链的"节点"。每条供应链的"节点"依据社区公共物品的种类不同加以确定。城市社区公共物品供应链所包含的节点主要有:基层政府(街道党政组织)、居委会(党组织)、业委会、非营利组织、核心供给企业、供应商、项目负责人和社区居民。其中,基层政府主要是向居委会传达国家政策和方针,参与社区公共物品的规划设计和投资决策,全过程监督和指导公共物品的建设和管理,并向上级反馈公共物品的消费和需求情况。居委会(党组织)是国家政策的最基层执行者,实施上级的工作安排,反映社区居民的实际需求,并监督企业和非营利组织的各项工作。业委会仅参与和物业服务相关的活动,代表全体业主的利益,监督物业管理企业的工作;核心供给企业是为社区居民提供服务的营利组织,它不仅是社区公共物品的提供者,也是供应链关系的建立者和维持者。非营利组织参与社区公共物品规划设计、生产建设、运营维护和消费的全过程。供应商为核心供给企业提供其所需的公共物品基本资源;此外,项目负责人是社区公共物品的核心供给企业雇佣的负责本社区日常服务工作的人员,例如物业管理企业的物业经理。社区居民是消费公共物品的主体,是供应链服务的对象。

2. 城市社区公共物品供应链管理流

城市社区公共物品供应链上的"流"即信息流、资金流、实物流、工作流和业务流。其中,资金流即资金在社区公共物品的投资决策、生产建设、运营维护和消费过程中的流动,主要有公共物品项目投资资金、项目建设人员工资、运营管理资金和居民购买公共服务的资金等。实物流即公共物品的生产建设单位从购买公共物品原材料、生产建设到运营管理和消费的实物流动。信息流主要是以社区居民公共物品需求为起点,通过信息技术,结合各"节点"的管理能力、建设能力等将需求计划、供给计划和公共物品建成投入使用的信息传递给其他主体,此外,还有基层政府、居委会、业委会和项目建设主体围绕公共物品的工作指挥、监督和协调信息。工作流即项目操作、交付验收使用、运营管理工作和消费等工作,一般从社区居民需求开始,最初的工作包括社区公共物品需求调研分析、预测和供给投资计划的制订,然后是公共物品生产建设的施工建设计划、组织施工和验收等具体工作,最后是社区公共物品的交付使用和后期运营管理维护服务及消费满意度评价的整个工作流程,同样也有基层政府和居委会、项目多元化参与主体的工作沟通、指挥和控制等相关信息,它是集中体现供应链工作协同的维度。业务流是公共物品供应链中的多元参与主体在提升社区公共物品消费满意度的共同价值愿景与目标下所开展的各类投资决策、生产建设、运营维护和消费等业务关系,主要体现为社区公共物品供给主体之间的所有权、契约、合同、承诺以及其他控制与合作关系,它是反映社区公共物品不同供给主体的集成供给活动,优化整合社区多方公共服务资源和实现有效配置的重要维度[71]。

2.6.3 城市社区公共物品供给流程结构分析——以社区物业公共服务供给为例

1. 城市社区公共物品供应链管理分解结构

城市社区物业管理服务是目前社区中涉及面最大最广的社区公共服务，包括社区日常保洁、绿化服务、垃圾清运、消防、监控防范系统和停车场管理系统服务等。现以社区物业管理服务为对象，通过深度访谈调研方式，针对天津南开区华苑大型社区环境卫生供给治理实际模式和运行机制情况，基于供应链管理新视域，探讨分析、描述和构建城市社区公共物品供应链管理结构模型，重点考察基层政府（街道党政组织）、居委会（党组织）、业委会、非营利组织、物业管理企业、物业经理以及居民之间的公共物品供给流程关系。在绘制城市社区物业服务各流结构图（见图 2-2 ~ 图 2-7）的基础上，绘制供应链结构总图，并对图上各流进行简要说明。

（1）资金流：F10 政府给予物业管理企业一定的补助或者购买物业管理企业的服务。其中，补助主要是指税收优惠和资金支持，政府购买公共服务主要分为硬服务和软服务[67]，这里购买的服务是指服务质量标准明晰的硬服务，政府直接向物业管理企业购买，目前在社区物业服务中实施尚不普遍。F11 物业经理劳务费以及员工工资；F12 居民缴纳的物业费；F13 采购费用，物业管理企业向供应商采购维修花坛和清洁社区的工具、聘请专业施工人员等；F14 基层政府拨给居委会工作人员工资；由图 2-2 可见，在城市社区环境卫生公共物品供给资金流中，只涉及基层政府、居委会、物业管理企业、供应商、物业经理和社区居民。

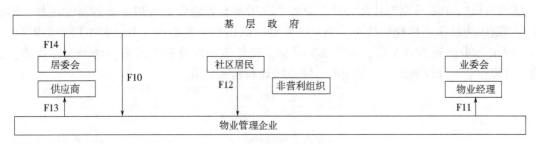

图 2-2　资金流结构图

（2）实物流：F20 供应商为物业管理企业提供公共物品基本资源；F21 物业管理企业将公共物品运到社区；F22 非营利组织在提供自我服务的同时，参与社区环境卫生建设和管理。由图 2-3 可见，实物流中只涉及供应商、物业管理企业、非营利组织和社区居民。

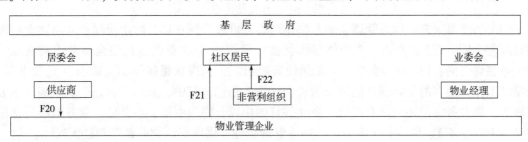

图 2-3　实物流结构图

(3) 信息流：F30 基层政府给居委会下达工作指示和居委会向基层政府汇报工作的信息传递，F31 物业管理企业给物业经理下达工作指示和物业经理反馈工作情况的信息传递；F32 表示物业管理企业与供应商之间开展的需求、议价、招投标、合同签订等交易信息；F33 社区居民向居委会反映物业服务情况；F34 社区居民向物业经理反馈物业服务情况；F35 非营利组织为社区居民提供物业方面的维权信息；F36 业委会向物业管理企业反映社区物业服务情况；F37 社区居民向业委会反映物业服务信息；F38 业委会向物业经理反映社区物业服务情况；F39 居委会向物业经理反映居民的意见。如果服务是政府购买的，还应该有基层政府和物业管理企业之间的工作信息交流。由图 2-4 可见，信息流涉及基层政府、居委会、业委会、物业管理企业、非营利组织、供应商、物业经理和社区居民。

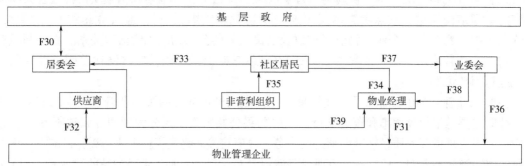

图 2-4　信息流结构图

(4) 工作流：F40 供应商及时交付物业管理企业订购的物品；F41 物业管理企业向物业经理下达工作指示；F42 基层政府向居委会下达工作指示；F43 物业管理企业提供物业服务；F44、F45、F46 分别为社区居民、业委会和居委会监督物业管理企业的日常工作；F47 非营利组织为社区居民提供服务；F48 居委会协调指导业委会的工作；F49 居委会汇报工作；F410 物业经理汇报工作。由图 2-5 可见，工作流中涉及基层政府、居委会、业委会、物业管理企业、非营利组织、供应商、物业经理和社区居民。

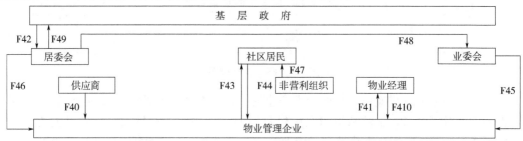

图 2-5　工作流结构图

(5) 业务流：F50 物业管理企业与供应商签订订单合同；F51 物业管理企业与物业经理签订雇佣合同；F52 业委会代表全体居民利益（承诺）；F53 业委会代表全体业主与物业管理企业签订合同；F54 居委会名义上是居民自治组织，但现状是接受基层政府（党政组织）安排的工作，更多的是体现社区国家治理和代理人角色。其中，如果完全是政府购买社区公共服务，则业务流里还应该有政府与企业签订的协议合同。由图 2-6 可见，业务流涉及基层政府（党政组织）、居委会、业委会、物业管理企业、供应商、物业经理和社区居民。

第2章 城市社区公共物品协同供给演进及结构

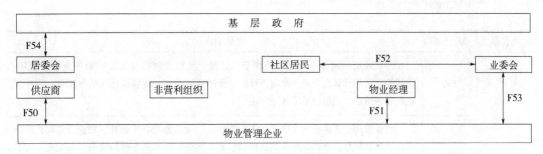

图 2-6　业务流结构图

2. 结构总图

在城市社区公共物品供给过程中，其核心供给企业是物业管理企业，项目负责人是物业经理。5F 结构总图如图 2-7 所示。

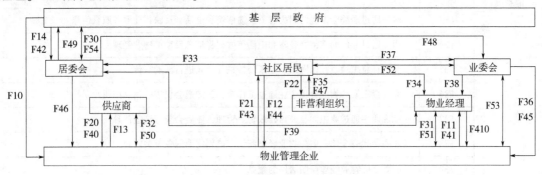

图 2-7　5F 结构总图

2.6.4　城市社区公共物品 5F 供应链管理方法和工具

在城市社区公共物品的 5F 各流运行过程中，可运用的管理方法与管理工具很多，且由于各个供给主体性质、职能职责、业务关系和业务内容存在差异性和复杂性，在每个流的范畴里协同主体之间使用的管理方法和管理工具各不相同。5F 流的分解见表 2-6。

表 2-6　流型分解及其采用的管理工具和方法

5F 流名称	5F 分解	流型内容
资金流	F10	①基层政府给予物业管理企业税收优惠；②对于资质合格的物业管理企业，给予低门槛准入优惠
	F11	①物业管理企业和银行签订代发工资的协议；②物业管理企业为员工办理代发存折或借记卡；③物业管理企业按日期汇给银行工资存款和员工工资；④银行发放工资
	F12	社区居民通过刷卡或是现金交付物业管理费
	F13	①物业管理企业给供应商定金；②物业管理企业给供应商剩下的货款
	F14	基层政府给居委会工作人员发放工资
实物流	F20	供应商按照合同内容将货物运输到物业管理企业
	F21	物业管理企业根据社区实际情况将货物运到社区
	F22	非营利组织自我供给社区公共物品

（续）

5F 流名称	5F 分解	流型内容
信息流	F30	①基层政府给居委会下达工作指示，通过"社区管理信息系统"给予指示和说明；②居委会运用计算机全面、准确、可靠、及时地记录和处理城市社区日常工作过程中发生的各种信息并汇报给基层政府
	F31	①物业管理企业给物业经理下达工作指示；②物业经理在实施社区物业服务时，收集居民的反馈信息；③物业经理整理反馈信息，并进行预测后汇报给物业管理企业；④物业管理企业综合居委会、物业经理或居民的意见后制定处理方案和计划，再一次下达给物业经理
	F32	①物业管理企业列出自己的需求；②物业管理企业制定标的；③通过招投标管理流程选择合适的供应商；④签订订单合同
	F33	居民通过居委会设立的居民意见反馈信箱和电话，反映物业服务质量信息
	F34	居民通过专门的接待办公室和电话等方式将信息反馈给物业经理
	F35	非营利组织通过社区网站、小区公告栏等方式进行活动宣传
	F36	业委会定期与物业管理企业通过工作协调、沟通会议进行信息沟通
	F37	社区业主通过业主大会商讨社区物业管理，业委会整理这些信息
	F38	业委会代表全体业主与物业经理商议、谈判物业服务有关内容
	F39	居委会向物业经理反馈居民的意见
工作流	F40	①物业管理企业根据对社区居民、居委会、业委会的调查，运用统计软件对物业服务项目供给规模和内容进行预测；②选定合适的供应商；③供给双方按照合同内容进行项目交付和验收，其中物业管理企业通过采购管理降低采购成本，进一步规范物资材料采购流程；通过库存管理，避免货物积压、陈旧，保证资金良性运转
	F41	①物业管理企业与物业经理签订聘用合同；②物业管理企业下达工作任务
	F42	政府从人员编制、财力分配、任务传达等方面对居委会进行管理，并从分配的职能进行工作安排
	F43	物业管理企业为社区居民提供物业服务，并通过财务管理、考勤管理、业务管理等管理方法提高供给效率
	F44	居民监督物业管理企业的服务，直接向其提出意见、问题等
	F45	业委会代表社区业主监督协助物业管理企业履行物业合同
	F46	居委会监督物业企业服务，维护居民的合法权益，并协调物业管理企业与居民之间的关系
	F47	非营利组织向社区居民普及有关物业服务的法律常识
	F48	居委会指导与监督业主委员会的日常工作，督促业主委员会履行职责
	F49	居委会按照上级要求就物业服务出现的问题向政府汇报
	F410	物业经理按照物业管理企业的工作要求，履行自己的工作职责，向物业管理企业汇报物业管理情况

（续）

5F 流名称	5F 分解	流型内容
业务流	F50	①物业管理企业调查供应商的资质；②物业管理企业与供应商谈判；③物业管理企业与供应商签订合同
	F51	①物业管理企业进行岗位招聘；②物业管理企业与物业经理签订劳动合同
	F52	①社区居民成立业主代表大会；②通过差额选举选出业委会成员，业委会代表全体居民的利益
	F53	①业委会调查物业管理企业的资质；②业委会与物业管理企业谈判；③业委会与物业管理企业签订合同
	F54	居委会名义上是社会自治组织，但现状是服从基层政府的安排

第3章 城市社区公共物品协同供给实存状况：实证分析

本章主要介绍研究方案设计，包括调查对象、范围、数量以及方法的确定，调研实施，主要包括预调研与问卷修正、正式调研与问卷回收。然后，根据收集的样本进行样本统计特征分析。并着重分析了居民对社区公共服务总体满意度、项目满意度和供给主体满意程度的评价，并从整体和人口特征两方面对社区公共物品供给的供需匹配性、供给效率性、供给协同性、供给专业性和监督性等问题进行阐述。

3.1 研究方案设计

3.1.1 调查对象的确定

调查对象的选取取决于本研究的研究目的，本书主要研究城市社区公共物品多主体协同供给效率的影响因素。由于个人精力和时间的限制，再加上实际研究的情况比较复杂，全面调查社区的可能性很小。但又必须全面了解城市社区公共物品供给过程中存在的问题，因此，在调研过程中除了居民外还要访谈提供社区服务的主体，如居委会、业委会、基层政府、物业企业等。

3.1.2 调查范围的确定

随着改革开放的不断深入和社会经济的发展，我国社区管理体制也开始转型，社区建设开始在我国大中城市蓬勃展开。在对全国若干社区基本情况进行分析的基础上，综合考虑到地理位置和经济发展水平的差异，以及调查工作的可行性，我们将调查范围确定在陕西西安××社区、湖北宜昌××社区、天津南开区××社区、河南郑州××社区和深圳南山区××社区。

3.1.3 调查数量的确定

通常说来，调查某一对象时，如果样本容量取得过小，样本就不具有代表性，会增大抽样误差。为了提高调查数据的可靠性，就需要扩大样本容量，用足够的样本数来减小抽样误差，从而可以保证调查数据的真实可靠性。现实中，虽然扩大样本容量可以弥补误差，但是耗费的成本会随着样本容量增大而提高，调查的工作量也会增加。这次调查研究样本容量采用参数统计方法中重复抽样条件下确定样本容量的公式来确定[68]。即要使调查样本边际误差小于 0.05、调查置信水平在 95% 左右，调查所得的有效样本量大于等于 385。为提高调查数据的准确性与可靠性，以及可能存在问卷无效的情况，实际调查的数量应大于理论计算的样本容量，因此，本研究共发放问卷 700 份。

3.1.4 调研方法

本次调研采取分群随机抽样和非随机抽样相结合的方法。具体采取拦截式或走访抽查、网络调查和委托调查三种形式。拦截式抽查是指在社区里，每隔一段时间随机抽取一位居民作为调查对象，时间上的选择以双休日为主，走访抽查是对居委会、业委会、物业企业等相关人员进行深度访谈，主要选择工作日。本研究的网络调查是在专门的网站——问卷星上制定问卷，然后通过 QQ、微信和邮件等方式让笔者的亲朋好友帮忙填写以及扩散。委托调查是指委托其他城市认识的同学和朋友，在天津、郑州、宜昌、西安、深圳等城市进行问卷调查。抽样时，尽量注意样本的户籍、性别、年龄、收入、职业等分布均匀。

3.1.5 调查问卷设计

本研究的问卷包括三部分，基本情况，现状问题和影响因素，对策与建议。第一部分主要是关于调查对象所在社区的基本信息和调查对象身份的基本信息的采集。主要是为了了解社区类型、人口数量等概况和调查对象的身份特征，社区基本信息设计了 4 个问题，居民基本信息设计了 9 个问题。第二部分是现状问题和影响因素，主要是从供需匹配性、供给效率、供给协同性、供给专业性、供给监督性、公共服务满意度以及影响因素方面设计的问题。第三部分是对策与建议，属于开放式题目，目的是了解居民对社区公共服务供给过程的一些建议，为改进社区公共服务现状提供思路。关于调查问卷量化问题，一般用李克特五级量表，让被调查者直接在相应位置打钩，然后给每个选项赋值。

3.2 调研实施

3.2.1 预调研与问卷修正

1. 预调研

对天津华苑社区的天华里小区和长华里小区的居民通过简单随机抽样的方式进行了问卷调查。采用现场填答现场回收的方式共发放了 50 份问卷，回收的有效问卷 42 份，有效回收率 84%。为了保证调查对象的年龄与性别比例、文化程度分布等与走访社区总体情况大致相近，本次预调研采取随机与偶遇抽样的方式进行，并且走访的人员中至少有 5 名街道办事处或居委会工作人员、社团成员参与访谈，但每种社会角色均不超过 2 名，此类对象采取深入访谈的方式。

2. 问卷修正

在 2014 年 10 月 10 日至 10 月 20 日，本研究采用面对面的形式进行半结构化访谈或收集现有的文字访谈记录，从中整理出社区居民最为关心的问题——社区公共物品供需匹配性、供给效率性、供给协同性、供给专业性、供给监督性和影响社区公共服务多主体供给效率的相关因素,对已有的具体问项进行再次修订。小范围入户调查访谈对象主要包括城市基层社区组织(主要为街道办事处和社区居委会工作人员等研究对象)、社区居民(享受服务的群体)、物业人员(提供服务的群体)、区民政局领导(职能管理上级部门)以及社区管理的理论研究者(专家),共计访谈人数为20人。然后根据问卷的填答和专家们的意见,将问题不清楚、不容易理解的选项改掉,把不能反映现实问题的选项改成居民迫切需要解决的问题。

3.2.2 正式调研与问卷回收

综合考虑到地理位置和经济发展水平的差异,自2014年10月至2015年1月,选取陕西西安××社区、湖北宜昌××社区、天津南开区××社区、河南郑州××社区和深圳南山区××社区居民及社区相关工作人员为调研对象,进行实地调研。调查共发放问卷700份,回收调查问卷658份,剔除数据空缺较多或前后矛盾、不一致或有错误信息的问卷32份,最终获取有效问卷626份,有效回收率89.4%。样本地区分布情况见表3-1。

表3-1 样本地区分布情况

地区	西安××社区	宜昌××社区	天津××社区	郑州××社区	深圳××社区
发放样本数	130	160	160	130	120
有效样本数	102	143	148	119	114
有效比例(%)	16.3	22.8	23.6	19.1	18.2

3.3 样本统计特征

在调查样本上,被调查的指标,样本数和比例见表3-2。具体来说:①被调查的居民中拥有本市户籍的有602人,占总人数的96.2%;②性别方面,女性有329人,比男性的297人稍多,女性占总人数的52.6%;③被调查者的年龄主要集中在26岁至55岁之间,合计有467人,占总人数的74.6%;其中25岁及以下的有97人,占总人数的15.5%,26岁至35岁之间的有176人,占总人数的28.1%,36岁至45岁之间的有169人,占总人数的27%,46岁至55岁之间的有122人,占总人数的19.5%,56岁及以上的有62人,占总人数的9.9%;④文化程度方面,大专及以下的有276人,占总人数的44.1%,本科有253人,占总人数的40.4%,硕士及以上有97人,占总人数的15.5%;⑤在626个调查者中,有98人,占总人数15.7%的居民从事社区工作,他们主要是居委会、业委会和物业企业的工作人员。

此外,在从业情况方面,被调查者中在职人员有463人,占总人数的74%,离退休人员有58人,占总人数的9.3%,下岗人员有9人,占总人数的1.4%,"其他"主要指学生(包括本科、硕士及博士);家庭人均月收入主要集中在2500~7500元,合计437人,占总人数的69.8%,2500元以下有111人,占总人数的17.7%,7500元及以上的有78人,仅占总人数的12.5%。

表 3-2 样本基本特征描述

统计指标		样本数	比例（%）	统计指标		样本数	比例（%）
是否有本市户籍	是	602	96.2	性别	男	297	47.4
	否	24	3.8		女	329	52.6
年龄	25及以下	97	15.5	学历	大专及以下	276	44.1
	26~35	176	28.1		本科	253	40.4
	36~45	169	27		硕士及以上	97	15.5
	46~55	122	19.5	社区工作人员	是	98	15.7
	56及以上	62	9.9		否	528	84.3
目前工作情况	在职	463	74	家庭人均月收入（元）	2500以下	111	17.7
	离退休	58	9.3		2500~5000	245	39.1
	下岗	9	1.4		5000~7500	192	30.7
	其他	96	15.3		7500及以上	78	12.5

3.4　城市社区公共物品协同供给现状分析

3.4.1　城市社区公共物品协同供给满意度

1. 总体满意度评价

由表3-3可知，社区居民对公共物品供给的总体满意度处于中等水平。其中，选择一般满意和较满意的居民人数最多，分别占总体人数的31.3%和33.7%，但是，对社区公共物品不满意的居民（包括很不满意和不满意）共计28.9%，超过被调查居民的四分之一，说明城市社区公共物品供给的居民满意度还有很大可以提高的空间。

表 3-3 居民对城市社区公共服务供给满意度评价

满意度	很不满意	不满意	一般满意	较满意	很满意
样本数	24	157	196	211	38
比例（%）	3.8	25.1	31.3	33.7	6.1

2. 项目满意度评价

从表3-4可知，居民对社区公共物品供给项目的满意度主要可以分为三个层级，第一层级是满意度在60%~70%之间的公共物品或服务，包括社区医疗服务（68.2%）、社区养老（62.1%）、社区助残（65.8%）。其中社区医疗服务和社区养老是居民较为关心的话题，尤其是社区养老，随着我国进入老龄化社会以及独生子女的影响，居民对社区养老、居家养老等所需的公共服务需求越来越多。第二层级是满意度在70%~80%之间的公共物品或服务，包括社区市政设施（75.1%）、社区教育培训（78.4%）、社区公益慈善（72.5%）、社区家政便民服务（77.4%）。第三层级是满意度大于80%的公共物品或服务，包括社区文化体育

(87.8%)、社区环境卫生（83.7%）、社区计划生育（92.9%），其中文化体育项目是目前我国社区公共服务中发展较好的项目，例如社区内的体育运动设施、居民自组织的舞蹈队、乒乓球比赛等越来越丰富了居民的文化体育生活。

表3-4 居民对现有公共物品的满意程度

项目	不满意（%）			满意（%）			
	很不满意	不满意	合计	一般满意	较满意	很满意	合计
社区医疗服务	5.6	22.2	31.8	45.9	14.4	7.9	68.2
社区养老	4.6	33.3	37.9	41.7	15.1	5.3	62.1
社区文化体育	2.6	9.6	12.2	56.1	24.6	7.1	87.8
社区环境卫生	1.8	14.5	16.3	50.4	28.9	4.4	83.7
社区助残	5.6	28.6	34.2	48.6	11.9	5.3	65.8
社区市政设施	4.6	20.3	24.9	42.7	25.3	7.1	75.1
社区教育培训	4.6	17	21.6	47.9	23.5	7.0	78.4
社区公益慈善	2.6	24.9	27.5	48.8	17.3	6.4	72.5
社区计划生育	1.8	5.3	7.1	59.6	21.9	11.4	92.9
社区家政便民服务	4.7	17.9	22.6	52.6	16.9	7.9	77.4

3. 供给主体满意度评价

在城市社区公共物品体系的建设中，基层组织是公共物品项目的载体，承担了运作财政投入资金、动员群众参与和传播服务信息的功能。社区居民对基层组织的满意程度直接关系到公共物品的供给合作问题。从表3-5可以看出，居民对社区街道工委或办事处、党组织以及居委会或社区服务站的满意度非常高，均在90%以上，可以反映出社区基层管理组织在处理社区事务中以及提供社区公共物品过程中普遍得到了广大社区居民的理解和信任。此外，居民对社区物业公司，社区供水、供热、供气、供电和通信经营公司，社区生活服务类组织满意程度较低。尤其物业服务一直是社区里待解决的问题，调研期间正值冬季，供气不足、供热不足直接影响了居民的日常生活，物业公司相对于其他社区组织的居民满意度最低，这也印证了目前我国城市社区频繁发生的物业纠纷问题。最后，居民对社区文体活动类组织、教育培训类组织、公益慈善类组织等其他服务类组织的满意度相对较高，均在85%以上，其中调查发现，居民对这类社会组织提供的社区服务内容非常感兴趣也很支持，居民希望能够进一步提高其参与度，有更多的此类组织来丰富居民的社区生活。

表3-5 居民对各个组织或机构的满意度评价

组织或机构	不满意（%）			满意（%）			
	很不满意	不满意	合计	一般满意	较满意	很满意	合计
社区街道工委\办事处	0.9	8.8	9.7	42.1	32.4	15.8	90.3
社区党组织	0.9	6.1	7.0	45.6	31.6	15.8	93.0
社区居委会\社区服务站	0.9	6.1	7.0	43	34.2	15.8	93.0
社区物业公司	3.5	14.3	17.8	48	28.9	5.3	82.2

(续)

组织或机构	不满意（%）			满意（%）			
	很不满意	不满意	合计	一般满意	较满意	很满意	合计
社区供水、供热、供气、供电、通信经营公司	2.5	16.7	19.2	40.4	32.5	7.9	80.8
社区文体活动类组织	2.6	7.9	10.5	46.5	36	7	89.5
社区生活服务类组织	3.5	12.3	15.8	50	28.9	5.3	84.2
社区教育培训类组织	2.5	10.3	12.8	51.8	27.4	8	87.2
社区促进类组织	3.5	10.5	14.0	45.6	31.6	8.8	86.0
社区公益慈善类组织	2.6	10.5	13.1	54.4	24.6	7.9	86.9

3.4.2 城市社区公共物品协同供需匹配性

1. 从整体角度的社区公共物品供需匹配性分析

供需匹配性主要考察社区公共物品供给方（包括投资方和建设方）能否实现与需求方（即社区居民）的有效对接，满足社区居民所需的公共物品。具体包括6个方面，其中第一项需求满足是从总体上考察居民对供需匹配性的感知，后面五项是进一步从具体路径分析供需主体的对接情况。从表3-6可以看出，在需求满足方面，接近三分之二（63.6%）的被调查者认为城市社区公共物品供给现状能够满足居民的需求，还有三分之一居民认为目前公共物品供给状况不能满足自身需求。在需求表达方面，82.4%的居民认为有社区公共物品需求表达渠道，其中，居民表达需求方式或对象主要有三个：居委会、业委会和楼门长，由统计数据可知，排在第一的是居委会，其次是业委会，最后是楼门长，从中可以看出居委会与居民联结关系对社区公共物品供需对接的重要作用。在关于公开征询居民意见的调查中，一半的居民认为政府在公共物品供给过程中征询了居民意见，一半居民认为没有，其主要原因是社区事务多而繁杂，传统的意见征求方式需要消耗大量的人力和物力，此时更多需要的是居民自身积极参与。此外，政府对社区居民意见的采纳率还处于较低水平，在访谈中，工作人员认为对于居民的不同意见存在众口难调的现象，再加上资源配置问题，导致很多人的意见没能被采纳。最后，在参与意愿中，77.2%的居民认为自己愿意积极参与到社区公共物品建设中来，少数居民的参与意愿较低。

表3-6 从整体角度的社区公共物品供需匹配性分析

是否满足居民需求		是否有表达需求的渠道		主要表达方式			是否公开征询居民意见		是否有较多意见被采纳		是否积极参与	
是	否	是	否	居委会	业委会	楼门长	是	否	是	否	是	否
398	228	516	110	593	377	315	322	304	209	417	483	143
63.6%	36.4%	82.4%	17.6%	94.7%	60.2%	50.3%	51.4%	48.6%	33.4%	66.6%	77.2%	22.8%

2. 基于人口统计特征角度的供需匹配性分析

在供需匹配性中，我们主要针对供需内容不一致和需求反馈渠道不多两个问题对不同居民进行了调查，见表3-7。结果发现：从居民年龄结构来看，45岁以上居民认为公共物品供需内容不一致的问题突出，但是很多人没有意识到需求反馈渠道的问题。而从学历结构来看，随着居民文化水平的递增，有越来越多的居民认为需求反馈渠道不多的问题较为突出。在工作情况的居民结构中，明显反映出在职居民对社区公共物品供需内容的满意度较低，有33.78%的在职居民认为供需内容不一致的现象突出。在家庭总收入的分类中，五千元以下的较低收入家庭无论从供需内容还是需求渠道都比中高收入家庭的满意度低，他们认为社区公共物品供需匹配性问题突出。

表3-7 基于人口统计特征角度的供需匹配性分析

供给问题	居民基本信息	性别		年龄				学历			工作情况			家庭总收入（元）		
		男	女	35岁以下	36~45岁	46~55岁	55岁以上	大专及以下	本科	硕士及以上	在职	离退休	其他	五千以下	五千至一万	一万以上
供需内容不一致	不突出	0.00%	12.24%	8.93%	5.26%	0.00%	0.00%	2.44%	5.00%	17.65%	4.05%	0.00%	17.65%	0.00%	9.52%	0.00%
	一般	40.82%	40.82%	42.86%	42.11%	29.41%	50.00%	41.46%	42.50%	35.29%	40.54%	57.14%	35.29%	21.43%	46.03%	38.10%
	较突出	24.49%	20.41%	23.21%	15.79%	29.41%	16.67%	21.95%	17.50%	35.29%	20.27%	14.29%	35.29%	35.71%	15.87%	33.33%
	突出	32.65%	22.45%	23.21%	31.58%	41.18%	16.67%	29.27%	32.50%	11.76%	33.78%	14.29%	5.88%	35.71%	26.98%	23.81%
	很突出	2.04%	4.08%	1.79%	5.26%	0.00%	16.67%	4.88%	2.50%	0.00%	1.35%	14.29%	5.88%	7.14%	1.59%	4.76%
需求反馈渠道不多	不突出	2.04%	10.20%	5.36%	5.26%	11.76%	7.32%	5.00%	5.88%		5.41%	14.29%	5.88%	0.00%	9.52%	0.00%
	一般	42.86%	40.82%	37.50%	36.84%	52.94%	66.67%	46.34%	47.50%	17.65%	41.89%	57.14%	29.41%	28.57%	42.86%	47.62%
	较突出	34.69%	26.53%	32.14%	36.84%	29.41%	0.00%	26.83%	27.50%	47.06%	31.08%	28.57%	35.29%	42.86%	28.57%	28.57%
	突出	20.41%	16.33%	21.43%	15.79%	5.88%	33.33%	17.07%	15.00%	29.41%	17.57%	0.00%	29.41%	14.29%	17.46%	23.81%
	很突出	0.00%	6.12%	3.57%	5.26%	0.00%	0.00%	2.44%	5.00%	0.00%	4.05%	0.00%	0.00%	14.29%	1.59%	0.00%

3.4.3 城市社区公共物品协同供给效率性

1. 从整体角度的供给效率性分析

（1）成本费用性。社区公共物品管理成本费用即运营管理费用，主要包括社区工作者的工资与福利、办公费、设施购置与修缮费以及开展各类社区活动的支出等。如表3-8所示，有29.9%的居民认为社区公共物品管理成本一般，而大部分居民认为社区公共物品管理成本较高，占被调查者的45.7%。

表3-8 社区公共物品管理的成本费用统计分析

成本费用性	很低	较低	一般	较高	很高
人数	6	42	187	286	105
比例（%）	1	6.7	29.9	45.7	16.7

（2）供给资金规模水平。社区公共物品供给需要一定数量规模的资金投入，在供给主体由单一走向多元的过程中，资金来源不断丰富，包括政府、企业、私人个体等，但是目前的资金投入水平能否满足社区居民的实际需求呢？从表3-9可知，居民对社区公共物品供给资金水平的满意度相对较低，其中认为供给资金不足（包括严重不足和不充足）的比例占

66%，28.7%的居民认为供给资金水平处于中等水平（一般），仅有少数居民对公共物品供给资金水平较为满意。

表 3-9 社区公共物品供给资金水平

供给资金规模水平	严重不足	不充足	一般	较充足	很充足
人数	121	293	179	30	3
比例（%）	19.2	46.8	28.7	4.8	0.5

（3）社会组织发挥的作用。近年来，我国出现的大大小小的社会公益组织、团体和基金会等越来越受到人们的关注，随着这些组织和团体的成熟度和普及度的增加，它们服务于基层群众尤其是社区居民的重要作用逐渐凸显。由表 3-10 可知，37.2% 和 13.9% 的居民认为社会组织对本社区公共服务供给建设发挥的作用较大和很大，30.7% 的居民认为社会组织发挥的作用一般，合计有 18.2% 的少数居民认为社会组织发挥作用较小或很小。总体来说，社会组织的工作得到了较多社区居民的充分肯定，社会组织如何进一步加强与社区的联系与互动，为社区居民提供更多的公共物品值得关注和期待。

表 3-10 社区公共物品社会组织发挥作用

社会组织发挥的作用	很小	较小	一般	较大	很大
人数	38	76	192	233	87
比例（%）	6.1	12.1	30.7	37.2	13.9

2. 基于人口统计特征角度的供给效率性分析

在供给效率性方面，我们主要从供给满意度、供给数量、设施老化等 5 个方面对不同的居民进行调查，见表 3-11。结果发现：从居民年龄结构来看，各年龄段的居民都认为公共物品供给数量不足和运营成本高这两个问题突出，选择"突出"的人数均占总人数的 20% 以上。从学历结构来看，本科及硕士以上学历居民的公共物品供给满意度低于大专及以下学历居民。从工作情况来看，离退休居民对社区公共物品供给满意度认可度相对较高，在职居民认为供给数量、设施老化等问题较突出和突出的比例要高于离退休居民。在家庭总收入方面，五千元以下的低收入居民更多地认为社区公共物品供给满意度不高的问题较突出，此外在设施老化陈旧方面和运营成本较高方面，分别有 50% 和 42.86% 的居民选择了问题突出，远高于中高收入居民。

表 3-11 基于人口统计特征角度的供给效率性分析

供给问题	居民基本信息	性别		年龄				学历			工作情况			家庭总收入（元）		
		男	女	35岁以下	36~45岁	46~55岁	55岁以上	大专及以下	本科	硕士及以上	在职	离退休	其他	五千以下	五千至一万	一万以上
供给满意度不高	不突出	0.00%	6.12%	3.57%	5.26%	0.00%	0.00%	2.44%	0.00%	11.76%	2.70%	0.00%	5.88%	0.00%	4.76%	0.00%
	一般	46.94%	55.10%	48.21%	47.37%	64.71%	50.00%	60.98%	47.50%	35.29%	50.00%	71.43%	47.06%	35.71%	52.38%	57.14%
	较突出	32.65%	22.45%	30.36%	21.05%	23.53%	33.33%	14.63%	37.50%	35.29%	27.03%	14.29%	35.29%	28.57%	26.98%	28.57%
	突出	18.37%	10.20%	14.29%	15.79%	11.76%	16.67%	19.51%	7.50%	17.65%	14.86%	14.29%	11.76%	21.43%	12.70%	14.29%
	很突出	2.04%	6.12%	3.57%	10.53%	0.00%	0.00%	2.44%	7.50%	0.00%	5.41%	0.00%	0.00%	14.29%	3.17%	0.00%

(续)

供给问题	居民基本信息	性别		年龄				学历			工作情况			家庭总收入（元）		
		男	女	35岁以下	36~45岁	46~55岁	55岁以上	大专及以下	本科	硕士及以上	在职	离退休	其他	五千以下	五千至一万	一万以上
供给数量不足	不突出	0.00%	8.16%	5.36%	5.26%	0.00%	0.00%	2.44%	5.00%	5.88%	4.05%	0.00%	5.88%	0.00%	6.35%	0.00%
	一般	28.57%	40.82%	32.14%	26.32%	47.06%	50.00%	39.02%	32.50%	29.41%	32.43%	57.14%	35.29%	7.14%	42.86%	28.57%
	较突出	44.90%	26.53%	39.29%	36.84%	29.41%	16.67%	31.71%	37.50%	41.18%	35.14%	28.57%	41.18%	57.14%	30.16%	38.10%
	突出	24.49%	20.41%	21.43%	21.05%	23.53%	33.33%	24.39%	20.00%	23.53%	24.32%	14.29%	17.65%	28.57%	19.05%	28.57%
	很突出	2.04%	4.08%	1.79%	10.53%	0.00%	0.00%	2.44%	5.00%	0.00%	4.05%	0.00%	0.00%	7.14%	1.59%	4.76%
设施老化陈旧	不突出	4.08%	14.29%	14.29%	0.00%	5.88%	0.00%	4.88%	5.00%	29.41%	5.41%	14.29%	23.53%	7.14%	12.70%	0.00%
	一般	30.61%	34.69%	35.71%	26.32%	29.41%	33.33%	31.71%	42.50%	11.76%	33.78%	42.86%	23.53%	14.29%	38.10%	28.57%
	较突出	30.61%	24.49%	26.79%	31.58%	29.41%	16.67%	29.27%	17.50%	47.06%	25.68%	14.29%	41.18%	28.57%	23.81%	38.10%
	突出	30.61%	20.41%	19.64%	31.58%	29.41%	50.00%	31.71%	25.00%	11.76%	29.73%	14.29%	11.76%	50.00%	19.05%	28.57%
	很突出	4.08%	6.12%	3.57%	10.53%	5.88%	0.00%	2.44%	10.00%	0.00%	5.41%	14.29%	0.00%	0.00%	6.35%	4.76%
运营管理缺乏资金	不突出	0.00%	2.04%	1.79%	0.00%	0.00%	0.00%	0.00%	0.00%	5.88%	1.35%	0.00%	0.00%	0.00%	1.59%	0.00%
	一般	36.73%	42.86%	51.79%	15.79%	35.29%	16.67%	26.83%	50.00%	47.06%	33.78%	57.14%	58.82%	28.57%	36.51%	57.14%
	较突出	24.49%	24.49%	23.21%	21.05%	29.41%	33.33%	24.39%	25.00%	23.53%	27.03%	28.57%	11.76%	28.57%	25.40%	19.05%
	突出	30.61%	24.49%	23.21%	47.37%	17.65%	33.33%	34.15%	22.50%	23.53%	31.08%	0.00%	23.53%	35.71%	28.57%	19.05%
	很突出	8.16%	6.12%	0.00%	15.79%	17.65%	16.67%	14.63%	2.50%	0.00%	6.76%	14.29%	5.88%	7.14%	7.94%	4.76%
运营管理成本高	不突出	0.00%	4.08%	3.57%	0.00%	0.00%	0.00%	0.00%	0.00%	11.76%	1.35%	0.00%	5.88%	0.00%	3.17%	0.00%
	一般	34.69%	42.86%	41.07%	36.84%	35.29%	33.33%	41.46%	40.00%	29.41%	35.14%	57.14%	47.06%	28.57%	38.10%	47.62%
	较突出	24.49%	32.65%	30.36%	26.32%	23.53%	33.33%	21.95%	30.00%	41.18%	28.38%	28.57%	29.41%	28.57%	28.57%	28.57%
	突出	40.82%	18.37%	25.00%	36.84%	35.29%	33.33%	34.15%	30.00%	17.65%	35.14%	0.00%	17.65%	42.86%	28.57%	23.81%
	很突出	0.00%	2.04%	0.00%	0.00%	5.88%	0.00%	2.44%	0.00%	0.00%	0.00%	14.29%	0.00%	0.00%	1.59%	0.00%

3.4.4 城市社区公共物品协同供给合力性

1. 从整体角度的公共物品供给协同性分析

供给协同性是指城市社区公共物品供给主体之间的分工协作、相互配合，通过发挥各自优势达到提高公共物品供给效率的目的。具体来说，我们从职责分工、工作流程、信息沟通、自身利益四个方面考察主体间相互协同。其中由表3-12可知，在职责分工方面，63.6%的居民认为参与公共服务供给的政府机构、社区各种组织（包括社区居委会、业委会和物业企业等）之间职责分工是清晰的；在工作流程方面，73%的居民认为参与公共服务供给的政府机构、社区各种组织之间工作流程衔接不是很顺畅，例如社区里有很多政府修建了却无法运营的项目。在信息沟通方面，66.9%的居民认为参与公共服务供给的政府机构、社区各种组织和机构之间信息沟通不及时有效。在利益诉求方面，近90%的居民认为供给主体更强调自身利益，在调查中我们发现，这些居民主要针对的是社区物业企业，物业企业与居民之间的纠纷是导致这一调查数据很高的主要原因。

表3-12 社区公共物品供给协同性

考察角度	职责分工是否清晰		工作流程是否顺畅		信息沟通是否及时有效		更多强调自身利益	
	是	否	是	否	是	否	是	否
人数	398	228	169	457	207	419	563	63
比例（%）	63.6	36.4	27	73	33.1	66.9	89.9	10.1

2. 基于人口统计特征角度的供给协同性分析

在供给协同性中，我们主要从主体间职责分工、工作流程、协同衔接、自身利益等6个方面对不同的居民进行调查，见表3-13。结果发现：从居民年龄结构来看，随着居民年龄段由高到低，其认为公共物品供给协同性存在的问题越来越突出，55岁以上、35岁以下居民大部分选择供给协同性问题表现"一般"，46~55岁居民较多选择"较突出"。从学历结构来看，大专及本科学历的居民认为供给协同性中各部分存在的问题不明显，而硕士及以上学历的居民较多地认为协同性存在问题较多。从工作情况来看，离退休和在职居民均认为公共物品供给协同问题较为一般，影响不明显。从家庭总收入情况来看，低中高收入家庭均对居民及社会组织参与度的满意度较低，选择问题突出的比例人数均超过了20%，在强调自身利益问题中，中高收入居民比低收入居民认为更突出。

表3-13 基于人口统计特征角度的供给协同性分析

供给问题	居民基本信息	性别		年龄				学历			工作情况			家庭总收入(元)		
		男	女	35岁以下	36~45岁	46~55岁	55岁以上	大专及以下	本科	硕士及以上	在职	离退休	其他	五千以下	五千至一万	一万以上
主体间职责分工不明确	不突出	2.04%	14.29%	21.43%	15.79%	11.76%	16.66%	12.20%	2.50%	11.76%	8.11%	14.29%	5.88%	28.57%	11.11%	4.76%
	一般	48.98%	48.98%	50.00%	47.37%	41.18%	66.67%	56.10%	50.00%	29.41%	44.59%	71.43%	58.82%	42.86%	55.56%	33.33%
	较突出	28.57%	36.73%	23.21%	21.05%	35.29%	16.67%	17.07%	25.00%	41.18%	24.32%	14.29%	29.41%	28.57%	22.22%	28.57%
	突出	20.41%	0.00%	5.36%	15.79%	11.77%	0.00%	14.63%	22.50%	17.65%	22.98%	0.00%	5.89%	0.00%	11.11%	33.34%
	很突出	0.00%	0.00%	0.00%	0.00%	0.00%	0.00%	0.00%	0.00%	0.00%	0.00%	0.00%	0.00%	0.00%	0.00%	0.00%
主体间工作流程不清晰	不突出	0.00%	10.20%	3.57%	10.53%	5.88%	0.00%	7.32%	5.00%	0.00%	5.41%	14.29%	0.00%	0.00%	7.94%	0.00%
	一般	44.90%	42.86%	42.86%	36.84%	41.18%	83.33%	48.78%	45.00%	29.41%	39.19%	71.43%	52.94%	35.71%	44.44%	47.62%
	较突出	34.69%	26.53%	28.57%	36.84%	35.29%	16.67%	29.27%	25.00%	47.06%	31.08%	14.29%	35.29%	21.43%	34.92%	23.81%
	突出	20.41%	16.33%	23.21%	10.53%	17.65%	0.00%	12.20%	22.50%	23.53%	21.62%	0.00%	11.76%	35.71%	11.11%	28.57%
	很突出	0.00%	4.08%	1.79%	5.26%	0.00%	0.00%	2.44%	2.50%	0.00%	2.70%	0.00%	0.00%	7.14%	1.59%	0.00%
主体间协同衔接差	不突出	2.04%	12.24%	5.36%	15.79%	5.88%	0.00%	9.76%	5.00%	0.00%	8.11%	0.00%	5.88%	0.00%	9.52%	4.76%
	一般	44.90%	42.86%	46.43%	31.58%	41.18%	66.67%	46.34%	50.00%	23.53%	37.84%	85.71%	52.94%	42.86%	46.03%	38.10%
	较突出	30.61%	32.65%	28.57%	36.84%	41.18%	16.67%	31.71%	27.50%	41.18%	29.73%	14.29%	35.71%	30.16%	33.33%	
	突出	22.45%	8.16%	17.86%	10.53%	11.76%	16.67%	9.76%	15.00%	29.41%	17.57%	0.00%	11.76%	14.29%	12.70%	23.81%
	很突出	0.00%	4.08%	1.79%	5.26%	0.00%	0.00%	2.44%	2.50%	5.88%	2.70%	0.00%	0.00%	7.14%	1.59%	0.00%

(续)

供给问题	居民基本信息	性别		年龄				学历			工作情况			家庭总收入(元)		
		男	女	35岁以下	36~45岁	46~55岁	55岁以上	大专及以下	本科	硕士及以上	在职	离退休	其他	五千以下	五千-一万	一万以上
主体过多强调自身利益	不突出	2.04%	8.16%	8.93%	0.00%	0.00%	0.00%	2.44%	5.00%	11.76%	2.70%	0.00%	5.88%	0.00%	7.93%	0.00%
	一般	48.98%	53.06%	51.78%	47.35%	47.04%	66.64%	46.35%	62.50%	35.28%	51.36%	57.12%	47.04%	42.84%	50.79%	57.14%
	较突出	32.66%	22.44%	23.22%	31.57%	41.16%	16.66%	31.72%	20.00%	29.4%	28.38%	28.56%	23.52%	42.84%	25.40%	23.80%
	突出	16.32%	12.24%	14.28%	15.78%	11.76%	16.66%	14.63%	10.00%	23.52%	14.86%	14.32%	17.64%	7.14%	15.87%	14.28%
	很突出	0.00%	4.08%	1.79%	5.26%	0.00%	0.00%	4.86%	2.50%	0.00%	2.70%	0.00%	5.92%	7.14%	0.00%	4.76%
主体间信息沟通不畅	不突出	0.00%	12.24%	5.36%	10.52%	5.88%	0.00%	7.31%	2.50%	11.76%	4.05%	0.00%	11.76%	0.00%	9.52%	0.00%
	一般	46.94%	34.70%	44.64%	31.57%	29.40%	66.64%	43.91%	42.51%	29.40%	37.84%	57.12%	47.04%	49.98%	39.68%	38.10%
	较突出	30.62%	40.82%	33.93%	31.57%	52.92%	16.66%	31.72%	32.51%	52.92%	36.49%	42.88%	29.40%	35.70%	34.92%	38.10%
	突出	22.44%	10.20%	16.07%	21.04%	11.76%	16.66%	14.63%	22.49%	5.88%	18.92%	0.00%	11.80%	14.28%	15.87%	19.04%
	很突出	0.00%	2.04%	0.00%	5.26%	0.00%	0.00%	2.44%	0.00%	0.00%	2.70%	0.00%	0.00%	0.00%	0.00%	4.76%
居民及社会组织参与不足	不突出	2.04%	4.08%	5.36%	2.63%	0.00%	0.00%	2.44%	2.50%	5.88%	2.70%	0.00%	5.88%	0.00%	4.76%	0.00%
	一般	36.74%	38.78%	37.50%	36.83%	35.28%	49.98%	41.47%	45.01%	11.76%	39.19%	42.84%	12.40%	21.42%	41.27%	38.10%
	较突出	34.70%	34.70%	30.36%	42.09%	47.04%	16.66%	34.16%	24.99%	58.80%	31.08%	57.12%	41.16%	49.98%	31.75%	33.33%
	突出	24.48%	18.36%	25.01%	15.78%	17.64%	16.66%	17.07%	24.99%	23.52%	24.33%	0.00%	35.28%	21.42%	20.64%	23.80%
	很突出	2.04%	4.08%	1.79%	5.26%	0.00%	16.66%	4.88%	2.50%	0.00%	2.70%	0.00%	5.28%	7.14%	1.59%	4.76%

3.4.5 城市社区公共物品协同供给专业性

1. 从整体角度的公共物品供给专业性分析

供给专业性是从社区工作者的专业技能和专业素养来评估居民对其提供公共服务的认可度。从表3-14可见,居民对参与社区公共服务供给的政府机构、社区各种组织的专业化供给能力水平和参与供给人员的动力性均比较认可。其中认为供给专业化水平一般和较高的居民占绝大多数,且基本持平,所占比例分别为34.6%和30.2%;认为参与供给人员动力性较高的居民达39.1%,所占人数最多,可见社区公共物品供给参与人员的工作态度或积极性得到了居民的较高认可。

表3-14 社区公共物品供给专业性

认可度	很低	较低	一般	较高	很高
专业化供给能力(人)	38	88	217	189	94
比例(%)	6.1	14.1	34.6	30.2	15
参与供给人员动力性(人)	39	67	173	245	102
比例(%)	6.2	10.7	27.7	39.1	16.3

2. 基于人口统计特征角度的供给专业性分析

在供给专业性方面,我们主要从专业化能力和工作积极性这两个方面对不同的居民进行调查,见表3-15。结果发现:所有性别、年龄结构、学历、工作情况、家庭总收入的居民无论在供给专业化能力还是积极性方面都认为问题一般。在家庭总收入方面，随着收入的提高，居民对供给主体专业化能力满意度降低。

表 3-15 基于人口统计特征角度的供给专业性分析

供给问题	居民基本信息	性别		年龄				学历			工作情况			家庭总收入（元）		
		男	女	35岁以下	36~45岁	46~55岁	55岁以上	大专及以下	本科	硕士及以上	在职	离退休	其他	五千以下	五千至一万	一万以上
主体专业化能力不足	不突出	8.16%	4.08%	7.14%	0.00%	11.76%	0.00%	4.88%	5.00%	11.76%	6.75%	0.00%	5.88%	7.14%	4.76%	9.52%
	一般	57.14%	48.98%	55.35%	42.09%	52.92%	66.64%	41.47%	60.00%	64.68%	50.01%	85.68%	52.92%	64.26%	50.79%	52.38%
	较突出	22.44%	30.62%	28.58%	31.57%	17.64%	16.66%	29.26%	27.49%	17.64%	28.38%	0.00%	29.40%	21.42%	28.57%	23.81%
	突出	10.20%	14.28%	7.14%	26.31%	11.76%	16.66%	21.94%	5.00%	5.88%	12.16%	14.28%	11.76%	7.14%	12.69%	14.28%
	很突出	2.04%	2.04%	1.79%	0.00%	5.88%	0.00%	2.44%	2.50%	0.00%	2.70%	0.00%	0.00%	0.00%	3.17%	0.00%
工作积极性不高	不突出	6.12%	12.24%	8.93%	5.26%	17.64%	0.00%	9.75%	12.50%	0.00%	9.46%	14.28%	5.88%	14.28%	7.93%	9.52%
	一般	55.10%	53.06%	51.78%	52.61%	64.68%	49.99%	46.35%	57.50%	64.68%	56.76%	57.12%	41.16%	42.84%	57.14%	47.60%
	较突出	28.58%	24.48%	25.01%	36.83%	11.76%	49.99%	34.16%	19.99%	23.52%	24.33%	28.56%	35.28%	21.42%	26.98%	28.57%
	突出	10.20%	6.12%	12.50%	0.00%	5.88%	0.00%	4.88%	10.00%	11.76%	6.75%	0.00%	17.64%	21.42%	6.35%	9.52%
	很突出	0.00%	4.08%	1.79%	5.26%	0.00%	0.00%	4.88%	0.00%	0.00%	2.70%	0.00%	0.00%	0.00%	1.59%	4.76%

3.4.6 城市社区公共物品协同供给监督性

1. 从整体角度的公共物品供给监督性分析

供给监督性是社区公共物品多主体协同供给过程中的监督机制，它是规范供给主体行为、提高社区公共物品供给效率的必要保障。其中，监督主体主要包括政府部门、服务对象，以及服务机构自身。按照全程监督管控和绩效评价体系两个方面，由表 3-16 可见，有 72% 的居民表示在社区公共物品多主体供给建设中缺乏从规划设计、投资决策、生产建设到运营的全程监督管控，更多的是侧重于投资和生产建设等个别阶段的监管。对于公共物品供给绩效评价体系，58.6% 的评价者认为社区基本建立了公共物品建设绩效评价体系，并嵌入和融合到社区建设评估体系范畴下，其中，值得注意的是，41.4% 的评价者认为绩效评价体系建设尚不完善，主要原因在于调研地域和社区类型的差异，一般经济发达地区城市和基础条件好的社区，绩效评价体系较为完善。

表 3-16 社区公共物品供给监督性

分析方面	是否全程监督管控		是否有绩效评价体系	
	是	否	是	否
人数	175	451	367	259
比例（%）	28.0	72.0	58.6	41.4

2. 基于人口统计特征角度的供给监督性分析

在供给监督性方面，我们主要从监督管控和绩效评价这两个方面对不同的居民进行调查，见表 3-17。结果发现：从居民年龄结构来看，45 岁以上的居民大部分认为监督管控不完善问题较突出。从工作情况来看，在职居民对公共物品监督性满意度最低，对监督管控和绩效评价的不完善都有超过50%的在职居民认为问题较突出或突出。在家庭总收入方面，五千元以下的低收入家庭超过60%的居民认为供给监督性问题较突出和突出，明显高于中高收入居民。

表3-17　基于人口统计特征角度的供给监督性分析

供给问题	居民基本信息	性别		年龄				学历			工作情况			家庭总收入（元）		
		男	女	35岁以下	36~45岁	46~55岁	55岁以上	大专及以下	本科	硕士及以上	在职	离退休	其他	五千以下	五千至一万	一万以上
监督管控不完善	不突出	2.04%	6.12%	3.57%	5.26%	5.88%	0.00%	4.88%	2.50%	5.88%	4.05%	0.00%	5.88%	0.00%	4.76%	4.76%
	一般	36.73%	46.94%	48.21%	36.84%	29.41%	33.33%	39.02%	47.50%	35.29%	37.84%	57.14%	52.94%	35.71%	44.44%	38.10%
	较突出	42.86%	32.65%	32.14%	36.84%	52.94%	50.00%	41.46%	30.00%	47.06%	39.19%	42.86%	29.41%	50.00%	36.51%	33.33%
	突出	18.37%	12.24%	16.07%	15.79%	11.76%	16.67%	12.20%	20.00%	11.76%	17.57%	0.00%	11.76%	14.29%	14.29%	19.05%
	很突出	0.00%	2.04%	0.00%	5.26%	0.00%	0.00%	2.44%	0.00%	0.00%	1.35%	0.00%	0.00%	0.00%	0.00%	4.76%
绩效评价不完善	不突出	2.04%	6.12%	1.79%	5.26%	11.76%	0.00%	7.32%	2.50%	0.00%	4.05%	14.29%	0.00%	0.00%	4.76%	4.76%
	一般	36.73%	51.02%	50.00%	31.58%	41.18%	33.33%	36.59%	50.00%	47.06%	37.84%	71.43%	58.82%	21.43%	50.79%	38.10%
	较突出	42.86%	28.57%	32.14%	42.11%	35.29%	50.00%	43.90%	25.00%	41.18%	39.19%	14.29%	29.41%	64.29%	30.16%	33.33%
	突出	18.37%	12.24%	16.07%	15.79%	11.76%	16.67%	9.76%	22.50%	11.76%	17.57%	0.00%	11.76%	14.29%	14.29%	19.05%
	很突出	0.00%	2.04%	0.00%	5.26%	0.00%	0.00%	2.44%	0.00%	0.00%	1.35%	0.00%	0.00%	0.00%	0.00%	4.76%

第 4 章 城市社区公共物品协同供给现实问题：理论分析

目前，随着城市社区基层治理的转型，城市居民对城市社区公共物品的数量和质量提出了更高的要求，但城市社区主体多元化、需求多样化和功能综合化之间的矛盾所导致的城市社区公共物品供给主体协调乏力、供给环节管控关系混乱、供需对接匹配失效等问题，已成为我国城市社区公共物品供给体系的现实困厄写照。目前我国城市社区公共物品的供给困厄主要表现在以下方面。

4.1 城市社区公共物品供需失配

供需匹配均衡是公共物品供给有效的重要衡量标准，也是衡量公共物品供给绩效的重要内容。由于城市社区公共物品供给过于强调单一性行政力量，以及居民和社会组织参与公共物品供给决策的弱化性和信息封闭性，供需失配和对接失效往往成为城市社区公共物品供给的常态。

4.1.1 时间滞后性

城市居民对城市社区公共物品的需求不断增加，内容不断扩大，而由于社区公共服务建设缓慢和基础滞后，且过多强调行政力量的建设审批干预功能，经常造成供给不及时。

4.1.2 空间破碎性

就城市社区公共物品供给空间特点而言，由于社区的资源分配不合理、政府及企业的主导目的不同，不同社区所供给的公共物品具有不均等性，往往较高档次社区"圈资源"，而"贫民窟"社区公共物品供给却缺少，甚至出现无公共物品供给的现象，城市社区公共物品供给呈现空间破碎性。

4.1.3 结构差异性

就城市社区公共物品供给结构而言，由于当前社区供需结构失配失当，造成资源浪费和居民抱怨增多，再加上信息的不对称和居民需求信息反馈不畅，城市社区公共物品供给结构呈现出不均衡、不匹配、不灵活和滞后性等诸多问题。

4.1.4 选择被动性

就居民对城市社区公共物品供给的选择而言，政府在城市社区公共物品供给中处于主导地位，但政府的寻租行为、注重政绩、"面子工程"等致其在供给过程中的决策带有长官意志、非理性化，"使得城市居民在参与社区公共物品供给时选择带有被动性"[72]，甚至选择搬离社区，最终造成社区环境和氛围恶化。

4.2 城市社区公共物品供给低效

随着城市居民的收入和生活水平的提高，其对公共物品的品种、质量、数量等均提出更高需求，且需求具有动态性、复杂性和多样性的特点，这不仅超出了政府和市场的供给能力，而且供给时存在着明显的时间迟滞、内容失配、主动意识薄弱、规划滞后等问题。

4.2.1 政府导向偏离

从政府供给角度来说，"政府往往追求政绩或城市形象"[73]，对社区供给搞"面子工程"，在吸引社会眼球的同时导致实体公共物品的重复建设和无效供给增加，这无疑也加重了公共物品的供给不足。

4.2.2 社会参与不足

从社会组织角度，由于自身利益或形势驱动，社会组织在城市社区公共物品供给中存在参与程度低的现象，与居民沟通较少，接受反馈能力不够，以致信息不完善，存在较多风险因素。

4.2.3 居民参与受阻

城市居民作为社区主要享受公共物品的主体，应该积极主动参与社区公共物品供给，但由于自治的观念淡薄、利益诉求受阻、沟通渠道不畅等，产生居民参与的深度和广度低的问题。

4.2.4 供给管理短板

在城市社区公共物品供给理念到供给实践的过程中，存在供给目标和价值不统一、供应环节的投入与消费反馈的产出不一致、单中心行政僵硬化的现象，这正是社区公共物品供给效率低下的体现。

4.2.5 供给环节迟滞

公共物品在供给环节中存在产权边界不清，激励和约束机制不完善，供应主体在投资时缺乏增加资金和人力投入的动力，大量的社区公共产品存在资金不足和管理不善的问题，因而长期处于低水平维护和低效率运行的状态。

4.3 供给主体功能角色偏差

城市社区公共物品的供给是一个多元主体参与系统，包括政府、企业、社会组织、居委会、社区服务站、业委会、物业公司和居民等。主体表现、结构关系对公共物品的供给效果存在直接作用，主体在合作供给中对各自的权利和义务行使是否得当，是通过供给的效果来反映的。

目前，从城市社区中公共物品供给的情况来看，供给的效果并没有达到预期目标，这表现在各参与主体所承担的责任和所拥有的权利在供给环节中产生与其角色相脱离的行为，即主体功能重叠、角色偏差。其中"社区行政单一化色彩、居委会多重代理、业委会和居委会主仆颠倒、社会组织能力较弱均表现十分突出"[74]。

4.3.1 权力分配不均

政府在城市社区公共物品供给中，未能真正认清自己的服务功能，以致其强大行政能力深入社区内部，造成其他参与主体的权力削弱。

4.3.2 责任界限不清

由于政策机制的缺乏和自治程度较低，公共物品该由谁供应、由谁管理、由谁运营、由谁维护界定不清，各参与主体间权责任务界限不清，解决问题时无从下手，无从追究责任方，也就无法实施有效管理。

4.3.3 公私边界混淆

城市社区公共物品供给中，该由政府承担的而不做，该由市场承担的而不为，该由双方合作的而均推卸责任，致使供给中公私边界混淆，供给效果不尽如人意。不仅系统内部主体存在功能角色偏差，系统外部支持组织也存在功能错位、主动性不足的问题。

4.4 多环节多主体协同乏力

城市社区公共物品供给需要供给的主体多方参与且集体行动，要求在信息共享的基础上，通过合作化的伙伴关系，来提高公共物品供给的整体效率和质量，维系共同的利益因素，以更好地服务作为行动指南，致力于实现真正的效率最大化。

目前的社区虽然有多方主体的参与，但从规划设计、生产建设、经营维护、消费等不同环节不同参与主体来看，由于信息不对称、权责不清晰、功能交叉重叠、管理流程混乱等，各参与主体以自身的短期利益最大化为目标，分散进行决策，造成了多环节多主体协同乏力，主要表现在信息协同、环节协同和主体协同三方面。

4.4.1 信息协同

从信息协同来看，社区公共物品供给存在信息平台未建立、信息不对称、信息披露共享机制不完善的问题。由于信息流通不畅、反馈失效，构建意识空缺，导致了政府供给的自主性、组织管理维护的不完善，以及居民反馈的无效性。

4.4.2 环节协同

从环节协同来看，社区公共物品供给存在衔接断裂、无统一管理和风险控制缺失等问题，导致在供给环节上出现环节缺少、管理松散、存在较多可控因素带来的危害，可见环节协同显然不足。

4.4.3 主体协同

从主体协同来看，主体是受利益导向驱动的，社区公共物品供给存在主体一味追求自身利益、功能认识不到位、缺乏建设社区的动力，以至于在社区中产生责任相互推卸、参与程度较低，最终社会资本弱化的境地。

4.5 管控流程非规范

城市社区公共物品供给是一个基于业务流、工作流、信息流、资金流的整体过程，规范各个流程的管理可以明确供给中主体的权利和义务，把握工作进程，节约资本投入。而目前城市社区公共物品供给中流程混乱、衔接不畅、组织不合理和管理效果差的现象时有发生。

4.5.1 业务流

在业务流中，供给的业务流程环节多、项目多、任务繁重，再加上参与的主体多，掌控局面难，导致了业务不能有效对接和衔接。

4.5.2 工作流

在工作流中，社区管理人员少、精力和资源有限，且社区管理人员出于部门利益和成本考虑，责任感减弱，对任务互相推诿和扯皮，导致处理工作效率降低。

4.5.3 信息流

在信息流中，对于一个纵向环节和横向主体参与交叉衔接的网络供给形式，网络节点衔接不顺畅，关键节点不清晰，造成了信息的传导受阻。

4.5.4 资金流

在资金流中，资金量不足，使用管理松散，投放不合理，带来评估的缺失，专业人才和技术难以引进，进而导致管控流程不清晰、不完整、不科学，且工作成本高，节点难把握，而无节制性和有章不循性无疑是一个恶性循环的征兆。

4.6 价值导向虚构

在城市社区公共物品供给中，价值导向不仅能在社区居民在认知社区、改造社区公共物品供给现状的过程中给予指引，还能在评价公共物品供给效果中起到积极的推动作用。而目前城市社区价值导向虚构是产生公共物品供给困厄的深层次原因，主要表现在价值导向的缺失、失配、不清晰和导向偏差。

4.6.1 横向维度

从横向来看，城市社区建设中重视配套设施的供给，而忽略了精神服务的跟进，从而导致城市社区公共物品供给参与主体协同能力低效、向心力不足等问题。

4.6.2 纵向维度

从纵向来看，城市社区部分的价值导向形同虚设，没有落实到运作，甚至背道而行，由此产生的价值导向失配给城市社区公共物品供给造成了资源浪费和低效等。

4.6.3 内涵偏颇

从内涵上来看，城市社区提倡的价值导向过于抽象、空泛，由此产生的价值导向不清晰，给参与主体的理解造成模糊混乱，进而导致在城市社区公共物品供给中工作不协调、任务不搭接、思想不一致等问题。

4.6.4 导向偏差

从方向性来看，城市社区中存在价值导向偏差，不符合真正的诉求，长此以往给城市社区公共物品供给造成管控失效、受阻等。

4.7 激励与约束匮乏

城市社区公共物品供给的良好秩序需要政府为主导、多主体的共同参与来维护。但实际供给中主体参与不足、工作开展不顺等现象时有发生，导致供给中供需失配、供给效率低等。提高主体的参与积极性和明确工作的责任尤为重要。

4.7.1 社会参与不足

社会组织为社区服务的潜力不可小觑，但就目前的情况来看，社会组织的孵化力度不足，激励约束方式的不足也直接导致了社会组织参与城市社区公共物品供给的力量缺失和不够深入，甚至是无从入手。

4.7.2 居民参与不足

居民是城市社区的主要消费和监督人员，城市社区公共物品供给依靠他们的积极参与才能更加及时有效地得到管理。居民对社区参与积极性不高，也属于激励机制匮乏、管理不善的表现。

4.7.3 政府管理不善

城市社区公共物品供给困厄也是由资金不足造成的。政府对城市社区的掌控较弱、考虑欠周到，由此所提供的财政补贴不足以支撑城市社区公共物品供给的完美性，无法尽如人意。

4.8 主体一体化割裂

城市社区公共物品供给最终解决取决于多元主体间的协作共治，也就是要实现主体一体化完整。而城市社区存在主体一体化割裂的现状，造成该现状的原因有以下三方面。

4.8.1 利益诉求背离

受多主体利益分裂化驱动，在供应决策环节，政府追求业绩、企业追求利益最大化、居民追求满意度等，各主体均未考虑供应的总体效益最大化，在各自的轨道追求各自的利益，并按照各自的想法采取行动。

4.8.2 价值导向模糊

缺乏共同的社区价值导向目标和终极说明，社区价值导向目标存在虚构、泛化和趋同等问题，对各主体参与社区公共物品供给未提出具体的、可操作的、有针对性的、明确的价值导向说明。

4.8.3 管理机制短板

主体协同流程管理机制尚未构建，在城市社区公共物品供给中缺失能够长期有效规范流程的章法。无规章可循，势必会割裂主体一体化，导致多环节多主体协同乏力。

4.9 社会资本弱化

社区社会资本是社区发展的指针和方向，是政府、居委会、业委会等不同主体间信任的桥梁，是政府、社会、市场三者间无形的纽带。

4.9.1 社会环境不良

不稳定的社会结构、隔离的社会空间和封闭的社会团体的出现，昭示着社会资本的不断弱化，其主要表现在居民对业委会、居委会信任不足，社区事务处理迟缓，沟通不畅。

4.9.2 主体关联松散

居民和社会组织参与社区公共物品供给欠缺，意识薄弱；邻里互助日趋弱化，足不出户的便利造就了邻里交流的减少；社区的自封闭，与社区外形成隔阂，社区间互动交流难度加大；多主体竞合博弈，寻利强于互利。长此以往，造成主体对社区公共物品供给参与不足、供给自组织弱、协同合作低效且不能创造共同价值导向的公共物品供给困厄。

4.10 信息非对称和碎片化

城市社区公共物品供给有多方主体的参与，在共同构建有效供给中就需要良好的信息沟通支撑工作的顺利进行。而城市社区公共物品供给的信息非对称和碎片化存在多重性，由主观隐瞒和客观因素两方面的原因所致。

4.10.1 信息非对称

供需决策信息不对称，政府作为主要的决策方，在供给中充当指挥棒的作用，信息透露不及时完全，以致公众参与度下降。

4.10.2 供需不匹配

物业服务供需不对称，信息在反馈过程中存在迂回，而企业负责人不能真实了解社区的情况，导致物业服务水平低下、服务不到位。

4.10.3 信息碎片化

集成共享缺失，未发挥信息的系统性，政府决策割裂、企业服务衔接不上、居民监督维护不完全，造成了信息的碎片化，从而形成供给困厄。

4.11 管控评估缺失

城市社区管控评估能直接影响供给效率和居民满意度，科学规范的城市社区公共物品供给管控评估是一种对供给公共物品起引导作用，激励和约束参与主体的行为，衡量和遴选主体的能力，使规范科学的主体能够进入供给系统，获取持续长效供给的绩效条件，以便增加多方满意度，尤其是居民满意度。目前城市社区公共物品供给管控评估的缺失主要表现在以下方面。

4.11.1　评估体系不健全

城市社区公共物品供给范围广、内容多、环节复杂、主体多元化、评估难度大，难以建立评估系统化体系。

4.11.2　社会机构难介入

社区行政化单一评估仍为主导位置，其体系有失公允，导致第三方机构介入薄弱。

4.11.3　评估目标不准确

从评估的来源——无终极说明的目标判断，管控目标体系混沌模糊，目标导向差异明显，根本无法进行评估的科学决策。

4.11.4　管控机制不完善

管控操作化机制缺失，具体管控流程、评估方法、参与的主体客体不完善，致使城市社区公共物品供给中主体角色偏差、协同能力弱和管控流程不规范科学。

第 5 章 城市社区公共物品协同供给治理逻辑

随着社区建设发展的不断推进，我国各地不断进行符合本地实际的社区公共物品建设道路探索。全国各地涌现了各自富有本地特色的社区公共物品建设模式，如沈阳模式、上海模式、江汉模式等[75]。至今，我国社区公共物品建设发展由单位制迈向社区制，由单一国家政府中心供给模式向多中心协同供给模式发展。然而，由于在发展过程中受传统科层制组织结构影响，各供给主体易于形成"向上负责"的路径依赖逻辑和一味执行政令的惯性逻辑，导致社区公共物品供给行政化、低效化，再加上多重制度阻碍使得供给信息单向度传导进而引发信息严重不对称，最终导致城市社区公共物品迭择循环的低效治理困境。党的十八大报告中提出"要加快形成党委领导、政府负责、社会协同、公众参与、法治保障的社会管理体制"。其中，"党委领导、政府负责、社会协同、公众参与、法治保障"的基本要求已经明确了社区公共物品建设发展的治理导向和国家—政府—社会—公众多重治理逻辑，借由多重治理逻辑分析框架，解读城市社区公共物品供给治理宏观层面的制度安排和微观层面的行动路径，分析出国家、市场、社区三重治理逻辑相互作用的关系和结果，为建构城市社区公共物品多元互动治理模式找寻突破点和构建基础。

5.1 多重治理逻辑：城市社区公共物品供给的三种逻辑及其行为

鉴于体制转轨和社会转型的宏观实境下，随着我国社区建设的不断深入，以及"治理""善治""以人为本"等管理理念的不断渗入，我国城市社区公共物品供给治理由单一政府主导的供给治理模式转变为多元供给治理模式[76,77]。在城市社区建设的具体实践中，国家、市场和社区是其重要的三类治理主体，以其自身逻辑和治理范围构成三大治理空间和行动的场域。因此，国家的逻辑、市场的逻辑和社区的逻辑共同构筑成城市社区公共物品的三重治理逻辑。

5.1.1 国家的逻辑——以供给均等化为目标的科层逻辑

社区建设离不开公共物品供给治理，公共物品由于其非排他性和非竞争性的特殊属性使得国家成为其治理的重要组织实体。在城市社区公共物品供给治理实践中，国家逻辑的行动者包括中央政府、省市地方政府以及基层政府等政府组织，一方面相关行动主体制定和颁布相关政策法令并采取相应组织行动，另一方面以实现公共物品的均等化供给为其终极治理目标。

(1) 组织行政化。中央政府、省市地方政府以及基层政府的组织实体构成是压力型组织结构产物，组织行政化，受上级行政命令控制，形成对上负责的逻辑惯性以及相应的逻辑行为，易于忽略社区居民的真实诉求，未有效实现对下负责的治理逻辑。

(2) 权力下沉。基层政府作为城市社区公共物品供给治理的国家逻辑层面的终端，上级权力未有效下沉，自身承担职能范围进一步扩大，造成公共物品供给治理上的越位、错位和缺位现象并存。

(3) 供给均等化。国家构建和谐社会的愿景以公共物品供给均等化为契合点并最终反映在社区建设和治理中，社区成为国家力量作用的基本单元，进一步造成社区空间、社区组织以及社区行政事务的行政化[78]。

(4) 财政支撑。国家以其强大的政治影响力和巨大的财政资金为后盾，以"全能管家""超能管家""全能政府""掌舵者兼具划桨者"等身份参与到城市社区公共物品供给治理，大包大揽供给社区公共物品（公共设施、公共管理和公共服务）[79]，为实现社区公共物品供给均等化目标，各地区、各社区均以同质化的方式提供社区公共物品。

5.1.2 市场的逻辑——以利益共生为基点的经济逻辑

随着社区建设的不断深入，市场以其高效的资源配置优势加入城市社区公共物品的治理。鉴于经济学上公共物品生产的可分割性以及社会学上"国家、市场、社会"三元社会结构公民社会理论，使得市场成为城市社区公共物品供给治理中不可或缺的经济主体。诚然，各类营利企业构筑市场主体，一方面作为第二部门，可弥补一定程度上的"政府失灵"，承接政府赋权的公共物品的生产，减轻政府部门巨大的财政压力；另一方面将市场机制引入城市社区公共物品供给治理，可有效实现部分公共物品生产上的市场化，凸显各营利企业由于竞争带来的公共物品质量和价格上的双重优势，有效促进公共物品的优质供给。市场组织涉及的城市公共物品供给治理范畴主要有混合型社区公共服务、经营性社区公共服务、物业管理类服务、便民利民服务等[80,81]。

就市场参与城市社区公共物品供给治理的方式和形式而言，即所谓的准市场机制，实质是供应者与生产者相分离[82]，主要有：

(1) 政府购买产品。政府利用财政资金直接向企业购买公共物品，即政府充当采购者，经过对相应公共物品进行检验和评估，确定购买市场上在售的公共物品，如特困老人的养老服务。

(2) 合同承包。公共物品提供者与生产者一般通过"选择—签订—提供"的程序实现公共物品的合同生产，公共物品提供者与企业之间是一种以合同为媒介的契约关系，如物业管理服务；或者以"公办民营"的方式实现特定公共物品的治理，如社区公共服务中心。

(3) 特许经营。政府可采用授予垄断权的形式实现特定可收费公共物品的供给，如水、电、气供应。

(4) 补助。政府通过现金、免税以及其他税收优惠政策保障企业利润，保证企业提供公共物品的可欲性。

总而言之，市场本质驱动的营利性机构和组织之所以愿意加入城市社区公共物品的治理，其根本原因在于治理过程中的利润保障兼顾城市社区利益，即依赖于以利益共生为基点的经济逻辑。

5.1.3 社区的逻辑——以需求满足为出发点的权利逻辑

随着社会治理方式的改变，加之大数据时代的影响，公民越来越注重自身权利的捍卫和意见的表达，我国公民通过各种途径与方式以主人公的姿态参与社会治理的方方面面。诚然，社区是社会的基本单元，也是各种组织相互作用的场域，与此同时，城市社区公共物品供给治理是社区发展建设的基石，至此，社区居民参与城市社区公共物品供给治理是我国社区建设的必然。在城市社区公共物品供给治理实践中，社区居民及其构成的各类社区组织（如社区自治组织、社区民间组织）以其物质和精神需求得到满足作为其基本公民权利，也是其治理的基本逻辑。

这种逻辑思维反映在社区居民及其构成的各类社区组织参与城市社区公共物品供给治理的实践中，就涉及的具体的各个参与主体而言，分类阐述：

(1) 社区居民。为使自身需求得到较大满足，社区居民会充分进行需求表达并不自觉夸大其需求，造成不切实际的假性需求，从而出现搭便车行为，浪费财政资金。

(2) 社区居委会。为更好地实现社区自治和满足社区居民需求表达，社区居委会会以相对权威的人员配备和规范的组织形式参与城市社区公共物品供给治理，组织结构倾向于行政化。

(3) 各类社区团体组织。为丰富社区文化生活和促进社会资本的良好互动，社区居民会以兴趣爱好、健康生活为基础成立各种社区民间组织，组织各种文化活动，增进社区居民交流，培养建设社区的文化氛围。

5.2 现实困厄：三种治理逻辑的相互作用关系及结果

在城市社区公共物品供给治理的实践中，国家、市场、社区是其三类参与主体，存在两两"委托—代理"关系。在这个治理体系中：①国家拥有城市社区公共物品供给治理政策制定和设计的最终权威，包括公共物品生产标准、经营准则以及治理目标等权力。②市场对上要服从和执行国家有关公共物品的治理的各项政策指令，遵循订立的契约关系，提供有竞争力的城市社区公共物品，对下生产契合居民生产和生活需求的公共物品，以保持自身竞争优势。③社区则是城市社区公共物品的最终消费场所，也是一些城市社区公共物品的产出场所，同时拥有建设自身和发展自身的最终力量源泉——社区居民。在城市社区公共物品供给治理体系中，三种逻辑相互作用和博弈，影响着城市社区公共物品供给治理全局。

5.2.1 向上负责——路径依赖式的行政化治理

纵观我国实际国情和社区建设发展实况，社区建设是在政府的大力推动下快速运转起来的，城市社区公共物品供给治理对国家拥有强烈的依赖感。

(1) 组织结构。政府的顶层设计和组织结构决定了其职能，"金字塔—鸽笼式"组织结构是政府压力体制下的抽象影像，决定其对上负责的行政化治理模式和根深蒂固的路径依赖[83]。在城市社区公共物品供给治理进程中，国家强大政治行政力量不断渗入基层政府组织，并进一步渗入社区自治组织和市场中的营利企业中的治理实践，一方面造成了社区自治组织——社区居委会内卷化严重,成为基层政府的"腿",逐渐失去设计最初的自治功能;另一方面涉及复杂的行政程序,影响企业面向城市社区公共物品的供给生产效率。

(2) 基本目标。政府的公共服务均等化目标使得其对城市社区公共物品的供给治理呈现一种大同趋势,向上负责的行政思想的桎梏促使城市社区公共物品的生产方式、供给模式及供给种类呈现出大同小异的同质化现象。

(3) 层次结构。层层的向上负责的体制压力向下层层加码,导致基层组织较大的建设压力,迫于此种压力易陷入短期效应和"面子工程"的恶性循环,造成公共财政的浪费,影响社区建设的长治久安。

5.2.2 权责和供需失衡——机制缺失下的治理弊端

在当前的城市社区公共物品供给治理体系中,国家、市场和社区三大治理主体的相互作用并不是对等的,存在严重权责失衡现象。

(1) 权力地位。国家拥有强大的政治威慑力和财政后盾,在城市社区公共物品供给治理体系中占绝对政治和经济双重优势,这种优势直接导致国家、市场和社区三者话语权的不平等和治理地位的较大差异。然而,市场和社区两者的组织实体则是处于国家主导下的逻辑框架中的治理主体,强大的国家行政逻辑易对其造成行政捆绑,致使其失去部分自主权利。

(2) 治理职能。社区体制的实行使得大量公共事务下放至社区自治组织和基层政府组织,加之公共事务的繁杂性、处理部门和程序的重叠以及实施主体公共物品供给治理权力的缺失,致使公共物品供给治理出现职能的越位、错位和缺位[84,85]。

(3) 治理过程。国家作为城市社区公共物品供给治理的目标向导和统筹者,关注城市社区公共物品供给治理结果,而容易忽视治理过程。这种注重结果的简单化行政思想易对市场和社区组织产生负面影响,使其形成结果导向,不注重方法和手段,不关注居民真实需求,不积极进行国家、市场和社会三者互动和交流,最终导致不符合其需求的公共物品强制式供给。

5.2.3 迭绎循环——科层组织压力下的治理困厄

当前,我国城市社区公共物品供给治理体系并未摆脱科层化、行政化组织牢笼,带有传统科层制痼疾。

(1) 注重权威。由于过多地强调"向上负责"的权威式服从,导致各大治理主体的民主参与度、互动交流明显不足以及线性化治理思维定式。

(2) 制度阻碍。多种制度安排上的层层阻碍,使得国家、市场和社区之间存在信息不对称的治理障碍,阻碍治理信息的快速、准确交互式传递。

(3) 理性缺失。国家、市场和社区在不同治理逻辑下自由博弈,最终走向分散治理的怪圈,三大城市社区公共物品供给治理主体相互之间出现部分无法作用与触及的真空区域以及部分作用空间的重复叠加。

据此,整个城市社区公共物品供给治理体系职责同构、绩效低下、治理成本较高,缺乏平等对话与互动机制、公平竞争机制以及公众参与不够,阻碍着城市社区公共物品的治理工作,困扰着城市社区公共物品建设发展。

5.3 理性选择：城市社区公共物品多元互动治理模式

国家管理向公共治理的逻辑治理思维转变是从公众对国家主张的单向度接受和权威式服从到公众共同参与、理解和认同以及共同遵从的治理模式的实现。因此，理想的城市社区公共物品供给治理模式应该是国家、市场和社区以平等互动方式打破话语权的失衡状态，以公众的共同参与、深度理解和认同为治理逻辑，不再仅仅依靠政治权利进行统治式管理，而是围绕公共理性实现正和博弈，克服当前城市社区公共物品供给治理体系的过度服从、信息阻塞以及治理失措等多重阻碍。

5.3.1 城市社区公共物品多元互动治理模式的要素和表征

1. 基本治理要素

构建城市社区公共物品多元互动治理模式，首要任务是对最基本的治理要素进行合理安排。首先，城市社区公共物品多元互动治理模式设计是以公共理性为轴线来进行治理制度设计和实施行为的选择。其次，关注治理主体和治理社区类型的差异，做到随人、随社区的制度设计和要素安排以完成相应的角色塑造和特色治理。最后，设计互动、制约和激励机制，依靠此机制进行治理主体的交流和相应的奖惩。具体的治理要素安排：

一是治理主体。完善城市社区公共物品供给治理体系，以治理主体的全面囊括为逻辑起点。因此，此理性选择下城市社区公共物品多元互动治理模式的治理主体应包含公共物品的提供者、生产者、运营者、监督者和消费者等多种角色交互的利益相关者，具体而言就是国家、市场和社区多个组织实体和公众个体共同广泛参与其中。

二是治理事项。城市社区公共物品供给治理的各种治理问题和事项，就宏观方面而言，主要是治理方针和策略的制定；就微观方面而言，主要是各个治理主体的职责、功能、角色、相互作用机制以及奖惩制度安排。

三是治理规则。2006年中共十六届六中全会通过《关于构建社会主义和谐社会的决定》和2011年民政部的《城乡社区服务体系建设"十二五"规划》以及十八大报告中加快形成"党委领导、政府负责、社会协同、公众参与、法治保障"的社会管理体制等各种政策法规以及相应的组织文件是其务必遵守的治理规则。

四是绩效、监督和纠偏。好的绩效规则约束和激励治理主体的行为，治理主体的相互监督可防止公共物品供给治理腐败和寻租的产生，并在绩效规则和监督机制双重作用下发现治理过程中的偏离行为，实现及时纠偏。

2. 多元互动治理模式的"四性"表征

城市社区公共物品多元互动治理模式的"四性"表征包括公共理性、互动性、系统性以及实践性。

一是公共理性。公共理性是一种以公民社会为基础的利益整合的机制和合作共治的能力，只有将政府理性置于公共领域的监督和评判，才能使管理和决策更具公共性、民意性、正当性和合法性[79]。实然状态下的城市社区公共服务治理体系的"向上负责"和权威式服从是与公共理性背道而驰的，而多元互动治理模式是以公共理性为轴线，公共理性是其治理模式的主要表征。

二是互动性。多元互动治理模式下各个治理主体之间的交流互动可有效避免多重制度安排下的信息传导阻碍，并基于三大主体的广泛参与，交互意见和建议，使得治理决策和结果公开透明，平等、公正、民主的话语空间为破除信息不对称提供制度保障。

三是系统性。多元互动治理模式以国家治理为主导，以市场治理为辅助，以社区公众参与为监督，三类治理主体在新的制度设计和要素安排下相互作用，共同构成一个具有互动性、包容性和开放性的完整系统，最终催生城市社区公共物品供给治理的良性生态圈。

四是实践性。多元互动治理模式是在修正多重治理模式中夹带的传统科层制缺点的基础上建构而成，因此具有深刻的实践基础。而建构此模式的最终目的是优化城市社区公共物品多重治理模式，进而推动城市社区的建设发展。

5.3.2 城市社区公共物品多元互动治理模式的"四度"制度设计

鉴于直接决定城市社区公共物品多元互动治理模式最终绩效的因素以及充分发挥此多元互动模式的治理效能，必须对影响此模式治理指数的行动变量——治理的广度、宽度、深度以及强度做好相应的制度设计。

（1）治理的广度——参与。治理的广度涉及城市社区公共物品供给治理中某一具体治理空间的治理问题和治理事项的范围，直接影响各大供给主体的参与程度，是整个治理模式开放程度和参与程度的标志。

（2）治理的宽度——理解。治理的宽度是指有资格进入城市社区公共物品供给治理体系主体的数量，用于衡量治理主体对城市社区公共物品供给治理模式的理解程度。可利用方兴未艾的"互联网+"加深各个供给治理主体对城市社区公共物品供给治理模式的理解，从而更深入地理解其治理本质和核心。

（3）治理的深度——认同。治理的深度主要用来衡量城市社区公共物品的治理认同的深浅，显示出治理模式的社会影响力和辐射力的强弱。通过控制治理的深度可为城市社区公共物品供给治理获得较多的民众支持和行动基础。

（4）治理的强度——遵从。治理的强度是指城市社区公共物品供给治理主体对公共影响力的意愿表达，是在参与、理解和认同基础上的具体外在表现，最常见的治理强度表现方式有听从命令和执行决策，而最大的治理强度不一定会有最好的治理效应。

5.3.3 城市社区公共物品多元互动治理模式的运行机理

在整个城市社区公共物品多元互动治理模式中，民众公共物品的需求是其核心诉求，也是此模式的动力源泉和逻辑起点，而公共理性是其灵魂，制度设计是基础，"参与、理解、认同、遵从"是其运行规则。在此治理模式下，国家、市场和社区在公共理性的指导下，以城市社区公共物品供给治理的核心诉求为出发点，在新的制度设计框架下受各自治理逻辑驱动，共同参与城市社区公共物品供给治理，通过互动而增进理解，进而深度认同，之后自觉遵从，直至完成城市社区公共物品的有效治理。因此，城市社区公共物品互动治理模式的运行机理是从"参与—理解—认同—遵从"的循环往复。

（1）开启：回应诉求进而广泛参与。回应城市社区居民公共物品的需求以满足其精神和物质需求是城市社区公共物品供给治理的核心诉求，也是其治理过程中面临的具体问题。

通过行政机制、准市场机制、自治机制、响应机制等多种机制结合，来实现公共物品的多元、多渠道供给是解决城市社区公共物品供给治理的有效途径。这便是治理主体基于核心诉求而在自主意识和公共理性的影响下参与城市社区公共物品的供给问题。

（2）推进：制度框架下的深刻理解。在公共理性和自身治理逻辑的共同作用下，尊重公共利益，并于自身视角理解公共物品供给治理的核心诉求，把核心诉求纳入国家、市场和社区的治理日程，互动交流、民主协商以及共同抉择。

（3）升华：高度认同或分歧。诚然，在制度框架下深度理解之后，要么达到高度认同，要么走向分歧。若是针对具体治理问题达到高度认同则顺利进入下一环节直至问题解决；若是出现分歧则以此问题为治理起点开启新一轮治理。

（4）沉淀：自觉遵从至问题解决。以上三环节的顺利推进，使得城市社区公共物品供给治理实践进程由参与、理解和认同进入遵从阶段。在公共理性和自身治理逻辑的共同引领下，各大治理主体摆脱了科层桎梏和信息不对称的阻碍，从而达到自由协商、对话平等的治理氛围，进而实现城市社区公共物品多元互动治理的最高效能。

关系篇

利益相关者关系

第6章 城市社区公共物品协同供给利益相关者框架

利益相关者理论与企业的管理经营有着密切关系,它是对企业中"股东至上主义"的一种超越,为股东、债权人、雇员、消费者、供应商等主体提供了利益博弈的理论依据。利益相关者理论经历了"利益相关者影响""利益相关者参与"到"利益相关者共同治理"的发展,形成了较为完善的分析框架。在社区公共物品供给中,同样存在政府、市场、营利组织、非营利组织、社区居民等不同主体在供给中的利益博弈,经历了"政府供给理论""双主体供给理论"到"多主体供给理论"的发展,针对社区公共物品供给中多主体供给的可能性[86,87]、必要性[74,88]、理论内涵[89,90]及供给模式[91-93],学者做了大量贡献性研究。然而,在利益相关者视角下分析社区公共物品供给主体的文献缺乏,主要以政府为主体协调企业组织、非营利组织等多主体利益相关者利益诉求与合作做了研究[94-97],在农村公共物品利益相关者供给的变迁、博弈与协调仅有少量探究[98,99],因此,将利益相关者理论引入社区公共物品供给研究中具有启发意义。本书依照利益相关者分类的"多维细分法"和"米切尔评分法"将社区公共物品供给各利益相关者主体根据不同标准、从不同视角进行分类,并重点探讨了不同类型下利益相关者的角色与功能,提出多主体复合协同治理的若干思考议题,拓宽了社区公共物品供给理论场域的广度与深度。

6.1 相关范畴与理论界定

6.1.1 利益相关者内涵

利益相关者概念首次出现在20世纪60年代的管理学中。直到20世纪80年代中期,关于利益相关者的分析方法仍然多分散在管理外部环境的方法研究与行为研究[100],它强调"共同性"的利益相关者的利益和他们需要合作的所有利益相关者的利益。而近年来学者更专注于利益相关者理论的实证研究,如利益相关者战略管理,利益相关者在不同情境场域问题中的压力、作用与影响,利益相关者对于合作与管理的分析方法和利益相关者社会责任分析方法[101]。长期以来,利益相关者概念已被广泛领域的众多学者用不同的方式进行定义,从斯坦福研究所定义该概念起至今,已出现多达27种代表性的定义[102]。而在这众多定义中又将利益相关者分为广义和狭义两种概念。在广义概念中具有代表性的是Freeman于1984年出版的具有里程碑意义的《战略管理:利益相关者方法》书中的定义[103],"利益相关者是任何团体或个人可以影响组织目标的实现,或者组织目标实现影响团体或个人。"另一种由 Carnaghan 等（1996）[104]基于商业实体提出的定义，强调把利益相关者替换为股东、纳税人、受益人或客户。国内学者具有代表性的是贾生华、陈宏辉（2002）的广义界定，认为"利益相关者是指那些在企业中进行了一定的专用性投资，并承担了一定风险的个体和群体，其活动能够影响该企业目标的实现，或者受到该企业实现其目标过程的影响"[105]。同时，狭义概念认为利益相关者是那些对公司有合法权利的组织或个人。

6.1.2 利益相关者分类

利益相关者对企业的发展具有重要支持作用，基于利益相关者的概念，关于利益相关者主体的分类也是以各种不同的方式进行。Beach（2009）[106]基于利益相关者的维度分为单属性和多属性利益相关者。从单属性分类工具视角包括：直接与间接利益相关者，首要与次要利益相关者[107]，自愿与非自愿利益相关者等。而在实证层面广泛使用多属性视角，如 Mitchell 等（1997）[108]依据权力性、合法性和紧密性三个属性将利益相关者分为确定型利益相关者、预期型利益相关者和潜在的利益相关者。Sachs（2002）[109]基于组织财富的潜在来源将利益相关者分为关系利益相关者、行业利益相关者和社会政治利益相关者。Henriques 和 Sadorsky（1999）[110]运用同样方法分为监管利益相关者、组织利益相关者、社区利益相关者和媒体监管利益相关者四种不同的利益相关者群体。

6.1.3 社区公共物品供给发展

社区公共物品供给主体发展经历了三个阶段：即政府单一主体供给，政府与市场双主体供给，政府、市场、第三部门、居民等多主体供给。不同阶段各主体供给目的、手段、动机不同，也形成了政府供给理论、双主体供给理论和多主体供给理论不同理论。20世纪50年代，在公共物品供给中经济学家提出了"华尔丁悲剧""囚徒困境"等理论，论证了公共物品中存在"市场失灵"现象，强调只有政府提供公共物品才能达到资源配置的帕累托最优。同时，政府提供公共物品并不完全是因为解决"搭便车"等难题。20世纪60年代，居民对公共物品的需求不仅仅满足于"生理需要"，更加追求"精神需要"。于是，政府供给责任范围不断扩大，同时生产成本也在提高，增加了政府的财政支出，出现供给效率低下问题。而政府作为理性的经济人，为有效解决"政府失灵"现象，政府与私营部门通过"契约机制"将市场主体引入公共物品供给。如灯塔类公共产品的出现，使私人供给成为可能，且防止了免费搭便车者，并提高了供给效率。因此，在市场价格机制下，当公共物品边际收益等于边际成本时该领域有利可图，市场在逐利驱动下成为另一供给主体。20世纪90年代以来，随着服务性政府的建设，为扩大基层社区公共服务覆盖面，去除社区服务"行政化"倾向，推动社区新发展，政府鼓励社会组织、社区组织支持公共事业的发展。根据利益相关者理论，公共物品供给的过程实质就是集体按照一定规则，通过协商确定行动方案实现组织目标的选择过程。因此，从各主体自身利益角度出发，营利组织、非营利组织和社区组织等作为利益相关者在政府支配、监督、管理与协同下成为公共物品供给主体，形成多元供给模式，其中，根据利益相关者理论探讨社区公共物品供给主体，正是厘清多元主体交融关系、主体角色和利益包容的关键问题破解点，也是基于主体利益关联视角把握社区公共物品有效供给的原始逻辑起点。

6.2 社区公共物品供给主体利益相关者多维分类和角色功能

6.2.1 社区公共物品供给主体利益相关者内涵界定

由于社区公共物品供给多元主体利益偏好不同,单个利益主体不能完全代替其他主体的利益[73]。同时,城市社区公共物品除了具有非竞争性和非排他性等基本特性外,还具有受益范围的限定性、溢出效应的明显性、使用过程的高效性、利益需求的差异性[99]。因此,厘清社区公共物品供给中各利益主体的利益关系,定义社区公共物品供给利益主体的内涵尤为复杂且非常重要。柳春慈基于区域公共物品的特殊性将利益相关者内涵定义为"为了满足区域社会公共需求,具有直接或间接利益关联的不同个人或群体应该建立一种合作伙伴关系,共同供给区域公共物品"[97]。韩鹏云指出利益相关者理论主要的内涵在于:现实的管理活动或政策实施的过程是在一定的网络背景中实现的,在实施过程中,单个主体行动已经不能取得最优的绩效,而多个利益相关者基于不同利益诉求,形成不同的利益关系,进行利益博弈,正是多主体利益相关者之间的相互作用,对目标的实现产生重大影响,从而利益逐步由不均衡状态向均衡状态转变[98]。在运用利益相关者逻辑分析社区公共物品供给时,由于利益相关者理论注重管理实施中主体定位及各主体利益博弈关系,并且社区公共物品供给各利益主体关系处理是否得当,关系到社区和谐、社会稳定及各利益主体的帕累托最优的实现,需要合理确定和构建社区公共物品供给主体合作网络体系。因此,在利益相关者理论框架下看待社区公共物品供给多元主体利益关联,是提升公共物品供给效能的重要治理场域,基于利益相关性认知供给主体行为规律也是关键治理途径之一。为此,依据利益相关者内涵和我国社区公共物品供给建设实际,所谓社区公共物品供给主体利益相关者是以正式与非正式规范为依据,为实现城市社区公共物品供给建设发展目标,共同参与社区公共物品供给建设,且能被社区实现公共物品发展目标的过程影响到的任何组织、个人和群体。

6.2.2 社区公共物品供给主体利益相关者多维分类和角色功能

为满足社区居民的多样化需求,社会公共物品供给需要政府、市场、非营利组织等多主体协同合作,且不同标准下不同类型的利益相关者在社区公共物品供给中扮演的角色和功能不同。这里,依照多维细分法和米切尔评分法,将社区公共物品供给各利益相关者主体根据不同标准、不同视角进行分类。

1. 不同主体性质的供给主体利益相关者角色与功能

基于性质的相关者分类标准主要集中在相关主体的权力性、社会性质和营利性等方面,因此,在社区公共物品供给主体群中,供给主体社会性质通过供给主体供给目的以及消费者获取路径、获取代价分为垄断、私营与自愿三种性质;权力性根据供给主体的社会地位以及对消费者的影响力不同具有强弱之分;此处营利性是在社会性质的基础上进行再评判,通过消费者对供给主体在供给中营利的大小进行评分。因此,根据公共物品供给主体社会性质、权力性和营利性将利益相关者分为权威型利益相关者、商业型利益相关者、自主型利益相关者,见表6-1。

表6-1 不同主体性质的利益相关者

利益相关者	主体	标准			角色功能
		权力性	性质	营利性	
权威型利益相关者	政府、街道办事处	强	垄断	中→弱	直接生产者与间接生产者 国防、PPP模式、文教卫生等
商业型利益相关者	企业公司、公私合营、私人组织	弱	私营	强	生产者、消费者、营利者 健身保健、养老服务
自主型利益相关者	慈善机构、居委会、居民、高校、社工等	弱	自愿	弱	生产者、消费者、(受益者) 调节问题、社会救助、提供技术、信息、邻里互助等

(1) 权威型利益相关者。权威型利益相关者即通过其独特的权利,对涉及社会稳定或增进国民福利的公共物品进行垄断供给,其营利性较弱。他们包括中央政府、地方政府和街道办事处,其主体角色是担任社区公共物品供给直接生产者与间接生产者。一方面,作为直接生产者,不同国家政府直接供给形式不同,但一般而言,主要集中在公共物品政策制定、标准建立、监督协调和抚恤、助残、社区矫正等方面,以政府生产提供,街道办事处协作生产安排的方式进行。另一方面,政府作为间接生产者,由于社区公共物品(家庭护理、社区绿化等)供给存在效率低等问题,需要政府和私人部门开展公私合营,采用BOT、PPP模式,政府与私人机构通过购买或契约形式获得物品提供给居民。

(2) 商业型利益相关者。权力较弱,且在供给公共物品时具有强烈营利性目的的私营组织属于商业型利益相关者。包括企业公司、公私合营、私人组织,这些主体属于私营性质,权力较弱,但营利性强。他们在社区公共物品供给中作为生产者、消费者与营利者而存在。在政府供给失灵下,私人供给成为可能,因此他们可作为生产者出现,如健身保健、养老服务等;再比如,房地产开发商为增加房屋入住量,会加大小区环境卫生、道路交通建设,而这些属于公共物品。作为消费者是因为,一方面他们也是国家居民,享有制度保证、福利待遇等权利;另一方面,当作为生产者时,在提供过程中可能会消费社区公共物品。而最重要的是营利者角色,他们在供给物品时,居民需交纳一定费用才能享有,如果无利可图,私人供给就不会存在。

(3) 自主型利益相关者。自主型利益相关者即非营利性的,具有利他动机或利他偏好的自愿供给主体。该主体包括慈善机构、志愿者组织、社工、居委会、居民等,他们作为自主的、不求回报的供给主体,在社区公共物品供给中发挥着重要作用。其中慈善机构、志愿者组织、社工等主要担任生产者,如慈善机构扶贫济困,向遇难个人或困难群体提供帮助;志愿者组织依托自身专业优势,为社区提供特色服务;社工则免费为社区提供义务劳动。而居委会、居民作为生产者、消费者、受益者,以上各类型各利益供给主体其目的是为居委会、居民服务的,因此居委会、居民主要作为公共物品供给的消费者与受益者。居委会、居民同样也作为生产者,如邻里互助和社区安全。

2. 利他主义的供给主体利益相关者角色与功能

莫顿制度化的利他主义是"通过结构性机制,特别是奖赏与处罚的调节,以激励那种有助于他人的行为"。依据他对施助者（Benefactor）的动机和行为后果以及对受助者（Beneficiary）的行为后果分析进行分类，分为公共服务利益相关者、福利服务利益相关者、私人（商业）服务利益相关者，见表6-2。

表6-2 利他主义供给主体利益相关者

利益相关者	主体	标准			角色功能
		施助者动机	受助者后果	施助者后果	
公共服务利益相关者	政府、街道办事处	利他的	有报酬	无报酬	主导者、安排者、培育者公共性高的服务、购买服务、培育市场与非营利组织等
福利服务利益相关者	社区自治组织、非营利组织	利他的	有报酬	无报酬 有报酬	提供者、自助者、互助者教育培训、邻里互助、老年人服务、卫生保健等
私人（商业）服务利益相关者	社区公共服务组织、社区营利性私人部门	利己的	无报酬	有报酬	提供者、经营者家政服务、心理治疗、供水、供电、供热、通信、宽带网络、物业管理等

（1）公共服务利益相关者。公共服务利益相关者即具有利他动机，在供给公共物品时使受助者受益且无需报酬的主体。包括政府、街道办事处，该类型主体在无回报、利他性性质下，使受助者受益。主要担任主导者、安排者和培育者角色。首先，政府作为主导者是由公共服务的本质决定的，对于倾向纯公共属性的物品，不宜由市场或社会组织提供或供给不足、不愿供给的公共物品都由政府统一供给。其次，作为安排者的政府，通过契约、外包、凭单等方式向社会组织、非营利组织、私营部门付费购买服务，政府同样需设立合理的价格机制，使需求者与提供者效益最大化。最后，作为培育者，政府培育市场和非营利组织让他们参与社区公共物品供给，既可以满足居民多样化需求，提高供给效率，也可以减轻国家财政支出。

（2）福利服务利益相关者。福利服务利益相关者即提供无偿或低偿社区福利性、公益性服务的主体。包括社区自治组织（居委会、业委会、志愿者组织和邻里组织等）和非营利组织（社会团体、民办非企业单位等）。他们是社区公共物品的提供者、自助者与互助者。社区自治组织提供无偿的自助和互助性准公共物品，如为居民提供图书室，为老人提供应急服务，为优抚对象、残疾人及特困群体缓解生活困难提供服务，志愿组织和志愿人员开展信息技术、科普和精神文明教育培训、邻里互助等。非营利组织向社区提供无偿的或抵偿的福利性、公益性服务，由于其存在获得信息渠道多、经验交流、自愿联合等特殊优势，可以向社区提供环境保护、卫生保健等公共服务。

（3）私人服务利益相关者。私人（商业）服务利益相关者即具有利己动机，在供给过程中向消费者索取一定报酬的供给主体。包括社区公共服务运营组织（供水、供电、供热、通信、宽带网络、物业管理等服务机构）和社区营利性私人部门（民办企业、公私合营企业）等，他们是社区公共物品的提供者、经营者，某些主体也是为提供多样性公共物品被政府培育的"产出物"。社区营利性私人部门（民办企业、公私合营企业）作为公共物品的提供者与经营者由其本质决定，存在一定的必然性。而社区公共服务运营组织作为提供者与经营者是通过将组织机构的资金、房产、技术、劳务等投入社区公共物品供给运营,在提供社区公共物品的同时,也获得一定的利益效益。

3. 服务范围和动机属性的供给主体利益相关者角色与功能

从利益相关者服务范围大小与使受助者受益动机强弱来划分,分为直接利益相关者和间接利益相关者。服务范围大小(服务区)是指具有一定的人口和地域的地理界限,是从生产者提供公共服务范围角度来界定的[74]。使受助者受益动机如地方政府有比较强烈的动机投资于使整个辖区受益的社区公共产品,社区居民在为社区提供公共服务物品时有较强使自身或本社区内部人员受益的动机,见表6-3。

表6-3 服务范围和动机属性的利益相关者

利益相关者	主体	标准		角色功能
		服务区	动机	
直接利益相关者	驻社区单位、社区居民	中→小	强	维护者、监督者、社区养老、治安、环境卫生等
间接利益相关者	地方政府、非营利组织	大	强→弱	资源提供者、分配者休闲广场、卫生保健、技能培训等

(1)直接利益相关者。直接利益相关者主要是指使自身受益且供给服务范围较小的主体,包括驻社区单位和社区居民,他们在社区场域范畴内担任维护者和监督者。一方面,社区单位作为社区发展建设的主要相关主体,在提供社区公共物品时,也提供独占性社区公共物品来改善社区周围环境。同时受"绩效"约束,监督社区公共物品供给的有效性。而社区居民作为社区最重要的相关主体,不仅是最重要的社区公共物品参与者、维护者和监督者,也是直接受益人,在参与社区公共物品供给的过程中,承担监督和反馈社区公共物品建设的角色,不断改进和提升公共物品供给建设绩效。

(2)间接利益相关者。使广大消费者获得福利而自身受益有限的供给主体称为间接利益相关者。该主体包括地方政府(政府及相关部门、街道办事处)、非营利组织(志愿服务组织、社区自治组织、社区草根组织等),他们是社区公共物品的资源提供者和分配者。地方政府的使命是为辖区内的居民服务,在提供公共物品时更愿从整体考虑,投资动机始于整体受益的公共物品,兼顾将特殊公共物品按照不同标准或需求分配给相应社区。非营利组织有其自身特殊性,往往在政府及相关部门、街道办事处协同合作支持下,结合自身优势,承担向社区提供慈善救济、社区矫正、就业服务等服务,是政府为主体的公共部门供给系统外的重要补充。

4. 影响社区居民利益的供给主体利益相关者角色与功能

Hayes 和 Treasa 将人类社会需求的满足途径主要分为四种:一是法定途径,即按照法律要求设立公共部门如政府组织和其他公共组织来为其提供特定的服务;二是商业途径,即通过以私人营利企业为核心的市场交换来提供基本的消费服务;三是非正式途径,即依靠家庭、亲朋和邻里间的互助提供基本的日常生活服务;四是志愿途径,即依靠介于政府和私人企业之间的第三部门提供特定服务[111]。依据这四种途径将社区公共物品供给主体分为主要公益利益相关者、主要私益利益相关者、次要私益利益相关者、次要公益利益相关者,见表6-4。

表 6-4 影响社区居民利益的利益相关者

利益相关者	主体	标准 供给途径	角色功能
主要公益利益相关者	政府、企事业单位、机关团体	法定	资源提供者、监督者、管理者 文教卫基础设施建设、颁布法律等
主要私益利益相关者	非法性社会组织	商业	资源提供者 强制买卖
次要私益利益相关者	私营部门、公营部门、公私合营	非正式	资源提供者 家政服务、心理医疗等
次要公益利益相关者	第三部门、公共事业部门	自愿	资源提供者 文化娱乐、环境保护、慈善捐助等

（1）主要公益利益相关者。按照法律要求设立的供给公共物品的公共部门称为主要公益利益相关者。包括政府、企事业单位、机关团体，他们向社区提供公共物品是其基本职能，也是他们的基本责任。政府制度的显著特征是权威性，权威的运用具有强制性，政府制度的这种权威性和强制力为提供公共物品建立了制度环境。政府通过国家的权力运作、政策法规、制度规范等手段，对不能排他和非竞争性公共物品（有形的公共物品和无形的公共物品）由政府提供。企事业单位与机关团体作为政府制度范畴内的主体，同样受国家权威性与强制力约束，具有无偿为居民提供公共物品的义务。

（2）私益利益相关者。私益利益相关者指以营利为核心，通过市场交换提供消费服务的主体，分为主要私益利益相关者与次要私益利益相关者。主要私益利益相关者即非法性社会组织，通过政府"以权谋私"化的串谋，采取强买强卖手段向社区居民提供非合理价位的或只有部分人需要的公共物品。次要私益利益相关者即私营部门、供应部门和公私合营部门，他们在市场机制与政府规制下以合理的价格向居民提供公共物品，居民根据自身需求选择性购买，如家政服务、心理治疗等服务。无论是主要私益利益相关者还是次要私益利益相关者，居民都需向公共物品供给者交纳一定费用获得消费权，即都属于市场供给公共物品。

（3）次要公益利益相关者。次要公益利益相关者是介于政府与私人企业的第三部门（公益组织、公共事业部门、慈善机构等）。他们往往是自愿、自主、无偿地为社区提供福利性、公益性公共物品，即使提供有偿的服务，其获得的利润不再分配，主要用于组织再发展和运营成本维护。目前国外第三部门的资金来源主要是政府资助和企业捐助，根据这一特征，第三部门就是政府或私人机构通过自身以外的其他机构来弥补自身公共物品供给职能的不足，次要公益利益相关者不是政府供给与市场供给职能的替代品，而是其互补品。

5. 米切尔评分法不同属性的供给主体利益相关者角色与功能

按照米切尔评分法，通过对实现某一目标过程中涉及的各利益主体从紧迫性、合法性和权力性三个属性进行评分进行分类。其中，紧迫性是个体、群体或组织的要求能否立即赢得企业管理层的关注；合法性是被道德和法律赋予的权利或向特定企业要求的索取权；权力性则是强调拥有能力、地位和影响管理层决策的手段[112]。据此，按照得分高低划分为确定型利益相关者、预期型利益相关者、蛰伏型利益相关者，见表 6-5。

表 6-5 米切尔评分法供给主体利益相关者

利益相关者	主体	标准			角色功能
		紧迫性	合法性	权力性	
确定型利益相关者	政府、街道办事处	高	高	强	资源提供者、引导者 政策指导、购买服务等
	社区居民、社区主体组织	高	高	弱	资源提供者 教育培训、协调监督、邻里互助等
预期型利益相关者	机关团体、企事业单位、社区非营利组织	中	高	中	资源提供者、生产者 社区绿化、消防演练、监督协调等
蛰伏型利益相关者	社会团体、基金会、民办非企业	中	低→增高	低→增强	资源提供者 设备设施、培训、讲座、物业管理、家政服务、心理治疗等

（1）确定型利益相关者。确定型利益相关者同时拥有对公共物品供给问题的紧迫性、合法性和权力性，包括政府、街道办事处、社区主体组织（社区党组织、社区居委会）、社区居民，他们在供给社区公共物品中紧迫性、合法性最高，但政府、街道办事处权力强，又担任公共物品供给的引导者。社区的发展需要人、财、物及精神资源支撑，政府、街道办事处是最重要的资源提供者之一，在自身提供公共服务外，他还以购买、租赁等方式获得公共物品满足社区居民多样化需求，同时通过政策规章引导社会组织和市场向社区服务场域聚集。社区党组织在社区公共物品供给中主要是起领导指挥功能，社区居委会作为政府与居民间的桥梁，是政府提供公共服务的得力助手。

（2）预期型利益相关者。预期型利益相关者指具有合法性且紧迫性和权力性适中的主体。包括机关团体、企事业单位、社区非营利组织（社区自治组织、草根组织、公益组织等），他们是社区公共物品供给的资源提供者与生产者，发挥着活跃社区文化、优化社区环境，拓宽社区服务内容等重要作用。如医院组织社区义诊、消防人员开展社区消防演习、单位或企业免费向居民开放活动场地等。社区非营利组织能够有效回应社区居民需求，并通过组织各种活动，推动居民社区参与。

（3）蛰伏型利益相关者。与公共物品供给具有较强紧密性，但权力较弱的主体称为蛰伏型利益相关者。该主体包括社会团体、基金会、民办非企业、私人部门等，这些主体都处于社区外部，在社区公共物品供给中发挥重要补充作用，承担公共物品提供者与生产者的角色。当代社会城市社区居民构成日益复杂，居民需求呈现多元化，仅依靠前两类力量供给已无法满足，社会组织的出现弥补了政府与市场供给公共物品不足问题，同时与非垄断性公共物品供给开展竞争，提高公共物品供给效率。如基金会向特殊病种人群提供专门救助服务，向小区居民宣传增强低碳环保、绿色节能意识，社会团体组织社团、志愿者队伍进入社区，丰富社区文化生活。

6.3 社区公共物品供给主体利益相关者的复合协同治理

利益相关者理论引入社区公共物品供给这一领域，不仅拓展了利益相关者的概念和应用范畴，而且对于研究社区公共物品多元主体供给相关问题也是一个崭新的视角。结合利益相关者理论框架，审视当前我国社区公共物品供给主体发展形态，各相关利益主体仍处于复合协同治理的初级阶段，主体参与意识会不断增强，营造多主体参与的外部环境不断改善，多主体利益博弈格局不断演绎和生成，各利益主体对自身的角色功能及建设发展认知不断清晰。因此，理解利益相关者理论，深入创新地探究社区公共物品供给多主体复合协同治理的模式，对社区公共物品供给管理体制机制创新具有重要意义。

6.3.1 社区公共物品供给主体利益相关者导入复合协同治理新视角

社区公共物品的供给涉及多方主体，将利益相关者理论引入，从多主体复合协同治理的新视角说明公共物品的供给不仅是多层级政府部门自上而下的行政化政府供给模式，也存在市场、第三部门等社会供给主体，还存在驻社区单位、社区自治组织和社区居民共同参与的自助供给。虽然各主体力量具有不对称性，但为了满足社区居民的多样化需求，完善社区公共物品的全面性，改善居民的生活环境与质量，它们之间是不能相互替代的。首先，在利益相关者理论背景下，根据不同标准将社区公共物品供给主体分为不同类型，其担任的角色发挥的功能也不同。其次，由于供给主体权利不同、动机不同、服务范围不同等因素，各主体在供给中存在相互竞争与利益冲突，他们需在不断地利益博弈下达到一个利益均衡状态，使各主体达到利益最大化。最后，不同利益相关者共同参与，减少了公共物品建设发展"搭便车"等问题的出现，"去行政化"的社区治理得以彰显，使社区公共物品建设发展更具民主意义。

6.3.2 社区公共物品供给主体利益相关者治理凸显社会复合和协同互构的核心特征

参与社区公共物品供给的利益相关者具有两个核心特征。一是政府在社区公共物品供给中占据主导地位，但不是主要的生产者。本书从五种角度对供给主体进行利益相关者分类，政府虽然是权威型、确定型利益相关者，但作为公共服务、主要公益、间接利益相关者是其供给公共物品的本质。在社区建设中，政府鼓励多主体参与治理，通过"放权"逐级推进，努力从"行政化"走向"社会化"。但是，社区和谐发展需要核心管理者统筹协调，顶层设计得当，公共物品供给效率才会提高，消费者多元化的消费需求才能满足。二是各利益主体既相对独立并相互制衡，又相互促进持续支持。政府是社区供给主体的核心力量，但他不是唯一主体，不能取代其他利益相关者的功能，同时，面对消费者的需求复杂多样问题，任意单一主体不完全具备满足所有需求的能力。因此，各利益相关者基于利益最大化目标，通过协商互动，复合协同，才能实现社区公共物品供给资源整合与优化配置。因此，构建以政府为核心，市场、社会、居民等多主体共同参与、复合协同供给的利益相关者组合，符合我国社区公共物品供给建设与发展的现实要求。

6.3.3 社区公共物品供给主体利益相关者治理能够消解单一主体失灵

社区公共物品多元利益相关者供给复合协同治理对于社区多中心治理具有推进作用。社会治理由单一主体演变为政府、市场、第三部门协同合作、共同担当的多中心治理模式。多中心治理模式消除了政府单一供给行为，有效解决了单一主体供给存在的失灵问题。而社区公共物品供给利益相关者概念的引入对突出多中心治理的作用有所助益，第一，利益相关者将政府只作为社区治理中的一个利益相关者进行考虑，不仅优化政府"行政化供给"的部分资源配置失效，使政府成为公共物品建设高效主体之一。第二，利益相关者将社区治理主体作为"经济人"考虑，政府组织与非政府组织之间，或者各类社会组织，由于存在利益关系，彼此会相互依存、相互制约，他们通过博弈、调试与合作，形成最有效的整体社会互构化公共物品供给治理模式。第三，营利性组织固有的趋利行为，会在社区公共物品供给主体利益关联框架体系中，受到政府主导的相关主体制约，避免市场失灵，提升供给效率。

6.3.4 社区公共物品供给主体利益相关者治理创新社会复合供给模式

在现实社区场域中，公共物品供给主体之间并未处于一种相对独立或利益均衡状态。从供给主体与政府关系角度来看，很多非营利性公共事业组织、社区自治组织与政府存在"纠缠关系"，尤其是社区居委会主体角色定位与居民自治功能实现还需要完善，影响了社会资源的优化配置，制约社区公共物品的供给；从市场引入定位来看，社区公共服务市场化倾向凸显，社区服务由便民、利民的社会化服务变为营利行业，甚至有些政府将其看作服务业中新的经济增长点。为此，应从制度层面和操作层面入手，改善社区公共物品供给利益相关者治理现状。在制度层面，完善社区自治与社区服务保证体系，促进制度创新，构建社区主体利益相关者供给复合协同的平台，提供精准、均衡、小微服务，重视社区不同类型利益相关者在供给公共物品中的角色与功能，形成主体优势互补、整合和协同；在操作层面，依照"政社分离"原则，按照"三社联动"治理模式，政府主体做好自身职能工作，承担规划和监督管理责任，减轻居委会工作负担，淡化行政色彩。同时，大力发展"第三部门"，加快促进社会组织发展和融入社区公共物品建设领域，推动采用公私合营方式（PPP模式）提高社区公共物品供给水平。

第7章 城市社区公共物品协同供给利益相关者诉求

利益相关者（Stakeholder）理论最初来自 20 世纪 80 年代的企业管理中，其核心思想是企业的经营管理难以依靠单一主体或行动达到最佳绩效，而是需要各利益相关者的参与和投入，通过均衡利益相关者在合作中的权益要求和利益关系，提高利益相关者对企业的支持度和认同感，实现企业的战略目标。

近年来，利益相关者理论逐渐拓展到公共管理领域，尤其在我国社区公共物品供给中，随着供给主体的多元化，形成包括政府、社区居民、私营机构、社会组织在内的复杂利益关系网络，在正式和非正式的制度规则下分摊成本、交换资源、共享利益。社区公共物品利益相关者之间既是相互联结，又是相互独立的，彼此之间不能完全替代，只有各主体之间达成协调互动和有机耦合，才能促进社区公共福利的健康持续发展。

然而，社区利益相关者在参与公共物品供给过程中会产生各自的利益诉求和行为取向，例如社区中私营机构常常只关注自身的经济利益，希望获得最大的经济利润，而社区居民更关心社区福利的提高、生活环境和基础设施的改善等，在机会主义倾向和信息不对等因素的影响下，利益冲突和矛盾在所难免。目前，我国学者对社区公共物品利益相关者利益诉求研究成果不多，其中，陈光、方媛指出我国社区治理的根本目标就是政府、市场、社会和社区成员之于社区公共物品建设的利益诉求能够得到妥当反映[113]。陈伟东、郭凤英对利益主体、利益关系结构、利益来源和差距等方面的对比研究，总结了单位改制过程中，利益相关者的特征变化[114]。胡建勇等从政府的责任性和指导性、居民的参与性和监督性、社区组织的支持性和服务性、企事业单位的共建性和协作性等方面，分析了社区公共物品供给中主要利益相关者的角色定位和诉求[115]。赵光勇指出缺乏赋权和利益关联度低是社区公共物品供给中，居民参与度较低的深层动因，处理好基层政府与社会关系的利益协调问题是改善我国社区建设行政化的关键[116]。

上述学者对社区公共物品利益相关者利益诉求进行了积极探索，但都集中于一般性的理论分析，缺少相关的调查统计和实证分析。供给协同中不同利益相关者的利益诉求具体有哪些？这些利益诉求的优先级和被重视程度如何？各利益主体间的利益冲突体现在哪些方面？上述问题需要深入社区，通过大规模问卷调查，探究主要利益相关者的利益诉求及其差异化特征，为采取有效措施调整社区公共物品供给中的利益结构和利益关系提供支撑，促进供给主体间相互合作与供给协同效率的提高。

7.1 样本区选择与分布

受到经济和社会发展水平差异化的影响，不同地区社区公共物品建设中利益相关者的价值取向和思想素质也存在一定差距。为了利用现有资源对我国社区公共物品利益相关者利益诉求有一个相对准确的把握，我们在选择样本区域时，主要从三方面考虑：一是以各省市的GDP和人均收入为参考，选择区域涵盖经济发展水平高中低三个阶层；二是根据地理位置的分布，选择区域分布在我国的南方与北方；三是选择人力资源较多、收集的数据可能较为丰富的地区进行调研。最终，我们确立的四个样本区分别为：位于我国北方沿海、经济相对发达的天津，位于我国中部地区、经济水平中等的河南和湖北两个省份以及位于我国西南地区、经济相对落后的广西。这四个样本区的位置贯穿于我国的南北方向，并且能体现出东中西不同区域的经济发展水平，符合我们的样本选择依据。此外，在每个省份我们又选择了五个社区作为数据调研的具体来源点，具体的城市社区样本分布见表7-1。

表7-1 样本地区分布情况

编码	社区名称		发放问卷（份）	编码	社区名称		发放问卷（份）
	天津				河南		
1	南开区	长华里	40	1	郑州市	东十里铺	35
2		居华里	35	2		汝河路	32
3	河西区	柳江里	33	3	焦作市	学生路	45
4		泉水园	30	4		和平街	35
5	和平区	土山花园	32	5		龙源湖	36
	湖北				广西		
1	武汉市	马家苑	34	1	桂林市	虹桥	32
2		中山桥	36	2		龙泉	35
3	荆门市	塔影	40	3	玉林市	庆丰	40
4		象山	40	4		东岳	35
5	宜昌市	石板溪	35	5		清湾江	30

7.2 利益相关者利益诉求研究方法

城市社区公共物品供给中，主要利益相关者包括政府（街道办）、社区居民、私营机构和社区自治或非营利性组织。从横向对比来说，不同利益主体拥有不同的利益诉求，可能产生利益冲突，从纵向观察来看，各利益主体对自身多样化的利益诉求也有轻重缓急和重视程度差异，因此，我们希望通过田野调查找出社区公共物品利益相关者的利益关注点和诉求差异性。为了保证问卷设计的科学性和严谨性，在参照现有理论研究的基础上，对天津市南开区华苑区住区长华里、居华里2个社区的居民、物业公司、居委会等利益相关者进行了问卷加访谈形式的预调研，整理出各主体最为关注的利益诉求，并形成最终的调研问卷。

7.2.1 利益诉求指标选择

1. 政府部门利益诉求指标

在城市社区公共物品供给中，政府部门主要包括市、区政府及其在基层的派出机构——

街道办事处,其中街道办是连接上级政府与社区居委会,并进行信息沟通和传递的重要载体。政府在社区公共物品建设中掌握大量的公共资源和决策权,发挥着核心作用,其主要职责是在为社区居民提供优质、多样化公共物品的同时,引导和培育多元利益相关者参与社区建设,只有提高社区公共物品供给的市场化、社会化,才能促进社区的高效可持续发展。因此,将政府在社区公共物品供给中的利益诉求指标划分为:引导多元主体参与供给(Z_1)、协调利益相关者关系(Z_2)、提高公共服务效率(Z_3)、为参与者提供知识和技能培训(Z_4)、制订和完善社区规章制度(Z_5)、加强对供给主体的监督管理(Z_6)、完成社区建设任务指标(Z_7)、制订有利于居民参与的决策(Z_8)。

2. 社区居民利益诉求指标

社区居民是社区公共物品建设中最重要的利益相关者。在我国社区管理体制由计划经济向市场经济转型过程中,居民也从单纯消费者转向消费者兼供给者的双重角色。一方面作为消费主体,社区居民与服务运营商常常就服务价格、服务质量等问题产生利益冲突;另一方面作为供给主体,能否有效参与社区公共事务的决策和需求表达成为社区居民逐渐关心的问题。尽管目前在社区公共物品供给中,一些居民出现"随大流"的行为现象,但是多数居民的参与意识和权利意识在不断增强,居民参与权值得重视。因此,将社区居民的利益诉求指标划分为:降低社区公共服务收费价格(M_1)、保障公共物品便捷性和安全性(M_2)、及时高效处理居民意见反馈(M_3)、满足居民多样化公共物品需求(M_4)、提高从业人员专业化素质(M_5)、对公共物品建设的需求表达和决策权(M_6)、居民主动参与社区公共事务(M_7)。

3. 私营机构利益诉求指标

私营机构代表社区公共物品供给中的市场化组织,涉及物业服务、养老服务、家政服务、社区便民服务等众多领域,政府也在积极引导公共物品供给的市场化机制,通过契约外包、特许经营、政策补贴等方式与私营机构合作,丰富社区公共物品的多样化生产。私营机构是在社区公共物品供给中直接获取经济利益并追求利润目标的利益相关者,同时,它们又需要承担一定的社会责任,只有保证服务质量和合理收费,才有助于基层群众社区生活质量的提高,才能得到社区居民和政府的支持。所以,私营机构的供给决策应当体现出经济效益和社会效益的协调统一,必要时将利益分配适当向社区倾斜。因此,将私营机构的利益诉求指标划分为:确保公共服务质量和居民满意度(S_1)、从投资经营中获取利润(S_2)、支持并参与社区公益事业(S_3)、与地方政府建立合作关系(S_4)、接受居民和政府的有效监督(S_5)、提高服务信息化与智能化(S_6)。

4. 社区组织利益诉求指标

社区组织是指社区居民自主成立或参加,以满足社区居民不同公共服务需求为目的的志愿性、趣缘性组织,也称为非营利组织或第三部门,包括社区内各类文体组织、志愿者团队、公益组织、艺术团体等。社区组织的主要职责是通过其专业性、灵活性和针对性特点,在社区小范围内为居民提供更为丰富的公共服务,并引导居民有序参与,传播社区公共文化。然而,目前我国社区组织的发展存在一定局限性,主要是缺乏活动资金和经费,这导致一部分社区组织往往依赖于政府支持,在活动方式和工作作风上带有较强的行政色彩,使其在政府依赖性和自身独立性的利益诉求中产生矛盾困厄。因此,将社区组织的利益诉求指标划分为:为社区居民提供便民服务(E_1)、政府的资金支持与法律保障(E_2)、完善资金筹集与管理体制（E_3）、提升自身在居民中的公信力（E_4）、提高社区组织自治能力（E_5）、动员社区居民的广泛参与（E_6）。

7.2.2 数据来源及样本统计特征

城市社区公共物品主要利益相关者之间相互影响，任何一方利益的实现都需要其他利益相关者的配合与支持。通过调查政府、社区居民、私营机构和社区组织对上述指标的期望程度，反映其对社区公共物品供给建设的实际认知情况。笔者及课题组成员于2015年3~4月对天津、6~8月对河南、湖北、广西等四个省市区的城市社区开展问卷调研，其中对社区居民采取偶遇方式进行随机抽样，对政府、私营机构和社区组织的问卷发放根据总体样本容量预先设定。问卷采用李克特5级量表，从1~5表示利益诉求从不期望到期望，依次由强到弱，即非常不期望、不期望、一般、期望、非常期望。最终发放问卷710份，回收有效问卷633份，有效率为89.2%，其中，基层政府156份，社区居民229份，私营机构138份，社区组织110份，具体的样本统计特征见表7-2。

表7-2 样本统计特征描述

统计指标		样本数	比例（%）	统计指标		样本数	比例（%）
利益相关者	政府部门	156	24.6	性别	男	286	45.2
	社区居民	229	36.2		女	347	54.8
	私营机构	138	21.8	学历	大专及以下	309	48.8
	社区组织	110	17.4		本科	262	41.4
年龄（岁）	30及以下	59	9.3		硕士及以上	62	9.8
	31~40	169	26.7	家庭人均月收入（元）	3000以下	143	22.6
	41~50	207	32.7		3000~5000	268	42.3
	51~60	125	19.8		5000~7000	162	25.6
	61及以上	73	11.5		7000以上	60	9.5

7.3 利益诉求的重要性排序分析

根据调研结果，城市社区公共物品主要利益相关者利益诉求的描述性统计见表7-3，首先计算出各利益相关者中利益诉求的得分均值。然而，单纯根据表7-3中均值大小的排列判断利益诉求的重要性关系，没有统计意义[117]。我们需要进一步对两两利益诉求进行配对样本t检验，以此来判断均值之差与零是否具有显著性差异。其中，政府部门利益诉求评分均值的配对样本t检验结果见表7-4，表中数据含义是：不加括号的数字为两个利益诉求在评分上的均值之差，括号内的数字为t检验的显著性概率；如果均值之差在5%和1%的显著性水平下通过检验，则分别标注*号和**号。例如，在表7-3的利益均值初步排序中，"引导多元主体参与供给"与"加强对供给主体的监督管理"显得更为重要（均值更大），两者的均值之差为0.129。SPSS软件默认的原假设H_0为"这一差值与零没有差异"，结果表明，t检验值的显著性概率为0.021，说明在95%的置信度上拒绝原假设。也就是说，政府部门对"引导多元主体参与供给"重要性的评分均值确实要高于"加强对供给主体的监督管理"。采用同样的方法,对社区居民、私营机构和社区组织的利益诉求进行配对样本 t 检验,结果见表 7-5 ~ 表 7-7。

从表 7-3 和表 7-4 可以看出,政府部门的利益诉求按重要性排序依次是:引导多元主体参与供给、加强对供给主体的监督管理、提高公共服务效率、完成社区建设任务指标、制定和完善社区规章制度、协调利益相关者关系、制定有利于居民参与的决策、为参与者提供知识和技能培训。其中"完成社区建设任务指标""制定和完善社区规章制度"在排序上的差异不具有统计意义上的显著性,其余的排序具有显著的统计意义。可以看出,近年来政府在深化改革、促进政府职能转变中,十分重视对多元主体协同参与社区公共物品供给的支持和引导,整合社会资源,并成为主要的监督管理主体。然而,政府部门对如何在公共物品建设决策和规划中建立居民参与机制不够积极,这也影响了居民对公共物品建设的需求表达,见表 7-3。

表 7-3 主要利益相关者利益诉求的描述性统计分析

政府				社区居民			
利益诉求排序	有效样本	平均值	标准差	利益诉求排序	有效样本	平均值	标准差
1. 引导多元主体参与供给	156	4.631	0.416	1. 降低社区公共服务收费价格	229	4.782	0.314
2. 加强对供给主体的监督管理	156	4.502	0.550	2. 及时高效处理居民意见反馈	229	4.653	0.355
3. 提高公共服务效率	156	4.414	0.402	3. 保障公共物品便捷性和安全性	229	4.516	0.572
4. 完成社区建设任务指标	156	4.391	0.397	4. 满足居民多样化公共物品需求	229	4.337	0.755
5. 制定和完善社区规章制度	156	4.224	0.672	5. 参与公共物品建设的决策权	229	4.292	0.524
6. 协调利益相关者关系	156	4.172	0.665	6. 提高从业人员专业化素质	229	4.081	0.485
7. 制定有利于居民参与的决策	156	3.865	0.450	7. 居民主动参与社区公共事务	229	3.790	0.677
8. 为参与者提供知识和技能培训	156	3.558	0.719				
私营机构				社区组织			
利益诉求排序	有效样本	平均值	标准差	利益诉求排序	有效样本	平均值	标准差
1. 从投资经营中获取利润	138	4.894	0.378	1. 为社区居民提供便民服务	110	4.571	0.308
2. 确保公共服务质量和居民满意度	138	4.582	0.511	2. 提升自身在居民中的公信力	110	4.437	0.413
3. 提高自身管理水平和竞争力	138	4.441	0.513	3. 政府的资金支持与法律保障	110	4.209	0.621

(续)

私营机构				社区组织			
利益诉求排序	有效样本	平均值	标准差	利益诉求排序	有效样本	平均值	标准差
4. 与地方政府建立合作关系	138	4.289	0.489	4. 提高社区组织自治能力	110	4.117	0.577
5. 接受居民和政府的有效监督	138	4.012	0.332	5. 动员社区居民的广泛参与	110	4.082	0.306
6. 支持并参与社区公益事业	138	3.977	0.561	6. 完善资金筹集与管理体制	110	4.061	0.433

表 7-4 政府部门利益诉求配对样本 t 检验

政府部门利益诉求	1	2	3	4	5	6	7
1. 引导多元主体参与供给							
2. 加强对供给主体的监督管理	0.129 * (0.021)						
3. 提高公共服务效率	0.217 ** (0.002)	0.088 * (0.033)					
4. 完成社区建设任务指标	0.240 ** (0.007)	0.111 * (0.018)	0.023 (0.840)				
5. 协调利益相关者关系	0.407 ** (0.000)	0.278 ** (0.000)	0.190 * (0.017)	0.167 (0.074)			
6. 制定和完善社区规章制度	0.459 ** (0.003)	0.330 ** (0.000)	0.242 ** (0.000)	0.319 ** (0.000)	0.052 * (0.021)		
7. 制定有利于居民参与的决策	0.766 ** (0.000)	0.637 ** (0.006)	0.549 ** (0.005)	0.526 ** (0.000)	0.359 * (0.042)	0.307 * (0.027)	
8. 为参与者提供知识和技能培训	1.073 ** (0.003)	0.944 ** (0.000)	0.856 ** (0.000)	0.833 ** (0.000)	0.666 ** (0.006)	0.714 ** (0.012)	0.307 * (0.020)

注：*、** 分别表示在 0.05 和 0.01 的显著性水平下通过检验。

从表 7-3 和表 7-5 可以看出，社区居民利益诉求的重要性排序是：降低社区公共服务收费价格、及时高效处理居民意见反馈、保障公共物品便捷性和安全性、满足居民多样化公共物品需求、参与公共物品建设的决策权、提高从业人员专业化素质、居民主动参与社区公共事务。其中"参与公共物品建设的决策权"在排序上的差异不具有统计意义上的显著性，其余的排序具有显著的统计意义。显然，居民对社区公共物品或服务的价格、意见反馈和安全便捷性最为关注，这三者直接关系着社区居民自身利益和消费体验，尤其在物业服务中，居民和物业公司间的问题意见较多，居民更希望得到快速的解决和处理。然而，居民主动参与公共事务的意愿相对较低。

表 7-5　社区居民利益诉求配对样本 t 检验

社区居民利益诉求	1	2	3	4	5	6
1. 降低社区公共服务收费价格						
2. 及时高效处理居民意见反馈	0.129 * (0.018)					
3. 保障公共物品便捷性和安全性	0.266 * (0.014)	0.137 * (0.021)				
4. 满足居民多样化公共物品需求	0.445 ** (0.005)	0.316 * (0.330)	0.179 * (0.027)			
5. 参与公共物品建设的决策权	0.490 ** (0.000)	0.363 ** (0.000)	0.224 ** (0.006)	0.045 (0.070)		
6. 提高从业人员专业化素质	0.701 ** (0.003)	0.572 ** (0.000)	0.435 ** (0.000)	0.256 * (0.035)	0.211 * (0.027)	
7. 居民主动参与社区公共事务	0.992 ** (0.000)	0.863 ** (0.003)	0.726 ** (0.000)	0.547 * (0.012)	0.502 * (0.020)	0.291 * (0.028)

注：*、** 分别表示在 0.05 和 0.01 的显著性水平下通过检验。

从表 7-3 和表 7-6 可以看出，私营机构利益诉求的重要性排序是：从投资经营中获取利润、确保公共服务质量和居民满意度、与地方政府建立合作关系、提高服务信息化与智能化、接受居民和政府的有效监督、支持并参与社区公益事业。其中"支持并参与社区公益事业"在排序上的差异不具有统计意义上的显著性，其余的排序具有显著的统计意义。显然，私营机构在公共物品供给中以营利为首要目标，并且其希望通过提高服务质量和居民满意度来增加客户群体，理性经纪人思维使其参与社区公益事业的积极性不高。此外，近年来社区服务的信息化和智能化发展逐渐兴起，也越来越受到相关服务企业的关注。

表 7-6　私营机构利益诉求配对样本 t 检验

私营机构利益诉求	1	2	3	4	5
1. 从投资经营中获取利润					
2. 确保公共服务质量和居民满意度	0.312 * (0.023)				
3. 与地方政府建立合作关系	0.453 ** (0.001)	0.141 * (0.016)			
4. 提高服务信息化与智能化	0.605 ** (0.003)	0.293 * (0.024)	0.152 * (0.017)		
5. 接受居民和政府的有效监督	0.882 ** (0.000)	0.570 ** (0.001)	0.277 * (0.022)	0.277 * (0.036)	
6. 支持并参与社区公益事业	0.917 ** (0.000)	0.605 ** (0.000)	0.464 ** (0.000)	0.312 * (0.041)	0.035 (0.084)

注：*、** 分别表示在 0.05 和 0.01 的显著性水平下通过检验。

从表 7-3 和表 7-7 可以看出，社区组织利益诉求的重要性排序是：为社区居民提供便民服务、提升自身在居民中的公信力、政府的资金支持与法律保障、提高社区组织自治能力、动员社区居民的广泛参与、完善资金筹集与管理体制。其中"动员社区居民的广泛参与"和"完善资金筹集与管理体制"在排序上的差异不具有统计意义上的显著性,其余的排序具有显著的统计意义。可以看出,社区组织利益诉求评分均值都在4以上,社区组织在为居民提供服务的同时,也注重自身建设与发展。但是,目前我国多数社区组织规模较小,还处于起步阶段,虽然其提高自治能力的诉求不断增长,但是在完善资金筹集与管理体制上表现出能力不足,其更希望得到政府的资金和政策支持。

表 7-7 社区组织利益诉求配对样本 t 检验

社区组织利益诉求	1	2	3	4	5
1. 为社区居民提供便民服务					
2. 提升自身在居民中的公信力	0.134 * (0.027)				
3. 政府的资金支持与法律保障	0.362 * (0.020)	0.228 * (0.018)			
4. 提高社区组织自治能力	0.454 ** (0.000)	0.320 ** (0.002)	0.092 * (0.014)		
5. 动员社区居民的广泛参与	0.489 ** (0.000)	0.355 ** (0.000)	0.127 * (0.022)	0.035 (0.063)	
6. 完善资金筹集与管理体制	0.950 ** (0.000)	0.816 ** (0.000)	0.588 ** (0.006)	0.496 * (0.033)	0.021 (0.043)

注:*、** 分别表示在 0.05 和 0.01 的显著性水平下通过检验。

7.4 利益诉求认知的偏差分析

社区公共物品供给是由各利益相关者构成的系统工程,每个利益相关者利益诉求的实现需要其他利益相关者认同与支持,如果在某些利益诉求点上存在认知差异,必然会导致主体间产生矛盾冲突。因此,有必要通过均值比较中的单因素方差分析(ANOVA),检验不相关的独立样本在同一变量上的均值差异,发现主要利益相关者之间存在的利益分歧。分析结果显示,城市社区公共物品供给中主要利益相关者对政府诉求中"引导多元主体参与供给(Z_1)""协调利益相关者关系(Z_2)""加强对供给主体的监督管理(Z_6)",居民诉求中"保障公共物品便捷性和安全性(M_2)""及时高效处理居民意见反馈(M_3)",私营机构诉求中"确保公共服务质量和居民满意度(S_1)""接受居民和政府的有效监督(S_5)",社区组织诉求中"为社区居民提供便民服务(E_1)""提高社区组织自治能力(E_5)"9个指标的看法一致,对其余18个指标的看法均有一定偏差。

7.4.1 利益相关者对社区居民利益诉求认知偏差

针对社区居民利益诉求认知的偏差见表 7-8。主要表现为:第一,社区居民与私营机构关于社区公共服务价格期望存在显著差异,居民认为社区服务价格应该相对较低,才能满足更多普通居民的生活需求。第二,在社区公共物品供给内容上,社区居民与其他三个利益相关者存在诉求差异。一方面,居民期望社区公共物品供给的多样化,但是由于居民需求众口难调以及政府资金有限,政府部门对该利益诉求的积极性低于社区居民。另一方面,居民对供给主体中政府、私营机构和社区组织的专业化水平期望较高,这也反映了我国社区工作人员低学历化的现状。第三,在参与度上,居民虽然对"取得公共物品建设需求表达和决策权"的期望值较高,但是在实践中,居民往往主动较少,被动参与较多。从指标 M_7 可以看出,政府部门和社区组织更希望居民能够主动参与社区事务。因此,如何增加居民赋权,通过提高居民与社区建设的利益关联来激发居民参与动力,是当前亟待解决的问题之一。

表 7-8 利益相关者对社区居民利益诉求认知偏差

评价指标	I	J	平均差值 (I−J)	显著性
降低社区公共服务收费价格 (M_1)	社区居民	私营机构	0.536*	0.000
满足居民多样化公共物品需求 (M_4)	社区居民	政府部门	0.217*	0.035
提高从业人员专业化素质 (M_5)	社区居民	政府部门	0.398*	0.000
		私营机构	0.323*	0.000
		社区组织	0.251*	0.021
对公共物品建设的需求表达和决策权 (M_6)	社区居民	政府部门	0.594*	0.000
		私营机构	0.392*	0.009
居民主动参与社区公共事务 (M_7)	社区居民	政府部门	−0.452*	0.000
		社区组织	−0.377*	0.000

注:*表示显著性水平为 0.05。

7.4.2 利益相关者对私营机构利益诉求认知偏差

针对私营机构利益诉求认知的偏差见表 7-9。主要表现为:第一,私营机构对社区公共物品投资建设中获取利润的期望较高,而由于信息不对称,社区居民担心私营机构为了追逐利益最大化产生投机行为,因此对该项指标评分较低。第二,在合作关系上,私营机构比政府更期望相互建立合作,得到政府在税收、资金等方面的政策支持,以此提高私营机构在社区公共物品低利润率环境下的供给积极性和参与度。然而,私营机构对支持并参与社区公益事业的指标评分与政府、社区居民和社区组织存在显著差异,私营机构在一些公益宣传、公益活动中的积极性并不高。第三,随着我国城市现代化的发展,社区居民对社区公共服务信息化开始逐渐了解,并且需求度在不断提高,一些地方政府也正在研究和推进智慧社区的建设。所以,社区居民和政府对提高公共服务信息化与智能化的指标评分较高,而私营机构对该项利益诉求的期望值要低于前两者。

表 7-9 利益相关者对私营机构利益诉求认知偏差

评价指标	I	J	平均差值 (I−J)	显著性
从投资经营中获取利润 (S_2)	私营机构	社区居民	0.523*	0.000
支持并参与社区公益事业 (S_3)	私营机构	政府部门	−0.260*	0.008
		社区居民	−0.387*	0.010
		社区组织	−0.353*	0.000
与地方政府建立合作关系 (S_4)	私营机构	政府部门	0.225*	0.031

(续)

评价指标	I	J	平均差值（I-J）	显著性
提高服务信息化与智能化（S_6）	私营机构	政府部门	-0.302*	0.000
		社区居民	-0.426*	0.000

注：*表示显著性水平为0.05。

7.4.3 利益相关者对社区组织利益诉求认知偏差

针对社区组织利益诉求认知的偏差见表7-10。主要表现为：第一，社区组织比私营机构在获取政府资金支持与法律保障这一利益诉求中，表现出的期望值更高。因为社区组织不以营利为首要目标，在居民参与度低的情况下，其资金来源相对匮乏。第二，在自我管理中，社区组织对完善资金筹集与管理体制和提升公信力这两个利益诉求的积极性高于政府部门和私营机构，尤其目前我国城市基层政府往往忽视对社区非营利组织的培育和宣传，导致很多小型社区组织依靠自身力量难以扩大规模，发展比较缓慢。社区组织希望通过提高管理水平和公信力，吸引更多的居民参与进来。第三，社区组织对动员社区居民广泛参与这一诉求指标期望较高，但是居民回应相对消极，而且能够主动参与社区组织的居民以中老年人为主，公众参与文化还没有在城市社区中得到普及。

表7-10 利益相关者对社区组织利益诉求认知偏差

评价指标	I	J	平均差值（I-J）	显著性
政府的资金支持与法律保障（E_2）	社区组织	私营机构	0.288*	0.000
完善资金筹集与管理体制（E_3）	社区组织	政府部门	0.210*	0.008
		私营机构	0.252*	0.000
提升自身在居民中的公信力（E_4）	社区组织	政府部门	0.324*	0.002
		私营机构	0.457*	0.000
动员社区居民的广泛参与（E_6）	社区组织	社区居民	0.522*	0.000

注：*表示显著性水平为0.05。

7.4.4 利益相关者对政府部门利益诉求认知偏差

针对政府部门利益诉求认知的偏差见表7-11。主要表现为：第一，社区居民与政府部门在提高公共服务效率的指标评分中存在偏差，居民的期望诉求更高，认为政府在行政管理中效率偏低。第二，在提供知识和技能培训这一诉求指标评分中，私营机构和社区组织明显高于政府部门，政府部门对社区公共服务的专业化引导还不够积极。第三，在完善社区规章制度和完成社区建设任务指标这两项利益诉求中，政府部门的期望高于私营机构、社区居民等，因为它们主要涉及政府内部的行为决策，私营机构和社区居民的参与权和利益关联度相对较小。第四，在引导居民参与公共事务决策问题上，政府部门的指标评分低于居民，在公共事务中缺乏对居民意见决策权的重视，这也在一定程度上产生了公共物品供给与居民实际需求的偏差，造成公共资源的浪费。

表 7-11 利益相关者对政府部门利益诉求认知偏差

评价指标	I	J	平均差值（I−J）	显著性
提高公共服务效率（Z_3）	政府部门	社区居民	−0.227*	0.000
参与者提供知识和技能培训（Z_4）	政府部门	私营机构	−0.290*	0.003
		社区组织	−0.300*	0.000
制定和完善社区规章制度（Z_5）	政府部门	私营机构	0.375*	0.002
		社区居民	0.403*	0.007
完成社区建设任务指标（Z_7）	政府部门	私营机构	0.285*	0.000
		社区居民	0.266*	0.004
制定有利于居民参与的决策（Z_8）	政府部门	社区居民	−0.362*	0.000

注：*表示显著性水平为 0.05。

第8章 城市社区公共物品协同供给利益相关者关系

供给主体多元化也意味着利益主体的多元化，当个体利益与公共利益产生冲突时，会产生集体行动困境[118]。因此，社区公共物品供给是各利益相关者基于不同的利益诉求，从矛盾冲突、协调均衡到最终实现共赢互惠的合作博弈过程[119]。近年来，一些国内学者不断从利益相关者视角对城市社区公共物品供给问题进行了研究和探讨。朱光喜等指出由于社区公共物品多元供给主体权利结构失衡，使其有了围绕各自利益进行博弈的空间和可能[120]。茹婧等深入研究了社区物业服务中相关利益主体间的博弈行为和现状，并提出通过法律杠杆、经济杠杆、行政杠杆等博弈机制实现社区利益均衡[121]。王志锋认为主体间博弈均衡和利益关系协调是城市社区公共服务变革的本质，系统研究了利益主体的目标函数和博弈资源，并指出发挥利益激励功能需要建立主体间利益确认机制和利益规范机制[122]。

综上，当市场化元素在社区公共物品供给中逐渐深入时，各相关主体的利益诉求呈现复杂化，无论是公共部门还是私人机构都无法单独拥有全部的信息资源来解决动态、多样的公共物品问题[123]，社区会不可避免地陷入种种利益矛盾中。其中往往表现为私营机构出于自身经济利益降低公共服务标准，而社区居民在维权意识不断提高的同时会采取相应的维权行动，基层政府为了保障社区公共物品的正常运营，在考虑监督成本的情况下对私营机构进行监督管理，并对其违法行为进行处罚。因此，有必要从利益博弈这一新视角，分析社区公共物品三个主要利益相关者——基层政府、私营机构、社区居民之间的动态关系和利益关联，找出影响利益均衡的关键因素，从而实现社区公共物品供给中利益博弈的健康有序发展。

8.1 基层政府、私营机构和社区居民之间的博弈关系

为了更加形象地体现社区公共物品利益相关者间的博弈关系，本书以北方地区城市社区中较为常见的准公共物品——供热系统为调研对象，并通过对天津市H社区的实地调研，发现供热温度不达标、供热价格等问题是社区居民较为关心的社区公共物品矛盾冲突点。其中涉及的利益相关者主要包括社区居民及其自发组织的维权集体、供热公司（即私营机构）、区供热办公室（即基层政府），私营机构凭借其对资源和信息的占有和控制权处于博弈的强势主体地位，基层政府对私营机构拥有监督、管理和处罚的政治权利，处于次主体地位，而社区居民由于信息不对称和力量较为分散则处于博弈的弱势地位。

8.1.1 私营机构与基层政府

基层政府通过特许经营、合同生产等方式与私营机构合作，融合市场资源并形成优势互补，提高了社区公共物品或服务的供给能力。然而，私营机构作为一个自负盈亏、自主经营的市场主体，会追逐其自身的利益目标，这一属性使其不可避免地成为社区公共物品冲突的诱发者。以H社区供热问题为例，供热公司在取得供给服务权的同时需要依据合同内容履行服务标准，但其为了一定程度上降低生产成本而提高经济利润，可能出现故意降低供给质量或硬件设施维修不及时等违规行为。因此，社区公共物品的市场化供给中，私营机构会在长期利益发展与短期片面利益间做出选择，其行为决策是（遵守合约，违反合约）。如果私营机构违反合约而获取不当得利，基层政府为了维护社区公共利益和稳定，需要根据相关的管理办法，对私营机构的违法行为进行经济上和行政上的处罚。但是由于监督或执法机制的不完善，私营机构的违规行为能否被及时发现和纠正，常常取决于基层政府的监管力度和积极性。因此，基层政府的行为决策是（积极监管，放松监管）。

8.1.2 私营机构与社区居民

私营机构与社区居民之间的博弈是当前社区公共物品供给中最基本的博弈关系。私营机构一方面在与政府或社区合作中必须保持供给公共物品的公益性导向，供给价格和质量受到政府监管，另一方面理性经济人的角色使其产生很强的利益驱动。此时，私营企业容易产生"道德风险"，利用自身在行业和技术上的信息优势做出违反公共物品或服务合约，有损社区居民公共利益的行为[124]。在社区调研中，一些居民反映供热公司为了谋取私利，减少资源投入，甚至将部分热水卖掉导致社区供热温度不达标。因此，私营机构的决策行为是（遵守合约，违反合约）。在私营机构违反合约的行为选择下，一些没有受到影响的居民很难参与到社区公共事务或问题中来，基于地缘和亲缘的邻里关系正在淡化，居民更多的是关注自身利益。此外，一些公共权益受到侵害的居民时常也会存在"我不管总有人管""多我一个不多、少我一个不少"的心理，只愿意充当享用者而不愿付出相应的维权成本和努力[125]。例如在H社区中，供热温度不达标的住户多存在于楼顶和把边位置，其余楼层居民觉得温度尚可但并不暖和，居民的维权意识取决于个人情况和认知差异。多数居民采用个体抗争的方式，较难产生"群羊效应"，往往需要通过"羊头"带动产生联合行动，维护群体利益。因此，社区居民的行为策略是（维权，不维权）。

8.1.3 社区居民与基层政府

政府是社区公共物品和公共福利建设的重要推动者，在全能型政府向服务型政府转变的过程中，基层政府主要的功能职责是加强监督，协调处理社区居民与私营机构间在公共物品供给中的利益冲突。当社区居民无法与私营机构关于冲突问题达成一致时，其往往通过投诉或上访等途径维护自身权益，引起政府有关职能部门的介入和重视。在H社区供热事件中，当供热公司的卖水行为引发社区居民集体上访时，政府积极介入，焊死卖水管道并责令供热公司向温度不达标的居民退回部分费用。但一些居民基于"搭便车"思想或个人维权意识淡薄，对公共问题缺乏积极的投诉反馈行为，因此，社区居民的行为策略是（投诉，不投诉）。当私营机构的行为侵犯了弱势方社区居民的利益，基层政府为了维护基层治理的稳定，防止事态扩大和激化，通常会对私营机构调查并采取处罚管理等强制性措施。但是，一方面由于资金、时间等客观因素的限制，另一方面由于居民与私营机构的利益矛盾复杂多变，造成基层政府很难做到事无巨细的处理和监管。因此，基层政府的行为决策是（查处，不查处）。

8.2 基层政府、营利组织和社区居民之间的动态博弈分析

城市社区公共物品供给的动态博弈即是在一定环境约束条件下基层政府、私营机构、社区居民等利益主体间的决策互动行为。从博弈论的角度看，博弈参与人是以理性经济人的假设为前提，无论在经济市场还是政治市场中都是以实现自身利益或效用最大化为目标，由于参与人的非理性原因（如性格暴躁）而造成的随机性冲突不在本研究范围之内。同时，参与人之间的博弈关系属于不完全信息博弈，三者在博弈前不能掌握所有信息。综上，本书根据基层政府、私营机构、社区居民的属性及利益关系，分别进行博弈分析。

8.2.1 私营机构与基层政府的动态博弈

私营机构作为社区公共产品或服务的直接生产者、供给者，会因为降低供给质量和服务标准产生的利润空间而违反合约，是社区公共物品冲突起源的行动者之一；而基层政府作为社区公共物品供给监督者，为了维护社区秩序稳定并保障社区居民的公共利益，必须依法对私营机构违约行为进行规范化监督和管理。因此，在供给过程中，私营机构和地方政府由于二者目标不一致，出现动态博弈行为。

私营机构和基层政府在社区公共物品供给问题中形成的博弈模型的基本要素如下：

参与者：私营机构为 PC，基层政府为 LG，则参与者集合为 $I = \{PC, LG\}$。

策略空间：私营机构的策略空间为 $S_{PC} = \{遵守合约，违反合约\}$，其中，私营机构违约供给的概率为 x；基层政府的策略空间为 $S_{LG} = \{积极监管，放松监管\}$，而基层政府对社区公共物品行为实施强监督的概率为 y。

不同情况下，私营机构和基层政府各自的收益函数如下（博弈矩阵见表8-1）：

（1）当基层政府对公共物品供给过程和秩序进行积极监管，如果私营机构迫于行政压力和经济处罚而遵守供给合约。此时，基层政府积极监管的成本为 C_L，基层政府的收益（社区和谐稳定）为 B_L；私营机构遵守合约的供给成本为 C_P，私营机构遵守合约的供给收益为 B_P。

（2）当基层政府对公共物品供给过程和秩序进行积极监管，但私营机构仍然采用违反供给合约的供给策略时，基层政府支付的监管成本为 C_L，其收益为对私营机构的经济处罚 F 和 B_L（社区和谐稳定）；私营机构违反供给合约的成本包括市场声誉损失 R_P 和经济处罚 F，其不当得利为 B。

（3）当基层政府放松监管，而私营机构能够自觉遵守合约提供良好的公共物品和服务时，基层政府的支付成本为 0，其收益为 B_L；私营机构遵守供给合约的成本为 C_P，其收益为 B_P。

（4）当基层政府放松监管，私营机构采取违反合约的供给行为时，基层政府的成本和收益均为0；而私营机构的不当得利为 B，其违约成本为0。

表8-1 居民对现有公共物品的满意程度

参与主体及策略		私营机构	
		遵守合约（$1-x$）	违反合约（x）
基层政府	积极监管（y）	$B_L - C_L$, $B_P - C_P$	$F + B_L - C_L$, $B - F - R_P$
	放松监管（$1-y$）	B_L, $B_P - C_P$	0, B

在给定 x 的情况下，基层政府对社区公共物品供给进行积极监管（$y=1$）和放松监管（$y=0$）的期望收益分别为

$$U_L(1,x) = (B_L - C_L)(1-x) + (F + B_L - C_L)x \tag{8-1}$$

$$U_L(0,x) = B_L(1-x) \tag{8-2}$$

令 $U_L(1,x) = U_L(0,x)$，解得 $x = C_L/(F+B_L)$。即如果私营机构违反供给合约的概率小于 $C_L/(F+B_L)$ 时，基层政府的最优策略是选择放松监管社区公共物品供给情况；当私营机构违反供给合约的概率大于 $C_L/(F+B_L)$ 时，基层政府的最优策略是选择积极监管社区公共物品供给情况。

同理，在给定 y 的情况下，私营机构采取遵守供给合约和违反供给合约的期望收益分别为

$$U_P(y,1) = (B_P - C_P)y + (B_P - C_P)(1-y) \tag{8-3}$$

$$U_P(y,0) = (B - F - R_P)y + B(1-y) \tag{8-4}$$

令 $U_P(y,1) = U_P(y,0)$，解得 $y = [B - (B_P - C_P)]/(F + R_P)$。即如果基层政府在社区公共物品供给中积极监管的概率小于 $[B - (B_P - C_P)]/(F + R_P)$ 时，私营机构的最优策略是选择违约供给；当基层政府积极监管的概率大于 $[B - (B_P - C_P)]/(F + R_P)$ 时，私营机构的最优策略是选择遵守供给合约。

根据利益均衡点得出的概率 x 和 y 可以发现，私营机构在社区公共物品供给中违反合约的概率与基层政府积极监管的成本呈正相关，与私营机构受到的经济处罚呈负相关；而基层政府采取积极监管的概率与私营机构违约供给的收益呈正相关，与私营机构受到的市场声誉损失和经济处罚呈负相关。因此，为了遏制私营机构违反供给合约、降低服务标准等行为的发生，应降低基层政府在监督检查中的投入成本，并加大对私营机构违约行为的行政处罚和经济处罚。

8.2.2 私营机构与社区居民的动态博弈

目前，我国城市社区中大多数公共物品（如社区医疗、养老、物业等）都是由私营机构在政府授权或合作下参与完成，居民购买和消费公共物品会和供给方产生冲突。对私营企业而言，一方面要贯彻政府相关公共政策，其供给价格和服务标准受到严格控制；另一方面为了满足自身利益需求和发展，会实施机会主义行为，通过降低服务质量获取更大的利润空间。而社区居民则希望通过最低的成本获取更好的公共服务，在合法权益受到侵害、公共服

务需求不能得到满足时会采取维权措施。因此，在供给过程中，由于私营机构和社区居民的利益目标不一致，出现动态博弈行为。

在私营机构和社区居民的动态博弈模型中，其基本要素如下：

参与者：私营机构为 PC，社区居民为 M，则参与者集合为 $I = \{PC, M\}$。

策略空间：私营机构的策略空间为 S_{PC} = {遵守合约，违反合约}，其中，私营机构违约供给的概率为 α；社区居民的策略空间为 S_M = {维权，不维权}，社区居民维权的概率为 β。

此时，私营机构和社区居民各自的收益函数如下（博弈矩阵见表 8-2）：

（1）当私营机构采取遵守合约的供给策略，但社区居民基于个人满意度仍有维权需求时，私营机构的支付成本为履约供给的直接成本 C_P，其供给收益为 B_P；社区居民维权的成本为 C_M，社区居民的收益为私营机构的供给成本 C_P。

（2）当私营机构采取遵守合约的供给策略，社区居民没有维权需求时，私营机构支付成本为履约供给的直接成本 C_P，其供给收益为 B_P；社区居民不维权成本为 0，其收益为私营机构的供给成本 C_P。

（3）当私营机构违反供给合约，社区居民选择维权策略时，私营机构的支付成本为自身声誉损失 R_P 和对社区居民的违约补偿 $C_P{}'$，其收益为 B；社区居民维权的成本为 E_M，其收益为 $C_P{}'$。

（4）当私营机构违反供给合约，而社区居民选择不维权时，私营机构的成本为 0，其收益为 B；社区居民不维权成本为 0，其收益也为 0。

表 8-2 私营机构与社区居民的博弈矩阵

参与主体及策略		私营机构	
		遵守合约（$1-\alpha$）	违反合约（α）
社区居民	维权（β）	$C_P - C_M$, $B_P - C_P$	$C_P{}' - C_M$, $B - C_P{}' - R_P$
	不维权（$1-\beta$）	C_P, $B_P - C_P$	0, B

在给定 α 的情况下，社区居民采取维权策略（$\beta=1$）和不维权策略（$\beta=0$）的期望收益分别为

$$U_M(1,\alpha) = (C_P - C_M)(1-\alpha) + (C_P{}' - C_M)\alpha \tag{8-5}$$

$$U_M(0,\alpha) = C_P(1-\alpha) \tag{8-6}$$

令 $U_M(1,\alpha) = U_M(0,\alpha)$，解得 $\alpha = C_M/C_P{}'$。即如果私营机构违反供给合约的概率小于 $E_M/C_P{}'$ 时，社区居民的最优策略是不维权；当私营机构违反供给合约的概率大于 $E_M/C_P{}'$ 时，社区居民的最优策略是维权。

同理，在给定 β 的情况下，私营机构采取遵守供给合约和违反供给合约的期望收益分别为

$$U_P(\beta,1) = (B_P - C_P)\beta + (B_P - C_P)(1-\beta) \tag{8-7}$$

$$U_P(\beta,0) = (B - C_P{}' - R_P)\beta + B(1-\beta) \tag{8-8}$$

令 $U_P(\beta,1) = U_P(\beta,0)$，解得 $\beta = [B - (B_P - C_P)] / (C_P{}' + R_P)$。即如果社区居民维权的概率小于 $[B - (B_P - C_P)] / (C_P{}' + R_P)$ 时，私营机构的最优策略是选择违

约供给；当社区居民维权的概率大于 $[B - (B_P - C_P)] / (C_P' + R_P)$ 时，私营机构的最优策略是选择遵守供给合约。

根据利益均衡点得出的概率 α 和 β 可以发现，私营机构违反供给合约的概率与社区居民的维权成本呈正相关，与居民维权后受到的违约补偿呈负相关；同时，社区居民的维权概率与受到的违约补偿和私营机构的声誉损失呈负相关，并与私营机构违反供给合约时的收益呈正相关。因此，为了防止社区公共物品供给过程中私营机构与社区居民的冲突发生，应当加大私营机构对居民的违约补偿和惩罚力度，并降低社区居民的维权成本，积极保护处于弱势方的社区居民利益，使博弈更加均衡化，降低冲突发生的概率。

8.2.3 社区居民与基层政府的动态博弈

社区居民在购买私人机构提供的社区物品或服务时，与基层政府没有直接的利益冲突。但如果私营机构在社区公共物品供给中损害了社区居民的切身利益，居民无法自主维权时会通过向政府投诉或上访等形式寻求解决办法。基层政府作为社区建设和公共服务监督者，为了维护社区稳定并保障居民的公共物品需求，会对私营机构的违法行为进行查处和惩罚。然而繁多的社区公共事务以及时间精力限制导致基层政府的查处能力受到了一定限制。因此，在社区公共物品供给问题中，基层政府和社区居民的目标差异，出现了动态博弈行为。

社区居民与基层政府在动态博弈模型中的基本要素如下：

参与者：社区居民为 M，基层政府为 LG，则参与者集合为 $I = \{M, LG\}$。

策略空间：社区居民的策略空间为 $S_M = \{投诉, 不投诉\}$，其中，社区居民投诉上访的概率为 m；基层政府的策略空间为 $S_{LG} = \{查处, 不查处\}$，基层政府查处的概率为 n。

此时，社区居民和基层政府各自的收益函数如下（博弈矩阵见表8-3）：

（1）当社区居民对私营机构的违约行为没有向政府投诉，但基层政府主动查处时，社区居民的支付成本为 0，其收益为私营机构的违约补偿 C_P'；基层政府查处私营机构违约行为的成本为 C_L，其收益为基层政府对私营机构的经济处罚 F 和社区和谐稳定 B_L。

（2）当社区居民对私营机构的违约行为没有向政府投诉，基层政府也不查处时，社区居民的支付成本和收益均为 0；基层政府不查处私营机构违约行为的成本和收益均为 0。

（3）当社区居民对私营机构的违约行为向政府投诉，基层政府进行查处时，社区居民的投诉成本为 C_M，其收益为供给补偿 C_P'；基层政府查处私营机构违约行为的成本为 C_L，其收益为对地方政府的经济处罚 F、社区和谐稳定 B_L 和公信力的上升 K_L。

（4）当社区居民对私营机构的违约行为向政府投诉，基层政府不查处时，社区居民的投诉成本为 C_M，其收益为 0；基层政府不查处私营机构违约行为的成本为社区不稳定（$-B_L$）和公信力损失（$-K_L$），其收益为 0。

表8-3 社区居民与私营机构的博弈矩阵

参与主体及策略		社区居民	
		不投诉（$1-m$）	投诉（m）
基层政府	查处（n）	$F + B_L - C_L, C_P'$	$F + B_L + K_L - C_L, C_P' - C_M$
	不查处（$1-n$）	0, 0	$-B_L - K_L, -C_M$

在给定 n 的情况下，社区居民采取不投诉和投诉的期望收益分别为

$$U_M(n,1) = C_P'n \tag{8-9}$$

$$U_M(n,0) = (C_P' - C_M)n + (-C_M)(1-n) \tag{8-10}$$

令 $U_M(n,1) = U_M(n,0)$，可得 $C_M = 0$，基层政府查处的概率 n 不受居民成本收益的直接影响，这就意味着对于基层政府而言，在同社区居民的博弈策略中存在占优策略——查处，即不管社区居民对私营机构的违约供给行为是投诉还是不投诉，基层政府在维护自身公信力和社区稳定的基础上，会优先考虑查处策略。同时，社区居民的占有策略是不投诉，从而在这组博弈矩阵中，出现占优策略均衡（不投诉，查处），一方面有利于减少居民的投诉成本，另一方面有助于基层政府维护社区的和谐稳定。因此，为了促进双方占优策略行为的发生，基层政府需要与社区居民建立制度化的沟通体制，主动探索并整合居民的利益诉求和公共物品需求，协调居民与私营机构间的矛盾冲突。然而（不投诉，查处）的均衡策略并不代表居民不采取投诉策略，为了遏制私营机构违约供给行为的发生，应降低居民向基层政府的投诉成本，同时加强对私营机构的违约惩罚力度和维护政府职能部门公信力等。

8.3 政府与非政府组织"行为集合"分配博弈分析

随着社会治理转型及城镇化进程的不断加快，公共物品供给建设发展成为经济社会建设关键领域之一。公共物品供给模式主要经历了以政府为中心的单一主体供给模式，政府和市场双主体供给模式以及后来的政府、企业、非营利组织等多元主体混合供给模式。从20世纪50年代至70年代，萨缪尔森、斯蒂格利茨为代表的学者以公共物品消费上的非竞争性和使用上的非排他性，强调政府提供公共物品的必要性乃至唯一性，以及后来提出的"囚徒困境""公地悲剧"等理论模型，再次巩固了政府作为公共物品的主导提供者的地位，形成了政府"单中心"的权威供给模式。20世纪70年代以来，随着福利国家财政坍塌，政府失灵问题引起了广泛的关注，继而掀起了80年代的新公共管理运动，变革公共物品和公共服务的供给结构和方式成为公共物品供给建设发展的核心议题。其中，以美国学者奥斯特罗姆为代表的多中心理论认为"官僚制结构是必要的，但对于富有生产力、富有回应性的公共服务经济并不是充分的，特定的公益物品和服务可以超越特定政府管辖的限制，可以通过多个企业的协作行为来共同提供"[126]，国家与社会、政府与市场、公共部门与私人部门均应采取协作方式共同管理公共事物，共同承担公共责任，建立起多元主体之间的相互依赖、互相协商与合作的良性伙伴关系。因此，处理好政府组织与非政府组织之间的博弈关系和权利分配，对实现公共物品供需平衡、效率提升及其可持续发展具有重要推进作用。

长期以来，我国公共物品供给一直采取行政化的垄断供给方式，政府作为公共物品的单一供给方，利用行政和垄断地位主导公共物品的供给。随着计划经济向市场经济的转型，政府在公共物品供给职能上也在发生着变化，从市场化视角看，政府在公共物品供给中存在"失灵"，其官员都是理性的"经济人"，追求自身利益最大化，难免会出现特殊利益集团的"寻租"现象[127]。且"就政府与各行为主体之间的关系而言，它们不仅仅是管制与被管制、服务与被服务的关系，而应该是以公共利益为核心的合作关系、伙伴关系或良性互动关

系"[91]。创新公共物品供给模式,旨在实现政府对可调控资源的市场化运作,通过引入市场机制实现政府行为与市场行为的良性互动和相互补充,实现政府职能由管理型向服务型的转变,尤其是第三部门的兴起是弥补政府失灵的必然要求,是二元构架发展到三元构架的必然结果,是准公共物品非政府化供给的必然逻辑,是其本身优势的必然选择[128,129]。可见,在公共物品供给服务领域,政府单一主体的行政化供给模式存在效率问题,已不能满足居民日益增长的公共需求,引入市场组织、社会组织等非政府组织的联合供给或多元供给是我国行政管理体制改革的必然趋势。然而,在研究地方公共物品多元化供给困境中,也有学者指出受到传统行政化供给的惯性影响,政府行政权力不恰当地挤压了市场机制的作用空间,行政权力在微观领域过度地替代了市场,从而形成角色错位,市场体制难以摆脱传统制度的"路径依赖"。其中,非政府组织参与公共物品供给往往过分依赖政府,缺乏独立自主性,在资金筹集、职能定位、人员设置上受制于政府,导致供给能力也受到政府不同程度的抑制[130,131]。

结合学者有价值的前期探索,本研究跳出对公共物品供给现有的研究框架,在非政府组织志愿和主动参与公共物品供给且自主安排自身行为和资源配置的能力基础之上,探讨非政府组织与政府之间的博弈关系。据此,在复杂变换的资源配置条件、主体利益诉求差异和要素禀赋多寡情形下,政府与不同非政府组织的协同合作和监督管控具有不同模式,二者竞合博弈关系也在发生转变,且直接影响着公共物品供给效率和最大化满足居民多样化公共物品需求。值得注意的是,随着社会基层治理的转型和发展,一方面,政府向服务型政府转型和简政放权,给非政府组织让渡了更大的发展空间和合作场域,促进了政府与非政府组织合作,及其角色由管控型向服务型的转变;另一方面,非政府组织正在不断壮大发展,在与政府的博弈过程中,也具有一定的自主选择空间和与政府谈判的能力,从而促进与政府的合作。据此,研究立足和结合 Sen 和 Becker 理论,假设政府和非政府组织的基本收益函数,并给出博弈的基本模型,再结合柯布-道格拉斯收益函数进行博弈均衡分析,最后,通过模型解析现实问题并提出相关的政策建议。

8.3.1 设定模型

1. "行为集合"及其分配

本研究主要探讨在给定中央政府行为的情况下,政府和非政府组织在公共物品供给之间的行为博弈关系。这里所说的政府组织主要是指与公共物品供给建设相关的"条"和"块"政府机构及其相关政府部门,主要包括属地管理的城市区(县)、乡镇一级人民政府、街道办事处和不同层级政府有关部门(民政、医疗卫生、教育、社会保障等)。非政府组织是指除了政府供给主体之外的所有供给主体,即包括市场供给和自主供给等。这里,分别用 G 和 N 来代表政府和非政府组织。"行为集合"集中描述政府和非政府组织在提供公共物品时,满足居民公共物品需求和实现组织自身价值,所能够自主安排的选择资源配置空间和能力的总和。

由于长期以来我国公共物品一直保持政府供给式垄断经营,非政府组织资源要素很难进入公共服务建设领域。一方面,森严的公共领域进入壁垒,严格限制了非政府组织的进入,即使部分领域放宽了非政府组织的私人资本进入,而政府作为公共事务的管理者同时又是国有资产的所有者,在制定相关政策时无形中会给非政府组织带来不利的竞争环境,所以,非政府组织在公共物品的供给领域往往扮演着政府代言人的角色，自身潜力和价值很难被开发。另一方面，政府主导的垄断性供给模式并不能满足居民对公共物品更高品质的需求，存在供给形式单一、资源配置不合理、供给低效等问题。若在良性市场经济环境下，非政府组织具有很大的供给发展空间，具备与政府博弈影响政府供给资源配置调控方向的优势，从而争取独立发展自主供给的权利。因为政府的区域空间无法移动，而居民则可以根据偏好对供给主体"用脚投票"，势必会对政府的供给行为造成一定的压力，这也会扩大非政府组织的自主供给选择空间和权利范围。因此，为了刻画政府与非政府组织的行为博弈关系，研究采用广义效用函数作为目标设定函数。在广义效用函数的设定上，主要考虑行为主体投入的建设资金、运营管理服务及其行为偏好和行为权利等要素的影响，并把这些影响因素作为自变量，同以效用作为因变量构建广义效用函数关系。其中，在这种函数关系中，强调考虑主体行为偏好、权利诉求和行为选择域。用 E_G 和 E_N 分别表示政府和非政府组织的行为集合。其中，政府的行为集合主要包括政府未放弃自身利益开展的自身调控公共物品资源配置的行为，以及政府放弃自身利益赋予非政府组织供给公共物品的供给自主权，两种行为分别用 M_G 和 L_G 来表示。非政府组织的行为集主要包括由于政府主导供给而需要非政府组织履行职责部分的行为，以及非政府组织独立自主管控资源实施市场自主供给的行为集合，两种行为分别用 M_N 和 L_N 来表示。

2. 目标函数的设定

一般而言，在公共物品政府供给中，政府供给的诉求主要来自天然道义应然职责义务和公权力影响两个方面：一是政府具有天然的社会福利供给道义，面对国家和社会提供公共服务的应然性绩效目标；二是政府组织本身具有的行政化权力，有意无意都存在着对权利及影响他人能力的渴望，在自我利益救赎驱动下，往往显在和潜在地通过行政权力制约非政府组织参与公共物品供给。从政府掌控资源和权力运用角度来看，政府所掌握权力和权力的行为集合 M_G 和 M_N 越大，政府出现寻租的可能性就越大，对权力本身的诉求也会得到更大程度的释放，可能给政府带来的效用也会更大，政府倾向垄断性供给大于合作混合式供给。相反，从非政府组织独立自主供给资源和能力来看，非政府组织独立自主和资源占有能力越强，其博弈行为的话语权可能越大，非政府组织供给行为集合 L_G 和 L_N 就会越大，由于非政府组织的植根民间、机动灵活、规模组织等天然属性，对于了解不同层次居民的多样性和异质性公共物品需求，打破政府主导模式下的公共物品供给的垄断性、单一性以及低效性，实现公共物品供给整体利益的最优化配置具有天然优势。当然，对于政府而言，也能够有效减轻公共财政负担，是完善政府公共物品建设管理机制有效运转的重要驱动力。据此，根据政府对公共物品供给中行政权力的行为偏好以及诉求意愿程度在效用函数中的体现，假设政府的效用函数为

$$W_G = f(M_G, M_N) + g(L_G, L_N) \tag{8-11}$$

可见，在政府效用函数中，会以两种凹函数关系体现，即表现为 M_G 和 M_N 为 f 的凹函数，L_G 和 L_N 为 g 的凹函数。由于效用更多地强调行为主体心理认知偏好和心理感受，且往往不考虑产生效用行为的差异性，仅仅关注作为主体如何满足其心理状态，这就使得主体行为偏好和行为特征具有质上的统一性，决定了政府在其行为目标效用函数量上具有可加性，使得政府追逐权力效用和经济效用之间的相互替换成为可能。另外，也可以间接地把 M_G 和 M_N 增加理解成政府调配资源配置能力的增强即其自身行政权力的不断扩大的过程，也即 M_G

和 M_N 是政府在公共物品供给中寻租和政府管制的增函数。

同理，假设非政府组织方公共物品供给的效益函数为

$$Q_N = a(M_G, M_N) + b(L_G, L_N) \tag{8-12}$$

同样，a 和 b 均为 M_G、M_N、L_G、L_N 的严格凹函数。对于非政府组织来说，政府的行为集合对其供给效用的影响有两方面：一方面，政府的垄断式供给公共物品是非政府组织进入公共服务领域的阻断式门槛，主要体现在对非政府组织行为集合空间的挤占上，由于政府行为本身对行政权力的绝对主导优势，不情愿主动放权或让渡公共职能，通过供给效用函数我们可以看到政府自主权利 M_G 的增加势必会造成 L_G 的下降，有形无形中都会挤占非政府组织参与公共物品供给的选择空间；另一方面，非政府组织参与公共物品供给离不开政府给予政策上的支持和配套供给环境的营造，这是非政府组织进入公共服务领域的必要条件，这体现在非政府组织受政府主导承担的参与公共物品供给的行为部分 M_N。因此，M_G 和 M_N 相当于非政府组织参与公共物品供给的宏观外部环境，而 L_G 和 L_N 相当于非政府组织参与供给，自身可具体支配的资源和权力的空间集合。

8.3.2 基于柯布-道格拉斯函数的均衡分析

按照柯布-道格拉斯函数，假定政府和非政府组织参与公共物品供给的效益函数形式如下：

政府组织：

$$W_G = (M_G + M_N)^\alpha g(L_G + L_N)^\beta \tag{8-13}$$

非政府组织：

$$Q_N = (M_G + M_N)^\gamma (L_G + L_N)^\theta \tag{8-14}$$

满足的条件：

$$0 < \alpha, \beta, \gamma, \theta < 1; \alpha + \beta \leq 1; \gamma + \theta \leq 1$$

通过对式（8-13）和式（8-14）两边取对数，可知其采用的模型形式与政府组织和非政府组织在目标效益函数式（8-11）和式（8-12）的模型设定上具有性质上的统一性。该模型给出两个重要假设：①政府作为行政权力的执行部门，更加看重自身所掌握权力的比重，所以我们假设 $\alpha > \gamma$；②而政府主动向非政府组织放权的偏好必然是小于非政府组织自身争取最大程度可调配的空间，所以我们假设 $\beta < \theta$。

在此次博弈中，政府和非政府组织的博弈对象就是分配各自的行为集合，争取尽可能地扩大利于自身发展的行为集合，即政府官员出于理性经济人的假设只有在满足自身或组织利益最大化的情况下才会做出适度的权利让渡，而非政府组织也会在满足政府要求的前提下，通过自身参与供给的天然优势，利用公众"用脚投票"的偏好选择，尽可能地扩大自身对社会资源的占有空间及其独立自主参与公共服务供给的权利范围，并尽量保证既得权力不被政府干预。这里假定政府组织和非政府组织的最终目的都是在满足预算约束的条件下实现自身的效用或效益最大化。

政府组织的问题是：

$$\begin{cases} \max_{(M_G, L_G)} = (M_G + M_N)^\alpha g(L_G + L_N)^\beta \\ M_G + L_G \leq E_G, M_G \geq 0, L_G \geq 0 \end{cases} \tag{8-15}$$

第8章　城市社区公共物品协同供给利益相关者关系

非政府组织的问题是：

$$\begin{cases} \max_{(M_N, L_N)} = (M_G + M_N)^\gamma (L_G + L_N)^\theta \\ M_N + L_N \leq E_N, M_N \geq 0, L_N \geq 0 \end{cases} \quad (8\text{-}16)$$

假设给出的预算约束条件成立，通过解式（8-15）和式（8-16）的最优化问题的一阶条件，用约束条件消除 L_G 和 L_N 之后得到政府组织和非政府组织的反应函数式（8-17）和式（8-18）：

政府组织：

$$M_G^* = \max\left\{\frac{\alpha}{\alpha+\beta}(E_G + E_N) - M_N, 0\right\} \quad (8\text{-}17)$$

非政府组织：

$$M_N^* = \max\left\{\frac{\gamma}{\gamma+\theta}(E_G + E_N) - M_G, 0\right\} \quad (8\text{-}18)$$

从上述式（8-17）、式（8-18）的反应函数中，可见，政府组织在其可支配的行为空间内每增加一个单位空间的行为分配，那么非政府组织的最优行为空间的分配就会相应地受到一个单位空间的挤占，且由上述约束条件可以看出单位行为集合带给政府组织的综合利益效用要大于单位行为集合给非政府组织带来的效用。所以，政府组织的理想行为集合分配比例要大于非政府组织所占比例，即如式（8-19）所示。

转换得到：

$$M_G^* + M_N > M_N^* + M_G$$

即

$$\frac{\alpha}{\alpha+\beta}(E_G + E_N) > \frac{\gamma}{\gamma+\theta}(E_G + E_N) \quad (8\text{-}19)$$

因此，本研究针对政府组织所掌握的行为空间集合 E_G 的大小给出三种假设：一是 E_G 大于临界值 $\frac{\alpha}{\alpha+\beta}(E_G + E_N)$；二是 E_G 落入 $\frac{\alpha}{\alpha+\beta}(E_G + E_N)$ 和 $\frac{\gamma}{\gamma+\theta}(E_G + E_N)$ 的区间内；三是 E_G 小于临界值 $\frac{\gamma}{\gamma+\theta}(E_G + E_N)$。研究通过对三种假设情景的论证分析，探索政府组织与非政府组织在不同博弈均衡下的行为集合分配及其角色定位。

首先，假设 $E_G \geq \frac{\alpha}{\alpha+\beta}(E_G + E_N)$，即政府组织可用分配的行为集合大于分配给政府的所期望的理想比重。

$$M_N^* = 0, L_N^* = E_N; M_G^* = \frac{\alpha}{\alpha+\beta}(E_G + E_N), L_G^* = E_G - \frac{\alpha}{\alpha+\beta}(E_G + E_N) \quad (8\text{-}20)$$

假设1：$E_G > \frac{\alpha}{\alpha+\beta}(E_G + E_N)$，则纳什均衡是非政府组织把其自身行为集合空间中的行为权力全部由自己来行使，政府满足自身对权力的最优选择后，将剩余的权力下放给非政府组织。在这个博弈均衡中，政府权力的下放是在非政府组织对扩大自身行为集合的要求中发生的，两者是在利益耦合的过程中实现公共物品的均衡供给，表达的是一种比较完善的市场经济，政府组织和非政府组织之间在提升公共物品供给效率上实现了良性互动，二者在权力的下放和权力的承接上达到了合理的对接。因此，政府组织通过建立市场运行的规则、法律和基本设施,以及财政拨款、政策优惠等方式为非政府组织营造良好的发展空间。对于可以通过竞争机制由市场主体供给和第三部门来生产或提供的公共物品,如文教卫生、垃圾处理、公共绿化、道路维护等公共服务项目,政府组织可以通过与私人资本的有机联合采取PPP、BOT等公私合营供给方式,以及购买非政府组织提供的公共物品等途径,主动放权让利给非政府组织,实现社会福利最大化。同时非政府组织也要善于争取最大扩展自身行为集合的时空场域,在合法合规的前提下,通过签订契约、公私合营等途径获取整合公共资源及为公众提供公共服务的合法权利,实现自身价值和效益的最大化。

其次,当出现 $\frac{\gamma}{\gamma+\theta}(E_G+E_N) \leq E_G \leq \frac{\alpha}{\alpha+\beta}(E_G+E_N)$ 的情况,即政府组织在公共物品供给领域实际可支配的行为集合小于满足其效益最优化的理想状态,但大于非政府组织进入公共服务领域所追求的理想分配诉求。

假设2:$\frac{\gamma}{\gamma+\theta}(E_G+E_N) \leq E_G \leq \frac{\alpha}{\alpha+\beta}(E_G+E_N)$,则纳什均衡是

$$M_N^* = 0, L_N^* = E_N; M_G^* = E_G, L_G^* = 0 \tag{8-21}$$

即政府组织将可支配的行为空间中的行为权力全部用来实现自身效益的最大化,而非政府组织也会努力争取自身所能调控的最大资源空间和权力支配范围。这个博弈均衡中市场及第三部门有进入公共服务领域的要求,但是政府组织并没有采取放权降低门槛的行为,也就存在了非政府组织要权,政府组织不愿放权的尴尬局面。主要来自在经济转型过程中,一方面,政府组织对计划经济下的垄断式供给模式存在路径依赖及政府官员出于机会主义和部门利益不愿下放权力;另一方面,非政府组织的不断发展壮大,需要政府给予相关政策的支撑和相关权力的下放,实现自我组织和管理。

另外,只有 E_G 在特定的区间空间时,假设2才成立,当 $\frac{\alpha}{\alpha+\beta}$ 与 $\frac{\gamma}{\gamma+\theta}$ 之间的区域空间越大,出现假设2所描述的供给现象的概率就越大。反之,当区间空间的差值越小时,这种供给现象出现的概率也就越小。α 表示政府组织对自身可支配的行政权力的偏好程度,β 表示政府组织对引入非政府组织参与公共物品供给的偏好,γ 代表了非政府组织通过对政府组织的行政权力影响取得自身效益的偏好。显然,政府组织只有把更多的精力聚焦在服务社会公众,追求社会整体福利效应,而不是政府组织自身的权力的多寡或者当政府组织对自身可支配权力的偏好程度接近非政府主体对它的偏好程度时,$\frac{\alpha}{\alpha+\beta}$ 与 $\frac{\gamma}{\gamma+\theta}$ 二者之间的区域空间才会逐渐缩小。这将有助于推进假设2情景下的公共物品供给尴尬向假设1情景下的多元主体均衡供给的模式演进,从而提高公共物品的供给效率,满足居民的多样化需求。

同时,该假设也解释了在类似的行为集合下不同行政区域的公共服务水平也不尽相同,有的行政区域公共服务水平较高,而有的公共服务水平则显得能力不足,难以为继。因为当 $\frac{\alpha}{\alpha+\beta}$ 较大时,E_G 更可能落入 $\frac{\gamma}{\gamma+\theta}(E_G+E_N)$ 和 $\frac{\alpha}{\alpha+\beta}(E_G+E_N)$ 的区间内,也易出现假设2所描述的公共物品供给的尴尬局面,政府组织则易根据自身偏好形成行政供给主导模式,非政府组织进入公共服务领域的壁垒就会较高,受区域政府组织行政干预的影响也就较大。而在 $\frac{\alpha}{\alpha+\beta}$ 较小行政区域内,E_G 更可能落入 $\frac{\gamma}{\gamma+\theta}(E_G+E_N)$ 和 $\frac{\alpha}{\alpha+\beta}(E_G+E_N)$ 的区间内,也易出现假设2所描述的公共物品供给的尴尬局面,政府组织则易根据自身偏好形成

行政供给主导模式，非政府组织进入公共服务领域的壁垒就会较高，受区域政府组织行政干预的影响也就较大。而在 $\frac{\alpha}{\alpha+\beta}$ 较小行政区域内，E_G 大于 $\frac{\alpha}{\alpha+\beta}(E_G+E_N)$ 时，供给均衡就会由假设2情景下的行政主导供给向假设1多元主体参与供给的状态演进，区域政府组织会选择主动放权，通过资金资助、税收优惠以及合法权益的保护等各项政策为非政府的参与营造适应的软硬件环境；非政府组织也能以最灵敏的政治触觉捕捉利于自身发展的政治信息，积极主动承接政府职能，整合社会资源，最大限度地发挥自身供给优势，实现自身价值的同时提升区域整体福利效应。

$$M_N^* = \frac{\gamma}{\gamma+\theta}(E_G+E_N) - E_G = \frac{\gamma}{\gamma+\theta}E_N - \frac{\gamma}{\gamma+\theta}E_G > 0$$

$$L_N^* = E_N - M_N^* = \frac{\theta}{\gamma+\theta}(E_G+E_N); M_G^* = E_G, E_G^* = 0 \qquad (8-22)$$

最后，考虑 $E_G \leq \frac{\gamma}{\gamma+\theta}(E_G+E_N)$ 的情况，即政府组织可用于分配的行为集合甚至小于非政府组织所要求的权力分配比重。

假设3：如果 $E_G \leq \frac{\gamma}{\gamma+\theta}(E_G+E_N)$，则纳什均衡是政府组织会将其可分配的行为集合全部用来追求自身利益或部门效益的最大化，不会产生放权让利的行为，而非政府组织为了谋求自身发展，被迫在自由行为的空间内被动地接受政府组织行政干预，非政府组织的发展建设在较大程度上受到政府组织的行政干预甚至作为政府部门的附属单位而存在，不能成为独立权益的公共物品供给主体。

综上，只有在政府组织的可支配行为空间集合大于临界值 $\frac{\alpha}{\alpha+\beta}(E_G+E_N)$ 时，政府组织会在满足自身对资源的占有空间和权利的可调配度需求的基础上，才主动放权让利给非政府组织；反之，政府将不会选择放权。另外，当政府组织的行为空间集合小于 $\frac{\gamma}{\gamma+\theta}(E_G+E_N)$ 时，非政府组织甚至有可能失去其仅有的能独立自主可支配的行为空间。所以，要提高公共物品的供给效率，满足社会公众的多样化、异质性的公共服务需求，需要打破政府的垄断式行政化供给，强化权力下放和职能让渡，引入非政府组织为主体的市场化供给和第三部门自主供给。其中，要达到最优化的权利配置，需要保持政府组织可支配的行为空间集合大于临界值 $\frac{\alpha}{\alpha+\beta}(E_G+E_N)$，即 $\frac{E_G}{E_G+E_N} \geq \frac{\alpha}{\beta}$。

8.3.3 结论和讨论

1. 关于"行为集合"的讨论

在假设模型的讨论分析中，可以看出 E_G 和 E_N 分别代表了政府组织与非政府组织所占有的公共物品配置资源及其对该资源的支配权力的行为空间的集合，可以解释为外部宏观制度环境所赋予行政区域政府组织和非政府组织行为空间的集合。基于三个假设命题，可见，行为集合的纳什均衡主要取决于国家所赋予这种行为集合的宏观制度环境，国家赋予政府可供调配的行为空间集合越大，越容易降低非政府组织进入公共物品供给领域的门槛，促进公共物品的多元化供给；反之，当宏观政策环境赋予政府的行为集合小于临界值，即 $E_\mathrm{G} \leq \dfrac{\gamma}{\gamma+\theta}$ ($E_\mathrm{G} + E_\mathrm{N}$)，这时政府为了满足其本身对权力的掌控，将会提高非政府组织进入公共物品供给领域的门槛，拒绝各种可能分权的行为，形成对非政府组织的行为空间的占有和挤压，而非政府组织参与公共物品供给也将会受到多重行政壁垒，难以发挥自身供给优势的行为空间。

政府组织的行为空间大小主要源自主观和客观两个方面。客观方面来自中央政府的宏观政策环境下的公共物品供给顶层机制设计，在中央政府公共物品资源供给集权机制下，行政区域政府组织经常是贯彻实施的执行者角色，地方政府供给资源有限，激励性不足，也会压缩和挤占市场及第三部门等参与公共物品供给的自主运转空间。主观方面源于地方政府自身公共物品建设发展的思路空间和实践探索，由于各个行政区域差异性，在不同地区探索形成了各具鲜明特点的地方治理模式[132]。如"汉江模式"通过制度变迁，建立一种行政调控机制与自治机制结合、行政功能与自治功能互补、"行政资源与社会资源整合、政府力量与社会力量互动的治理模式"[133]，而"上海模式""盐田模式"则通过转变政府职能，调整政府和非政府组织的关系，从而实现公共物品的自主供给。

因此，可以从宏观政策环境、地方政府自身发展的思路空间及其支持非政府组织的实践探索等三个方面入手，通过中央政府的合理放权和公共财政体制机制管理改革，提高地方政府自主安排社会公共物品建设的自由度，才有利于引入公共物品的市场化供给和第三部门的自主供给。对于地方政府来讲，应以公共需求为导向处理好与非政府组织之间关系，完善相关法律，提升政策执行力，针对公共物品的多样化供给提供保障。

2. 关于政府和非政府组织偏好以及供给效率讨论

根据上述假设，博弈均衡状况主要取决于由政府组织实际可支配的与理想行为集合的大小以及非政府组织理想分配的行为集合大小。可见，对二者理想分配影响较大的主要因素是二者行为偏好。其中，要实现假设3向假设1的快速过渡，需要缩短 $\dfrac{\alpha}{\alpha+\beta}$ 和 $\dfrac{\gamma}{\gamma+\theta}$ 距离，即缩短供给均衡在假设2所描述的供给模式中停留时间，从而降低政府行政化供给在经济体制转型中的资源浪费。因此，可以考量政府组织及非政府组织的公共物品供给偏好，提高公共物品供给效率。

（1）建立公共服务考核机制，增强非政府组织的谈判能力。从政府组织的效用函数来看，β 是衡量政府组织对非政府组织参与公共服务绩效所赋予的权重，提高 β，非政府组织在对政府组织的绩效考核中所占的比就会相应提高[134,135]。因此，建立公共服务考核机制，可以促进政府组织为提升公共物品供给绩效或任期内的社会福利总水平，需要考虑为非政府组织的加入和协同合作开通渠道，营造参与供给的政策环境，这对于提升公共物品供给效率具有直接驱动力。另外，提高 β 也为非政府组织的谈判能力增加了砝码，有利于扩大与政府组织博弈的空间，使政府权力下放且与非政府组织合作，有助于实现供给模式假设2向假设1的快速过渡，实现多元主体复合协同供给。

（2）打破政府组织行政垄断，转变政府职能。由政府组织的效益函数，可见，α 表示政府组织对自身所掌控权力的偏好程度。α 越高，政府组织对自身权力控制意愿就越高，越不愿意进行权力的下放，尤其是对公共物品供给领域行政性干预就越强。因此，可以通过政府职能由管理型向服务型的转变达到降低 α 的效果[136,137]。包括：纵向上，中央政府向地方政府简政放权，退出微观公共服务领域，发挥中央政府的宏观调控和统筹兼顾功能及地方政府灵活供给的特色功能，有助于提高公共物品供给效率，满足公众的多样性、异质性的公共服务需求；横向上，扩大非政府组织供给主体的参与空间，政府组织的行为集合要逐步实现向市场和社会组织的过渡，通过引入市场机制实现公共物品的市场化供给和社会化供给，持续创新公私合营和政府购买公共服务方式，激励民营资本投资公共物品领域。

（3）减少非政府组织对政府路径依赖，扩大自主支配行为空间。通过降低 γ 提高 θ，扩大非政府组织独立自主可支配的行为空间，减少对政府组织的行政路径依赖，激励非政府组织参与性、合作性和积极性。包括：一是注重非政府组织的内外部社会资本积累，集聚供给资源和提升供给能力。通过非政府组织内外部社会资本积累，有助于组织获取各种稀缺资源，构建组织内外社会关系网络，增强组织供给能力[138]。二是拓宽资金来源渠道。要减少非政府组织对政府部门的行政依赖，尤其在资金来源上除了依靠政府拨款，还要多方位开拓资金来源渠道，为其供给行为活动提供物质保障。三是修订和完善相关法律法规，并制定针对具体公共物品供给建设的专项法律法规，有效解决非政府组织进入公共物品领域的瓶颈问题，以及在合规合法框架下维护自身供给自主权益，为减少其行政依赖和开展多主体供给合作提供法律保障。

综上，随着国家治理体系和治理现代化的推进，提升公共物品供给效率的必然路径，就是通过降低政府组织对更多行为集合的诉求，使 E_G 以更大的概率超过临界标准 $\frac{\alpha}{\alpha+\beta}(E_G+E_N)$，实现假设 1。在持续完善市场经济体制下，政府需要敢于放权，非政府组织更需要积极参与和协同政府复合供给，达到合理竞争的均衡供给状态。其中，建立公共服务考核机制、转变政府职能以及增强非政府组织的独立性，对优化公共物品供给和满足居民的多元化需求有着至关重要的作用。同时，对非政府组织偏好的改进，只能尽量避免供给模式落入假设 3 所描述的供给现象中去，而并不能带来公共服务向更有效率的方向演进。因此，对于丰富、扩大公共物品的供给内容和规模水平，以及优化公共物品供给结构，需要政府真正转变职能，为非政府组织进入、参与公共物品供应领域营造良好的政策和市场环境，这是非政府组织将来把更多的资源和行为空间聚焦公共物品供给建设的关键性战略措施。

8.4　政府—企业—社会组织—居民博弈分析

社区公共物品协同供给系统是由社会发展、公共需求多元化以及公共物品供给主体多元化引起，通过政府、供给企业、社区居民及其他社会组织的多元化主体协同合作和互相调适形成的一个综合协同供给系统，旨在使多元参与主体形成公共物品资源的有效整合及协同能力的整体提升，基于公共物品的技术创新、供给的协同制度创新、组织管理创新以及外部环境驱动创新等综合组合创新方式，实现公共物品协同效率及社区居民公共服务满意度的提高，以及公共物品资源的最优配置。社区公共物品整体协同供给是一项由多元主体共同协调配合的供给组织形式，试图形成政府机构、企业、社会组织为核心的要素模型，以政府单位、物业管理公司、业委会、居委会、居民自治组织等为辅助要素的各主体协同合作和互相制约，按照社区秩序和内部联动组合形成的具有维护社区功能主体的有序运转的全方位协同供给图式。协同供给表现各主体元素在供给系统整体运行发展过程中协调及合作的性质，各主体的协同所形成的拉动效应推动供给系统整体发展，最终使各相关主体受益最大化。因此,在研究社区公共物品协同供给系统的整体协同图式时,重点是厘清系统内多元主体间的相关关系,即社区公共物品供给企业间、供给企业与政府、供给企业与社区居民、供给企业与社会组织之间的关系。夏志强(2013)认为,公共物品的多元主体协同供给是通过政府、私人组织以及第三部门的积极参与、密切合作,凭借高效的供给服务模式实现多样多层次的需求[139]。王清(2014)通过案例分析,研究发现公共物品供给系统中政府、企业和社会组织三元主体之间的依附性协作关系[140]。因此,从协同供给角度来看,为适应当前社会治理转型和社区治理创新,需引导政府、企业、社会组织和社区居民等各相关主体的联动性、创新性,实现各主体势差、位差的弥合,促进各主体和供给链各环节的异质性融合,以及政府、企业、社会组织及社区居民等多元主体的积极互动,实现公共物品资源的有效配置。

目前大量国内外研究多是囿于将公共物品供给系统主体间关系进行应然研究,而缺少实然研究。可以从系统协同的角度,基于主体关系之间的博弈角度切入,探究如何实现社区公共物品协同供给系统内多元主体间的协同整合关系,从多元主体间协同供给的博弈关系层面,界定系统内各主体的角色与责任,构建多元主体协同供给系统的博弈模型,基于主体间建模的方法引入供给系统主体间行为研究,揭示供给系统内多元主体间的博弈互动以及动态演化的运行机制,总结归纳出在协同供给系统内如何用主体间的博弈实现系统的协同供给,进而阐释目前面临的困境问题并提出多元主体合作下社区公共物品协同供给的优化路径,实现各主体的利益最大化。

8.4.1 社区公共物品系统内供给企业主体间的协同关系分析

社区公共物品的低效化供给是制约社区公共物品系统内主体间协同供给的一个重要节点。首先为了优化公共物品的协同供给系统,根据市场的多元化及竞争性的特点,政府通过购买方式构建主体间关系体系,使社区公共物品系统内企业等多元主体之间相互联系,发挥多元主体整体优势[141]。其次为弥补社区公共物品供给低效化的短板,企业及其他社会组织发挥多元主体作用承接政府转移的部分职能[142]。在社区公共物品协同供给系统的协同供给过程中,多元主体根据本体特性、运行机制、价值指向及环境特征等因素,规范主体间多轨供给模式的体制机制,构建竞合协同博弈模型。因此,供给系统内的供给企业主体间,作为博弈的参与者需要遵守一定的规则,在博弈过程中采取竞争、合作或是竞合的策略,最终实现企业个体供给和系统整体协同供给的同步发展。

1. 社区公共物品供给企业主体间的博弈关系及性质

(1) 社区公共物品供给企业主体间的博弈关系。社区公共物品协同供给系统强调系统中企业主体间的相互合作、相互竞争、相互促进。在系统协同供给的过程中,供给企业主体间是协同竞争的关系,其主要表现为如下几个层面:其一,企业作为供给系统主体之一,不仅仅表现为公共物品供给的接受者,其供给行为主要是体现供给需求、反馈供给信息、提出供给建议并享受供给服务,适应外部竞争环境的同时提升企业间的公共物品供给管理技术竞争力[143];其二,企业在系统中的供给行为同时是协同行为的表现。由于社区公共物品供给过程的多元化以及供给主体的多样性等特征,企业单一的供给模式不能满足社区资源总需求,因此系统内供给企业主体间可以采用产业链或平台集聚等方式,通过资源共享、一体化过程、信息沟通等协同合作供给方式,在供给过程中优化资源配置,实现社区公共物品协同供给企业全局竞争力的整体跃升。因此在社区公共物品供给系统的协同供给过程中,供给企业主体间形成的是一种服务供给的协同竞争关系。这种协同竞争是指协同与竞争矛盾的双方相互引导、相互转化、相互联系、相互依赖的对立统一过程,竞争导致协同,协同引导竞争[144]。在社区供给系统中,企业协同竞争作为一种动态的、不断选择的过程,对实现社区公共物品协同互动式供给发挥促进引导的作用。

(2) 社区公共物品供给企业主体间的博弈性质。社区公共物品协同供给系统中存在同质和关联供给企业,而协同关系可发生在两个或多个供给企业主体机构之间,基于研究简化考量,现简化为两个供给企业主体之间关系研究,在公共物品协同供给过程中,企业主体间协同竞争博弈有以下性质:①供给行为的不确定性。即两个企业主体之间既可能相互信任、合作,也可能因为出现利益或时间冲突、目标导向不同等问题而导致背叛。企业主体间的行为同时受内部个体行为的影响,内部个体的支持行为对企业主体有促进作用,而反对行为会产生滞后影响。②个体利益理性最大化。即企业内部个体的行为是理性的,在保证企业主体利益的同时,个体追求的目标是利益最大化,博弈过程采用风险占优。当合作有利可图时,选择合作行为;而当合作不利时,选择推诿、拖延等行为;若背叛能产生更多好处时,选择背叛,且企业个体之间会发生冲突,合作主体会受到损失、风险。③非零和博弈。协同供给可实现双赢,协同供给博弈是一种"非零和博弈",可以提高社区公共物品供给的有效性。④重复博弈。协同供给系统内企业主体间的协同供给行为往往呈现相互合作、彼此配合,且迭代,这种主体间的伙伴关系是比较稳定的,企业双方之间的博弈行为一般不会改变内部的博弈结构,博弈双方对彼此过去的行为都是可见的。

2. 系统内社区公共物品供给企业主体间的博弈均衡

(1) 系统内社区公共物品供给企业主体间的博弈模型构建。社区公共物品协同供给系统中企业主体间的协同供给是随时间变化的动态过程,系统内供给企业主体根据社区公共物品的共性需求,采用集成式的供给模式。为了研究的方便性,对社区公共物品协同供给系统中的企业主体做相关假设:供给系统内企业主体的规模相近,企业主体在协同供给过程中处于同等地位或具有替代关系。对于系统内供给企业主体来说,公共物品的供给很有可能被竞合关系的对方企业或者其他同类企业代替或模仿,因此为了规避先期投资的风险,企业主体就不愿为社区公共物品进行供给活动,导致企业合作双方互相等待,出现囚徒困境。囚徒困境博弈是企业主体间彼此信任并合作的基础,是非零和博弈时反映个体最佳选择最具代表性的例子。类似于囚徒困境的竞争性公共物品一般会趋向于供给不足的现象,但不具有排他性的公共物品更倾向于使用过度的情境。囚徒博弈模型最早是由图克提出,原则上只考虑个体与整体之间的矛盾,从个体利益出发实现整体利益最大化的繁冗过程,由于个体理性自身的不确定性将不会保证最终整体利益的最大化。为了构建企业主体间博弈模型以及简化博弈过程中的计算,作以下假设:

1) 假设系统内企业主体在公共物品供给过程中,多家企业主体的任意两家企业主体 A、B 竞争合作对社区公共物品协同供给,企业主体双方每次合作对人、财、物及技术等要素的投入总量为 I,其中 A 企业投入份额为 a,B 企业投入份额为 b,即 $a+b=1$。

2) 假设企业主体 A、B 彼此合作相互信任,对公共物品的供给采用协同供给的方式,且所得收益按企业主体投入比例分配,那么 A、B 企业主体的收益大小与企业主体间协同供给的合作效应系数 k($k>1$)呈正相关;假设企业主体 A、B 互不信任相互冲突,对公共物品的供给采用竞争供给的方式,那么 A、B 企业主体间不存在任何合作行为,协同供给将不会产生有效的后果，此时企业主体双方收益和支付都为零；假设企业主体A需要协同合作，而企业主体B比较自私且不肯采取合作方式，那么认为企业主体对公共物品供给所得收益都被企业主体B不劳而获，且企业主体A的投入也完全被企业主体B获得，这种行为对以后的公共物品供给会产生消极影响，因此今后企业主体A、B将不再产生协同合作行为。

3）假设企业主体A在公共物品供给过程中采用协同合作方式的概率是p，那么相应采取自私冲突方式的概率是$1-p$；假设企业主体B在公共物品供给过程中采用协同合作方式的概率是q，那么相应采取自私不合作方式的概率是$1-q$。

4）假设企业主体A、B之间的协同合作是受正反馈因子的激励作用，用ε（$\varepsilon>0$）表示，协同合作的次数越多，企业主体间默契程度越高，即个体理性递增，这有助于企业主体间信息的交流。而企业主体间协同合作所受的激励效应是能够累积的，协同合作每成功一次都会对原状进行一次正向激励ε，当ε越大，对社区公共物品协同合作供给所达到的效果越好，那么企业主体得到的收益将会越多。

5）假设企业内部个体对企业主体A、B之间协同合作有影响，影响因子用λ表示。如果企业内部个体支持企业主体间协同合作，即对主体间协同合作有推动作用，那么企业主体对社区公共物品的协同供给可以顺利进行；如果企业内部个体对主体间的协同合作持无谓态度，那么企业主体对社区公共物品的协同供给会产生一定的阻碍效果。

6）假设企业主体A、B之间采取协同合作的方式对社区公共物品进行供给。在此过程中，如果企业主体在协同供给行为进行ξ次前一直保持合作并相互信任，那么企业主体A、B将继续进行协同合作；如果企业主体其中任何一方在协同供给行为进行第ξ次时消极配合并突然背叛，那么企业主体A、B将不再进行协同合作。

基于假设条件，可构造出在社区公共物品供给系统内企业主体A、B在第ξ次协同合作进行供给行为时的支付矩阵，见表8-4。

表8-4 供给系统内企业主体间协同供给的支付矩阵

企业A（概率）	企业B（概率）		
	协同合作（q）	冲突背叛（$1-q$）	…
协同合作（p）	G_{1A}，G_{1B}	G_{2A}，G_{2B}	
冲突背叛（$1-p$）	G_{3A}，G_{3B}	G_{4A}，G_{4B}	
…			

根据假设条件进一步分析表8-4，对企业主体A、B的供给行为与收支做如下分析，由于企业主体A、B处于相同的社区公共物品供给系统内，且企业主体的理性选择方式相同，因此只对企业主体A进行分析讨论。

第一种情况，当企业主体A、B对社区公共物品协同合作供给时，那么企业主体A按投入比例所得的收益份额为其支付矩阵，有

$$G_{1A} = pqak\lambda I(1+\varepsilon)^\xi - pqaI$$

即

$$G_{1A} = pqaI[k\lambda(1+\varepsilon)^\xi - 1] \tag{8-23}$$

第二种情况，当企业主体A信任并愿意合作，而企业主体B自私并背叛时，那么企业主体A的投入损失为企业主体B的支付矩阵，有

$$G_{2A} = 0; \quad G_{2B} = p(1-q)aI \qquad (8\text{-}24)$$

第三种情况，当企业主体 A 自私并背叛，而企业主体 B 信任并愿意合作时，那么企业主体 A 的支付矩阵为企业主体 B 的投入损失，有

$$G_{3A} = q(1-p)bI; \quad G_{3B} = 0 \qquad (8\text{-}25)$$

第四种情况，企业主体 A、B 互不信任并背叛时，那么系统内公共物品协同供给行为将不会产生，企业主体 A、B 的支付矩阵均为零，有

$$G_{4A} = 0; \quad G_{4B} = 0 \qquad (8\text{-}26)$$

根据上述四种情况的分析，支付矩阵表 8-4 可用支付矩阵表 8-5 简单表示。

表 8-5 供给系统内企业主体间协同供给的支付矩阵简化结果

企业 A（概率）	企业 B（概率）	
	协同合作（q）	冲突背叛（$1-q$）
协同合作（p）	G_{1A}, G_{1B}	$0, p(1-q)aI$
冲突背叛（$1-p$）	$q(1-p)bI, 0$	$0, 0$

（2）供给企业主体间社区公共物品供给的博弈条件。社区公共物品供给系统内企业主体间协同合作的过程中，如果从企业主体 A 的角度分析支付函数，只考虑自身的所得收益，企业主体 A 对自己选择合作或背叛行为可掌握完全信息，而对企业主体 B 的行为只能获得不完全信息。企业主体 A 的最终选择方式取决于供给活动的期望支付差额 ΔG_A 的大小，即选择协同合作时（$p=1$）的期望支付与自私选择背叛时（$p=0$）的期望支付差额。即

$$\Delta G_A = \sum_{i=1}^{4} G_{iA}(p=1) - \sum_{i=1}^{4} G_{iA}(p=0)$$

把上述供给系统内企业主体间协同供给的支付矩阵四种情况式（8-23）~式（8-26）代入上式，结果如下：

$$\Delta G_A = qaI[k\lambda(1+\varepsilon)^{\xi} - 1] - qbI$$

即

$$\Delta G_A = qI[ak\lambda(1+\varepsilon)^{\xi} - I] \qquad (8\text{-}27)$$

而企业主体 A 最终选择协同合作的条件为 $\Delta G_A \geq 0$，那么：

$$a \geq \frac{1}{k\lambda(1+\varepsilon)^{\xi}} \qquad (8\text{-}28)$$

根据式（8-28），作以下分析：

1）当 k、λ 保持不变时，如果 ε、ξ 的值较大，那么 a 的取值可以相对较小；如果 ε、ξ 的值较小，那么 a 的取值可以相对较大。因此得出系统内协同供给的第一个合作条件，即企业主体之间成功合作的次数以及由此建立的彼此信任产生的激励作用是企业主体间发生合作行为的决定因素。

随着企业主体间成功合作次数的递增，主体间彼此信任，达到预期的协同供给效果的可能性较大，即使企业主体在协同供给过程中处于较低的支配性地位，但也愿意采取协同合作的供给行为；相反，企业主体间合作次数比较少时，主体双方消极配合并彼此不信任，只有企业主体在协同供给过程中处于绝对的支配地位时，企业主体才会选择协同合作的供给行为。

2）当 λ、ε、ξ 保持不变时，如果 k 的值较大，那么 a 的取值可以相对较小；如果 k 的值较小，那么 a 的取值可以相对较大。因此得出系统内协同供给的第二个合作条件，即企业主

间协同供给的合作效应大小以及所得收益多少使企业主体间发生合作行为成为可能。

当企业主体间协同供给的合作效应较大时，协同合作所得预期收益相对较大，即使企业主体在协同供给过程中处于较低的支配性地位，但也愿意采取协同合作的供给行为；当企业主体间协同供给的合作效应较小时，协同合作所得预期收益相对较小，企业主体只有在系统内处于绝对的支配地位时，才会选择协同合作的供给行为。

3）当 k、ε、ξ 保持不变时，如果 λ 的值较大，那么 a 的取值可以相对较小；如果 λ 的值较小，那么 a 的取值可以相对较大。因此得出系统内协同供给的第三个合作条件，即企业主体内部个体的支持或反对态度可以决定企业主体间是否采取协同合作的供给行为。

如果企业主体内部个体支持主体间的协同合作行为，那么即使企业主体在协同供给过程中处于较低的支配性地位，但也愿意采取协同合作的供给行为；如果企业主体内部个体对主体间的协同合作行为持无谓或反对态度，那么企业主体只有在系统内处于绝对的支配地位时，才会选择协同合作的供给行为。

根据上述协同合作以及冲突竞争的博弈结果分析，可以通过以下几种方式来促进系统内企业主体间的协同合作，从而提高社区公共物品供给的有效性。

第一，提高 k 值。企业主体间协同合作的预期合作效应系数 k 的值越大，说明企业主体间的合作愿望越强烈，因此企业主体最终选择协同合作或冲突竞争可以通过改变 k 来控制。在公共物品供给系统内提高 k 值的方式有：改进协同合作运作方式、优化协同合作结构模式、重视协同合作信息沟通、加强协同合作管理架构。

第二，提高 λ 值。企业主体内部个体的影响因子 λ 的值越大，说明企业主体间配合得越好且合作更默契，因此保证企业主体间协同合作首要是从内部个体的利益需求出发，获取内部个体的全力支持，通过绩效考核的激励方式提高内部个体对公共物品供给的重视度。

第三，提高 ε 值。系统内正反馈因子的激励作用 ε 值越大，说明企业主体间想合作的愿望越大，企业主体双方都希望从公共物品供给成功的协同合作行为中得到物质或精神方面的回馈，因此企业主体可以从信息交流、分配机制、供给环境等方面切入，提高 ε 值。

第四，提高 ξ 值。企业主体间协同合作的成功次数 ξ 的值越大，越能促进企业主体间的信息交流、信任合作，主体间默契度的提升促使企业建立长期稳定的合作共赢关系。

8.4.2 社区公共物品系统内政府与供给企业主体间的协同关系分析

政府在社区公共物品协同供给系统中需要改变以往的短视行为，实现公共物品协同供给的规范化，它既是提供和生产公共物品的主要参与者，又是系统公共物品协同供给过程中整合配置资源的主要引导及纽带，还是公共物品供给建设的规则制定和管理监督者，其在公共物品协同供给系统中扮演关键的引导、服务、整合及监督的角色：①政策制定者。政府作为国家与社区联络的载体，制定并完善相关社区公共物品规划、建设、运营管理等政策，引导社区公共物品资源统筹配置，建构政府、企业良性互动的相关机制，在保证公共物品供给合规高效的基础上，发挥政府自身优势，实现系统内公共物品的协同供给。②服务供给者。通过政府直接生产、政府采购及补贴等间接方式提供，从而形成系统内公共物品的协同供给模式，是政府保证企业主体间公平供给和满足社区居民需求的主要职责。③质量监管者。政府作为权威性主体不仅要合理规划社区公共物品分配，保证社区居民对公共物品资源的共享，而且需要提供科学合理的监督管控制度、公平公正竞争的供给环境实现社区公共物品高效、优质、匹配、持续供给的终极价值诉求。④冲突调和者。政府作为社会与社区互动的连接点，也是不同供给主体协同行为冲突矛盾调和的中间人，采用调解、协商和裁决等方式来保障公共物品供给的有序性，各供给主体之间资源和能力的依赖性以及政府的调和参与，促使供给系统自成一个网络。据此，为简化问题研究，在公共物品协同供给系统中拥有多重身份的政府发挥重要作用主要表现在以下几个层面：一是政府通过引进中介机构，加强对系统内供给主体的监督，实现企业主体自律，避免企业主体间公共物品供给的非公平竞争行为；二是政府搭建系统内公共物品协同供给综合服务平台，推动企业主体供给资源共享共建和有序实施，降低企业主体供给成本；三是政府通过建立科学的系统机制，保证在无外部组织机构参与的情况下对企业主体进行监督与激励，促进系统内公共物品资源的整合集成，营造公共物品供给协同运作的整体性治理氛围。

1. 政府与供给企业主体间社区公共物品供给的博弈模型建立

源于政府与企业主体之间的信息不对称以及有限理性等，将导致双方在选择最终供给方式时出现行为的不确定性。因此，政府对供给系统内企业主体供给行为的影响可选择采取或拒绝措施，企业主体对于政府监督管理及合作行为可选择实施或抵抗，那么对于政府和供给企业行为的博弈策略组合见表8-6。

表8-6　政府与供给企业行为的博弈策略组合

政府	企业	
	实施	抵抗
采取	（采取，实施）	（采取，抵抗）
拒绝	（拒绝，实施）	（拒绝，抵抗）

对不同决策情况下政府和供给企业主体双方的成本、收益有以下假设：在政府干预下，供给企业主体实施协同供给所需的投入成本为 C_e，其中包括与政府和其他社会组织的合作以及自身运营费用等；同时，企业主体参与社区公共物品协同供给会取得收益 R_e，其中包括政府的支持政策获得的收益增值、提供公共服务所带来的单位产品的利润增值以及所节省的经营成本费用等[145]。政府对系统内企业主体协同供给行为采取措施所需监察成本为 C_g，其中包括获取企业主体运营信息所耗费的成本、开展协调沟通及监管所需的服务成本以及监督管理费用等；政府给予企业主体实施协同供给的政策补贴以及优惠支持为 P_g；政府对企业主体的抵抗及违规行为所处罚金用 L_g 表示；企业主体对于政府的监管行为选择抵抗，而政府却对企业主体在供给行为中出现的损耗买单，在此过程中企业主体之间竞争供给所投入的资金为社会成本，用 K 表示。根据以上假设条件，可构造出在社区公共物品供给系统内政府与供给企业主体间协同供给的成本矩阵，见表8-7。

表8-7　系统内政府与供给企业主体间协同供给的成本矩阵

政府概率	企业概率		
	协同合作（q）	冲突背叛（$1-q$）	…
协同合作（p）	T_{1e}，T_{1g}	T_{2e}，T_{2g}	
冲突背叛（$1-p$）	T_{3e}，T_{3g}	T_{4e}，T_{4g}	
…			

根据假设条件进一步分析表8-7，政府与供给企业主体在博弈时所选择的行为有以下几种情况：其一，政府采取措施对系统内的企业协同供给行为进行干预，并进行协同供给，企业主体按照政府规则选择进行协同供给，那么

$$T_{1e} = -C_g - P_g$$
$$T_{1g} = -C_e + P_g + R_e$$

其二，政府采取措施对系统内的企业协同供给行为进行干预，同时进行协同供给，企业主体选择抵抗，拒绝按照政府提出的规则进行协同供给行为，那么

$$T_{2e} = -K - C_e + L_g$$
$$T_{2g} = -P_g$$

其三，政府拒绝采取措施对系统内的协同供给行为进行干预，同时不进行协同供给，而企业主体愿意进行协同供给，那么

$$T_{3e} = 0$$
$$T_{3g} = -C_e + R_e$$

其四，政府拒绝采取措施对系统内的协同供给行为进行干预，且没有开展协同供给，企业主体也不愿意进行协同供给行为，那么

$$T_{4e} = -K$$
$$T_{4g} = 0$$

根据上述四种情况分析，成本矩阵表8-7可用成本矩阵表8-8表示。

表8-8　系统内政府与供给企业主体间协同供给的成本矩阵简化结果

政府概率	企业概率	
	协同合作（q）	冲突背叛（1-q）
协同合作（p）	$-C_g - P_g$，$-C_e + P_g + R_e$	$-K - C_e + L_g$，$-P_g$
冲突背叛（1-p）	0，$-C_e + R_e$	$-K$，0

2. 政府与供给企业主体间社区公共物品供给的博弈模型均衡分析

政府与企业主体间在社区公共物品供给的博弈过程中做以下假设：政府采取协同合作策略的概率是 p，拒绝协同合作策略的概率是 $1-p$；企业主体实施协同合作策略的概率是 q，抵抗协同合作的概率是 $1-q$。那么，系统内政府采取和拒绝协同合作策略的期望收益以及平均收益分别用 E_{1e}、E_{1g}、E_1 表示，计算过程如下：

$$E_{1e} = q(-C_g - P_g) + (1-q)(-K - C_g + L_g) = q(K - P_g - L_g) + L_g - K - C_g$$
$$E_{1g} = qK - K$$
$$E_1 = pq(K - L_g - P_g) - p(K - L_g + C_g) + (1-p)(qK - K)$$
$$= -pq(L_g + P_g) + p(L_g - C_g) + (q-1)K$$

供给系统内供给企业主体实施和抵抗协同供给策略的期望收益以及平均收益分别用 E_{2e}、E_{2g}、E_2 表示，计算过程如下：

$$E_{2e} = pP_g + R_e - C_e$$
$$E_{2g} = -pL_g$$
$$E_2 = pq(P_g + L_g) + q(R_e - C_e) - pL_g$$

据此，对系统内政府与供给企业主体间社区公共物品的协同供给博弈做以下分析。

首先，系统内若政府实施协同供给需要花费较高的成本，且对企业主体抵抗公共物品协同供给的行为处罚力度比较小，则政府不会支持企业主体采取协同供给的策略，也不利于政府采取有效措施促进供给企业主体参与公共物品协同供给。因此，政府可以从以下几方面切入促进系统内供给企业主体协同供给：发挥政府能动性，引入第三方机构对供给企业主体进行评核和监管，保证供给企业主体公共物品供给质量，避免企业主体协同供给过程中出现供需失配、定位偏差的现象。同时，利用政府主体优势，降低行业的准入标准，解决供给有效不足问题，营造良好的社区公共物品多元化供给政策环境，降低企业在协同供给过程中的管理成本。供给企业主体积极采取协同供给行为，政府对企业主体不规范供给行为采取加大处罚的方法，从而保障社区公共物品协同供给系统的安全性。

其次，系统内若企业主体选择协同供给的收益大于所付出的成本，企业主体采取协同供给行为的经验累积会促使其付出成本所获得的单位收益增加，那么企业主体最终会选择协同供给的行为。因此，政府可划分和建立公共物品分类体系，针对不同公共物品采取科学、规范、长效的公共物品公私合营供给模式、政府购买服务模式，设计合理补贴、税收激励和扶持举措，降低企业提供公共物品成本，调动企业参与公共物品供给的积极性。此外，还需要政府降低和减少企业社会资本参与公共物品供给建设的门槛及阻碍，促进企业主体尽快融入系统供给链。

最后，系统内若企业主体选择协同供给的收益小于所付出的成本，且政府对选择协同供给行为的企业主体补贴匮乏，又对抵抗协同供给的企业主体约束偏弱，企业主体参与协同供给行为就会缺乏积极性，将不会选择协同供给的策略。因此，政府可以建构公共物品供给综合服务平台，形成共享共建的多元企业主体互联互通供给模式，降低企业主体的协同供给成本，提升企业主体在系统内协同供给的高效性。

8.4.3 社区公共物品系统内社会组织、居民与供给企业主体间的协同关系分析

1. 社会组织与供给企业主体间社区公共物品供给协同关系分析

社区社会组织主要指社区服务类组织、社区公益性组织、社区建设型组织以及其他团体机构等，这些组织供给公共物品范畴主要涉及养老助残、扶贫帮困、教育培训、公益推广、文体活动等领域，承接社会职能进行糅合供给并及时反馈居民需求[146]。基于利益最大化和共同利益的考量，在系统内社会组织与供给企业主体间进行协同合作，社会组织利用其自身的公益及民间性等特征，弥补政府与企业主体供给空间不足问题，通过博弈、竞合等方式与供给企业主体对社区公共物品协同供给。

社会组织与供给企业主体间存在多种模式的互动关系，具体表现在以下两个方面。一是社会组织基于公益推广、许可协议等方式，利用社会组织的社会化属性及自主志愿性特征与供给企业主体的营利性形成互补的关系，通过招标、购买等灵活的供给模式，与供给企业主体进行有条件的协同合作，在公共物品系统供给过程中实现双方协同供给。二是社会组织利用自身合法性和社会服务领域的独特优势，与企业开展各种类型的项目合作。合作类型主要体现在：通过合作供给公益项目为主，主要针对公共物品的某一领域需要，接受供给企业主体资金及平台支持进行协同供给；开展广泛的合作，即通过社会组织与供给企业在公共物品供给中的专业化社工人才培养、社会组织孵化、公益创投和共同承接政府服务等方面开展多

层次多角度的合作。值得注意的是，当前社会组织与企业深度融合形成的社会企业正成为公共物品供给的重要主体，且基于其特定服务对象、延伸服务链条、扩展服务范围等特点，是维持公益和市场平衡基础上的公共物品协同供给创新共同体。因此，社会组织与供给企业主体间的协同合作，一方面优化了公共物品的供给方式，促进向多元化供给方式转变，建构了公共物品供给由传统"中心""中心—边缘"到多元中心合作的格局；另一方面通过社会组织与供给企业相互监督，优势互补，弥补政府、社会组织或者企业在公共物品供给中的不足，有利于公共物品多元主体参与的合作供给网络不断完善，提供惠及更多公众的优质服务。例如：以上海市杨浦区控江路街道"智慧树"创意产业园区作为一个社区公共物品供给系统为例，目前累计孵化社会组织14家，通过推出公益服务等31个合作项目获得居民认可，社会组织采用外部招募与内部整合的方式，采取政府购买、补贴奖励等措施，"招"进16家社会组织、13家企业、11个社区工作站，在社区系统中有40家单位提供46项服务。通过建立社会组织与企业主体协同合作供给体系，强调以社会组织和企业等供给主体作为源头，根据其运行章程积极构建服务与推广平台，对公共物品资源进行有效整合，推动公共物品供给服务精细化，完善社区公共物品协同供给系统；同时，社会组织和企业主体积极参与公共物品协同供给平台创建，并落实到社区中，促进社区系统中社会组织与供给企业双方主体间沟通交流；另外，社会组织与供给企业主体鼓励支持居民参与到社区供给系统中，实现社会组织、供给企业主体和居民的共赢局面。

2. 居民与社会组织间社区公共物品供给协同关系分析

居民作为社区基层被服务群体，由于其自身构成的复杂性以及需求的多样性、动态性、差异性、多元化和个性化等特点，在社区公共物品协同供给系统中起着基础和动力的作用，且作为社区社会组织的细胞元件对社会组织依赖和参与[147]。借助政府单一供给模式已无法满足，社会组织是居民与政府、供给企业的纽带，在系统内公共物品协同供给过程中对内整合居民利益需求，对外表达居民的多样化需求与差异性利益，并作为社区居民公共物品利益代言人与政府、企业谈判、沟通和协作，在社区公共物品协同供给过程中发挥重要作用。因此，作为居民与其他供给主体间沟通的关键环节，社会组织在帮助系统内居民参与公共物品协同供给过程中发挥重要支撑作用。具体有以下表现。

其一，借助社会组织的桥梁纽带作用，通过直接负责生产、运营管理等多种沟通渠道满足居民公共物品动态需求，并实现供给企业主体的利益追求。不仅强化了供给系统内居民与政府、供给企业主体间的交流合作，降低供给企业主体的成本投入，尤其是政府为企业主体提供的资金和物资支持，以及居民与社会组织的紧密配合提高了社区公共物品供给的效率，使社会组织与社区供给系统相契合，提升社区公共物品协同供给成效。

其二，居民依托社会组织参与系统内公共物品资源的整合与共享，便于实现系统内各主体间的协同合作。居民通过社会组织获得系统内外部供给资源，实现居民利用制度化和组织化渠道与各供给主体之间建立更加紧密的协同关系，不仅社会组织利用其灵活性及时捕捉居民个性化的需求，弥补企业主体的供给空缺，满足公共物品空虚精准回应，还通过社会组织承接政府服务职能，使系统内公共物品供给链持续延伸，服务对象标靶更加精准，服务范围、内容更加广泛，服务效能更加高效。

例如：以北京市雅成里社区公共物品协同供给系统为例，社区成立"雅人益行"助力联盟，以为民服务为目标，通过"社区+社会组织+企业"三方联动的模式为社区定期提供各类服务，同时为企业主体提供合作发展平台，促进企业主体间协同合作，推动企业主体与居民的交流互动，提升社区系统自组织能力。居民参与到供给系统中，主要通过以下几种方式：一是社会组织直接为社区居民提供公共物品，切实解决居民多元化需求。通过宣传教育等方式提高居民参与积极性，如向病残人群提供救助服务、向居民宣传环保节能，构建合理、高效的社区公共物品协同供给支撑系统。二是供给企业主体多渠道参与，破除居民差异性需求。完善合作对接、信息交流等供给通道，依托社会组织中介枢纽，提高企业主体供给能力，增强居民参与的主动性，形成居民需求推动系统内公共物品协同供给的新模式。三是居民自组织的建立，形成推动供给系统发展的原动力。居民积极参与系统供给，建设发展社区组织机构，发挥自身能动性，在社会组织、供给企业主体间，通过对社区公共物品的需求整合，以供给企业为主体，以社会组织为桥梁，通过信息沟通等平台，积极解决社区公共物品供给系统运行中的困难，推动系统建设发展。

8.4.4 结论及建议

本研究基于博弈论的基本理论与研究方法对社区公共物品协同供给系统主体间协同关系进行分析，重点分析了系统内供给企业主体间、政府与供给企业主体间以及社会组织、居民与供给企业主体间的协同关系，并在此过程中对各主体供给行动策略提出相应建议，旨在促进系统主体间的协同供给和合作利益均衡，实现各主体协同合作的共赢局面，进而促进社区公共物品协同供给系统的发展。具体结论及主要建议如下。

(1) 对于系统内供给企业主体，首先可以通过改进协同合作运作方式、优化协同合作结构模式、重视协同合作信息沟通和加强协同合作管理架构来提高供给企业主体间的协同合作效能；其次从供给企业主体内部的利益需求出发，获取内部主体的动力驱动支持，通过绩效考核的激励方式提高内部主体对公共物品供给协同的重视度；再次需要探索建构资源配置机制、合作信任机制、利益分配机制、供给文化、法律及制度环境，促进激励要素在企业供给主体参与公共物品供给协同系统中的作用；最后通过信息交流、信任合作途径，提升供给企业主体间默契度和诚信合作，增加系统内合作信任度，促使企业建立长期稳定的合作共赢关系。

(2) 对于系统内政府主体，首先发挥管理角色，积极引导供给企业主体强化行动自律性，促进企业参与公共物品供给生产质量提升，规避企业间恶性、不公平竞争，引入第三方机构对供给企业主体进行评核及监管，对不合规甚至违规的企业主体采取加大处罚力度的方法，进而保障社区公共物品协同供给系统的安全性；其次发挥参与角色，通过与供给企业主体联系紧密的职能部门、行业协会、社会组织和咨询机构，积极开展宣传推介和培训等倡导和传播社区公共物品供给协同理念及方式，促进企业主体加入社区公共物品系统供给链；最后利用政府主体优势降低企业参与社区公共物品供给建设的行业准入标准，采用搭建系统内公共物品供给服务平台，购买政府公共服务，扶持社会企业公益项目等方式，降低供给企业主体的协同供给成本，进而推动企业主体参与系统内协同供给的积极性。

(3) 对于系统内居民和社会组织，一方面社会组织基于更大灵活性、居民异质化需求有效回应、社群机制利用、动员更多社会资源、降低供给成本等独特优势，可以通过公益推广、许可协议等方式，通过招标、购买等灵活的供给模式，与供给企业主体进行各种类型的项目协同合作。同时还需要通过建设社会组织孵化基地、政府购买社会组织服务等方式支持社会组织承接政府购买服务；另一方面居民借助社区服务机构、社团组织、自治组织、社会组织的桥梁纽带作用，通过搭建的社区公共物品供给综合服务沟通平台参与系统内外部公共服务资源配置，反馈需求和利益期望，在各类主体行动中嵌入居民意愿，加强不同供给主体与社区居民的协同关系，形成社区公共物品协同供给系统的"人本服务"终极价值合力。

第9章 政府与城市社区公共物品协同供给联动关系

社区建设是在政府推动下的"规划性变迁"[148,149]，社区公共服务建设发展是此规划变迁下的应有之义。在社区公共服务发展建设中，政府与其联系最为紧密：政府作为协同主力，通过财力、人力、物力以及政策性规划为社区公共服务建设发展提供基本的硬性和软性环境；社区公共服务建设发展通过"和谐社区""智慧社区""便利社区"等建设成果满足居民公共服务需求，提高居民对政府的满意度，促进服务政府加快建设。本书从多元视角整体和层面对政府与社区公共服务建设发展的关系进行深入解读，并立基于此逻辑建构立体化联动发展路径，以此促进政府和社区公共服务建设的共同发展。

9.1 政府与社区公共服务建设发展联动逻辑多视角解读

针对社会的基本组成单位——社区，政府在社区公共服务建设发展中充当推动者、调控者、引导者以及公共服务的提供者、参与者、生产者等多种角色；而社区公共服务建设发展对推动服务型政府的改革以及提高社会整体发展水平具有不容小觑的建设性作用。政府与社区公共服务的关系复杂而多样，若从两个系统的整体角度出发，两者呈现出一种"闭环逻辑"关系。进一步将政府与社区公共服务整体系统进行深层次剖析，则二者要素之间因彼此复杂的交互作用而主要呈现出"多主体协同逻辑"和"多层次耦合逻辑"两种关系状态。其中，"多主体协同逻辑"是政府与社区公共服务建设发展联动中多主体间构成的交互合作关系，"多层次耦合逻辑"则是政府与社区公共服务建设发展联动中主体层与要素层之间构成的"层面式"交互关系。

9.1.1 政府与社区公共服务建设发展联动的"闭环逻辑"

在整个社区公共服务建设大系统中，政府与社区公共服务是隶属于其中的两个子系统。基于对社区居民公共服务需求的满足和政府供给行为规范和科学化管理，两者形成了交错复杂的互动关系。从整体层面把握两个系统，两者之间呈现为以多业态多形式资本（有形资本和无形资本）为中介的"闭环式"交互联通关系（见图9-1）。

首先，从政府作用于社区公共服务层面着手，政府主要通过对社区公共服务各类资本（人力资本、物力资本、财力资本）的投入，如通过对社区公共服务建设提供各类专业社区服务人员和基层管理人员、基础设施建设的投入以及资金支持等，从而保障和完善社区公共服务的内容、数量和质量。其次，从社区公共服务作用于政府层面着手，社区公共服务通过满足社区居民的精神需求和物质需求，增进居民间的互动，培育社区资本，增进政府服务于

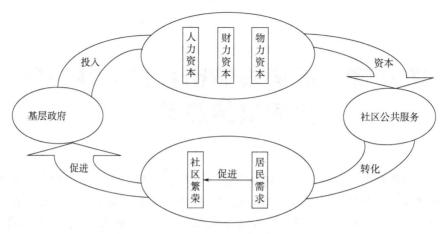

图 9-1 联动的"闭环逻辑"

社区的原动力,促进政府不断寻求治理和服务于社区的创新模式。

9.1.2 政府与社区公共服务建设发展的"多主体协同逻辑"

政府与社区公共服务建设发展的联动主体主要涉及政府、私人机构、非营利组织和社区居民。在由政府、私人机构、非营利组织及社区居民"四主体"构成关系中,信息(需求信息、政策信息)作为多主体联系媒介自始至终贯穿其中(见图9-2)。

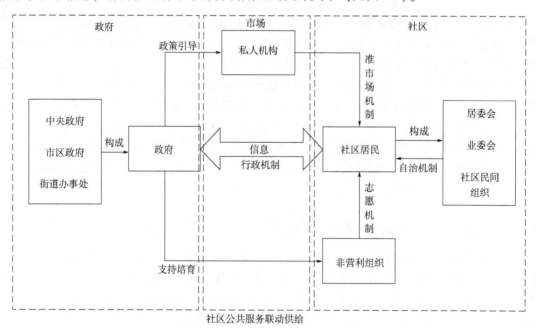

图 9-2 联动的"多主体协同逻辑"

随着社区建设和社会管理方式的变革,显然,社区公共服务建设发展需要政府、市场、社区三方通力合作,协同建设。不仅社区居民公共服务需求信息充分、完整以及准确的表达是三者协同实现最大效用的基础和出发点,而且政府出台的公共服务政策和规范对社区公共服务建设发展具有宏观层面的指导和调节作用，为我国最终全面实现基本公共服务均等化提供了方向。首先，社区公共服务可看作是一种特殊形式的产品，则政府和社区居民间呈现出一种供求关系，政府通过行政机制为社区居民提供社区治安、社区教育、社区环境、社区文化、社区医疗等公共服务，主要解决社区居民大众化、同质性需求，营造其基本社区生活环境。而社区居民通过一定的平台（如社区服务信息网、社区公共服务中心）将自身诉求告知基层社区工作者，实现需求与供应的快速、有效、准确对接。其次，随着公私合作理念越来越多地应用于公共服务，市场竞争机制的有效、快速配置资源的优势与政府行政力量的巨大调动能力和不可抗性相结合，应用政府工具，如授权、合同、管制、公共产品和服务的采购标准、成本补偿等[150]，实现社区物业管理、供水、供电、供暖等俱乐部产品的准市场机制供给。再次，非营利组织具有志愿性、非营利性、民间性、自治性等特征，是政府与市场的"调剂师"，在政府的培育和扶持下，实现社区公共服务的志愿化供给。最后，社区居民作为社区公共服务建设发展的主体和最终受益者，在政府鼓励支持下，由其构成的社区居委会、业主委员会、社区民间组织等组织以自治机制的形式参与社区公共服务的建设发展。总而言之，社区公共服务建设发展离不开政府的参与和指导，并在政府、市场、社区三方的联动作用下，实现行政机制、准市场机制、志愿机制、自治机制的混合供给建设模式。

9.1.3 政府与社区公共服务建设发展的"多层次耦合逻辑"

政府与社区公共服务作为两个不同的整体系统均由若干主体和要素构成，若提取两系统中相关联的重要因素，并分离出主体层与要素层，则构成主体层与要素层在"层"上的复杂关系。从政府维度着手，政府的改革与发展始终离不开上级政府的宏观指导与管理，更少不了市场（私人机构）、社区（社区居民、社区民间组织、非营利组织）的多方参与，因此主体层主要包括政府、私人机构、社区居民、非营利组织四方面主体。从社区公共服务建设发展维度着手，社区公共服务建设发展离不开人力（人才）、财力（资金）、物力（公共物品、技术、信息）的全方位支撑，因此从政府与社区公共服务建设联动的视域分析，筛选出两者发展共同涉及的要素，即资金、技术、人才、信息构成要素层。

政府与社区公共服务联动过程中，主要通过"信息"（需求信息、政策信息）这一纽带实现，因此，抽离出的主体层与要素层之间同样通过"信息"发生两层级的互动关系，并构成了以信息为中心的两两关系的"耦合"，即政府—信息—私人机构、政府—信息—非营利组织、政府—信息—社区居民、私人机构—信息—社区居民、非营利组织—信息—社区居民、社区居民—信息—社区居民、政府—信息—资金、政府—信息—技术、政府—信息—人才等九种关系，而九种关系分别由三条线构成"线—面"关系。由于信息在各主体的传递，形成相串联的联动互通关系，如合作面、供应面和保障面三个阶段关系。因此，主体层和要素层构成"层"上的关系以及九种关系相互耦合，共同构成了政府和社区公共服务建设发展联动的主体层与要素层的"多层次耦合逻辑"关系（见图9-3）。

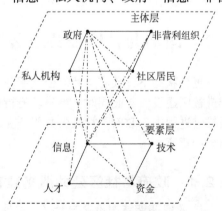

图9-3 联动的"多层次耦合逻辑"

首先，在合作面上，主要指政府—信息—私人机构、政府—信息—非营利组织以及政府—信息—社区居民三方面的平面关系。随着我国经济和社会的快速转型，社区居民的公共服务需求的层次和特征发生了深刻变化，一方面需求层次由生存型转为发展型，另一方面需求特征向多样化、个性化、高质化、法制化转变[151]。基于公共需求的复杂化，打破政府垄断局面，引入私人机构、非营利组织、社区居民参与社区公共服务形成合作局面，而政府作为社区公共服务的主导角色，其通过法律、政策等信息介入其他组织和机构参与社区公共服务建设发展。具体而言，一是政府通过政府工具和公共服务政策信息引导私人机构生产和销售公共服务，形成公私合作伙伴关系，推进公共服务市场化；二是政府通过降低非营利组织准入门槛，制定孵化政策，培育非营利组织，推进公共服务社会化；三是政府权力下放，建立居民自治制度环境和空间，鼓励社区居民参与社区公共服务，推进公民社会的发展。

其次，在供应面上，主要指政府—信息—社区居民、私人机构—信息—社区居民、非营利组织—信息—社区居民以及社区居民—信息—社区居民四方面的平面关系。公共服务需求的复杂化使得公共服务供给的方式多元化，政府、私人机构、非营利组织以及社区居民等利益相关者均以社区居民的需求信息的表达为逻辑出发点，并结合自身禀赋与比较优势，加强各主体联动，合作促进社区公共服务建设发展。首先，政府在公共服务制度供给、规则制定、维持公平以及关乎国计民生的行业领域发挥职能服务作用，其形式表现为行政供给机制。其次，私人机构在公共产品的生产和销售等方面具有较大效率和成本优势，以准市场机制形式参与社区公共服务。再次，非营利组织根植于大众生活之中，在公益性、志愿服务性等方面优势显著，以志愿机制形式参与社区公共服务。最后，社区居民以及由其形成的社区组织利用自身对公共服务需求信息的敏感性以自治供给机制参与社区公共服务。

最后，在保障面上，主要指政府—信息—资金、政府—信息—技术以及政府—信息—人才三方面的平面关系。在特殊的国情和特定的制度背景下，我国政府一直以来在社会管理各方面均处于主导地位，社区公共服务建设发展更是如此。自党的十六大以来，政府在推进服务型政府转变过程中，强调公共服务均等化，并不断加大公共服务财政投入。不容置辩，社区公共服务关系到广大人民群众的切身利益和需求，需要大量优秀、专业的社区工作人才的加入，基础设施建设，各类协调沟通技术平台的构建以及资金支持，并且这种人力、物力、财力的消耗是持续的、巨大的，因此，需要政府强大的行政力量和财政投入提供坚实的制度和物质保障。

9.2　政府与社区公共服务建设发展联动的现实问题表征考察

理想状态下，政府与社区公共服务建设应以联动方式促进社区公共服务建设发展，加快推进社区建设，与此同时，推进政府行政改革向服务型政府迈进，两者共同发展。然而在实践推进进程中，政府与社区公共服务在联动中出现了脱节、失轨、失措现象，与最初的联动理念相背离。

9.2.1　政府与社区公共服务建设发展联动的脱节

1. 政府职能结构设置与社区公共服务结构不对接

政府职能是其行动标杆和基本任务指向。多层级的政府体系各有其职能和分工，在全国和地方层面，中央政府、地方政府在其管控范围制定指导性政策、机制和制度。在社区层面，政府对上级政府的行政命令进行执行和配合，落实政策到基层，其主要职能体现在社区管理和社区服务两方面[152]。立足于社区公共服务发展建设实际过程，一方面由于压力型体制的存在，政府的职能会偏向于行政命令的执行，忽略公共服务职能；另一方面"漏斗效应"的存在，引发政府职能超载，权责不对称。据此，导致政府的职能结构设置与社区公共服务结构不能有效对接，从而造成政府与社区公共服务建设发展的脱节发展，引发其管理上的缺失——越位、错位和缺位并存[84,153]。具体而言，首先，政府的职能重心在政治职能和经济职能方面，往往成为经济发展的责任主体，直接参与招商引资、财税增长等经济任务，并且大部分时间和精力用于政策宣传和应对上级检查，忽视公共服务职能。其次，在社区建设转型发展中，尤其是基层政府在社区层面承接了过去单位式社区剥离的大量行政和社会保障职能以及城市管理改革进程中重心下移部分职能，而相应的资源配置并没有随之下沉到基层政府，造成其权力、责任和能力不匹配，不能满足社区公共服务建设发展的多元化需求。

2. 政府公共服务内容结构与社区公共服务需求结构不对接

根据社区居民对公共服务的需求层次，社区公共服务可区分为核心公共服务（关乎生存）、基础性公共服务（改善生存状况）和支持性公共服务（提升生活品质）三个层次[154]。当前，依我国的基本国情和经济发展状况，我国倡导建立服务型政府，实现基本公共服务均等化，其包括基本民生性服务（社会救助、就业服务、养老保障等）、公共事业性服务（公共教育、公共卫生、公共文化等）、公益基础性服务（公共设施、生态维护、环境保护等）以及公共安全性服务（社会治安、消费安全、生产安全等）等内容。而现阶段，政府的公共服务内容主要集中在国策宣传、行政执法、综合治理、普法教育、健康教育、市容环卫等方面，多数服务内容停留在社区公共服务需求的第一层次，且不同地区不同社区的公共服务内容大同小异，其与新时期新常态下的社区公共服务建设发展目标吻合度不足，也与社区公共服务需求结构错位，因此，政府公共服务内容结构与社区公共服务需求结构未能有效对接，导致社区居民的个性化、多元化、异质化需求得不到满足，使得社区居民未能与政府公共服务内容有效匹配。

3. 政府公共服务量质结构与社区公共服务发展规模结构不对接

现阶段，我国的社区公共服务建设正处于快速上升时期，在政府政策指引下，各省份各地区均在我国社区建设管理体制框架下寻找适合自身的社区公共服务建设模式，并且各地区的探索均建立在"行政化""自治化"和"混合化"的利弊权衡考量框架下。目前，比较有代表性的社区公共服务建设模式有上海模式（行政覆盖型）、沈阳模式（行政授权型）、江汉模式（划分政府与社区权力边界）等[85]。大规模的社区建设探索活动表明我国社区公共服务发展规模日益壮大，对于公共服务的数量和质量的需求不断攀升。就总体而言，现阶段政府提供的公共服务数量和质量未与社区公共服务发展规模同步迈进，出现了政府完善公共服务数量和质量上的滞后；就局部而言，政府对人的基本生存和基础设施等公共服务内容的数量和质量供应较为充分、完整，其他有关居民生活便利、社区文化和精神心理方面的公共服务供应较为贫乏。可见，政府完善公共服务量质结构与社区公共服务发展规模结构未能有效对接，呈现出脱节式发展。

4. 政府公共服务能力结构与社区公共服务保障结构不对接

社区建设的快速推进是以社区公共服务和社区管理的不断完善和发展为基础，而其中的社区公共服务是建设和谐社区的物质基础。政府作为社区公共服务中最直接和最重要的行政性供给主体机构，其完善公共服务能力结构是社区公共服务实现的有效保障。然而实然的状态是，政府完善公共服务能力结构与社区公共服务保障结构显现出不对接的现实困境。具体言之，一是政府的压力制组织形式决定了其对上负责的行政命令绝对执行的信息接收方式，使得社区居民的需求信息自下向上传导出现不畅与阻塞，趋于短期、立显式社区公共服务的供给，造成社区公共服务重复、低质性供给。二是我国分税制度的实行，导致政府财政收入大幅度减少，而本身肩负的社区服务事务并未随之减少，致使其财权与事权严重不匹配，趋于追逐经济利益，忽略公共服务职能。三是政府在信息公开和透明、风险管控和监督以及绩效评价等方面出现了未公开、不透明、不健全、不完备等问题。尤其是公共服务绩效评价体系不完备，评价指标过于行政化，未将公众满意度放在首要位置。四是政府的公共服务人员（公务员）的知识体系、服务技能和协调关系能力等方面尚需提升，加之我国公共服务的教育体系不完备，社区公共服务专业化人员的培养缺位，以及服务人员本身思想未实现"官本位"向"人本位"转变，不了解社区居民需求心理，导致政府公共服务供给价值取向、素质能力与社区公共服务保障需求对比，存在滞后。

9.2.2 政府与社区公共服务建设发展联动的失轨

1. 政府与社会组织协同合作的层次、深度不够

在体制转轨、社会转型以及政府职能转变的宏观背景与单位社会职能外溢、城市社区人口结构和需求的转变以及人口老龄化问题凸显的微观背景共同作用实境下，政府越来越重视与社会组织的合作关系，然而，政府和社会组织的二元合作关系在中国现实制度背景下体现为不对称合作和非对称性依赖的初级合作阶段，两者协同合作的层次、深度不够。具体体现在两者协同合作形式上，一是政府向社会组织购买公共服务，可概括为依赖关系非竞争性购买、独立关系非竞争性购买和独立关系竞争性购买三种基本模式[155]，其中前两者占主导，第三种购买关系较少采用。这与我国社会组织机构本身的行政色彩和自身发展不成熟密切相关。二是政府委托社会组织代理提供公共服务，这种合作形式立足于委托代理理论，利用社会组织的专业性分工和充沛精力满足日渐细化的多元化需求。但我国的委托代理具有较强的特许提供特色，参与其中的社会组织较少，涉及的公共服务类别较少。三是政府与社会组织共同提供公共服务，两者风险和责任共担，权利对等，以平等地位进行合作供给公共服务。受传统观念影响，政府对待社会组织集培育发展和规范控制于一体，并且社区居民对其信任度较低，使得较长时间内社会组织地位不及政府[156]。

2. 政府完善公共服务理念与社区公共服务建设发展特色不匹配

理念是行动的先导。显然，政府完善公共服务理念是实现社区公共服务建设发展特色的行动引导和目标指向。政府在社区建设过程中仍未挣脱经济效益优先、行政指令式和形象式供给、传统服务方式等思维桎梏，阻碍政府自身转型，阻滞社区公共服务建设的发展，与"和谐社区""自治社区""智慧社区"等社区公共服务发展建设特色不匹配。首先，政府长期以来一直作为经济主体，并以实现经济效益为主要职能，忽视公共服务职能，经济发展成果未能有效转化为公共服务供给质量和数量的提升，经济发展带来的红利未能惠及社区居民，不利于政府向服务型政府转变。其次，政府完善公共服务依照行政指令，上行下效，未能将社区居民需求纳入供给服务的参考体系，为应付上级政府检查的政绩式、短期效应的低

质供给，造成了城市社区千篇一律的形象式公共服务供给。再次，政府传统公共服务方式已不适应如今的大数据时代，烦琐的服务流程和交错重叠的部门职能使得公共服务效率低下，覆盖范围较小，社区居民满意度较低，影响"智慧社区"建设的推进。

3. 政府完善社区公共服务治理能力和水平不高

政府作为国家政权的基础性行政组织，制度结构和行为主体共同影响政府的治理行为和治理效果[157]。政府完善社区公共服务治理能力包括信息公开、权力运行、便民服务、法制监督以及效能监察等内容，在实际的操作和执行过程中，政府完善社区公共服务治理能力和水平较低。具体而言，在信息公开方面不够透明化，政府与一般服务行业不同，提供服务过程涉及国家权力行为，故服务过程要更加公开、透明，以便社区居民充分理解政府的政策和行为。在权力运行方面权小事繁，权责不对等加剧了政府的行政负担，无力将更多精力投放到公共服务职能中，造成公共服务治理能力不足。在便民服务方面便利性和系统性不足，社区便民服务中心事务繁杂，缺少系统性分类，服务流程复杂，未全面实行一体化，未从根本上提高便民服务效率。在法制监督方面监督体系不完备，政府在进行公共服务的过程中未实施内外部监督和线上线下监督相结合的监督体系，未将政府内部监督和社区居民监督相结合，让社区居民真正履行监督的权利；未充分利用现代信息化网络系统和智能软件开通网络监督渠道。在效能监察方面，指标体系不合理，隐性的社区公共服务建设效应与显性的绩效考核指标相冲突，一味追求短期建设成果，忽略真正利益者的需求、感受和满意度，未将社区居民满意度真正纳入考核体系。

9.2.3 政府与社区公共服务建设发展联动失措

1. 政府在社区公共服务建设中职能定位失措

在社区公共服务发展建设中，政府、市场、社区三者各有其主要的职能场域，职能的正确定位决定了其行为的有效性和合理性。政府在社区公共服务建设发展中存在职能定位不准确、职责模糊、责权不对等问题，尤其是在职能定位方面存在失措现象。在我国现行的区街管理职能方面，政府承担着城市管理职能（拆违建、清摊点、管市容、搞卫生）和微观社区经济组织职能（搭违建、布摊点、抓产值、搞创收）[158]，并依据上级要求实施两种职能，而两者的实施行为存在相互对立、相互背离的冲突现象；而且政府已无意识地成为街道的经济发展主体，直接承担招商引资、财税增长等经济发展任务，忽视为社区经济发展提供服务和营造环境（采集企业信息、促进项目发展、服务驻区企业、优化投资环境等工作），总之，政府在服务于社区公共服务建设过程中其经济职能的定位存在较大偏颇。与此同时，政府忽视了其公共服务职能和公益性职能，习惯于将任务下放至社区居委会和频繁式监督管理，造成社区居委会工作负担较重，难以发挥社区居委会的社区自治职能；并且作为社区建设的基层指挥者，由于上级政府执法权力和权限未实现进一步向政府下沉，导致未确立其在城市管理中的基础地位，未充分发挥在社区公共服务建设发展中统筹规划职能和保障作用。

2. 政府对社区公共服务建设组织机构设置科学性不足

在社区公共服务建设发展过程中，政府直接面对其服务对象——社区居民，其根本目的是为社区居民提供便利、有效、优质的公共服务，实现"和谐社区""智慧社区""便利社区"的建设要求。政府的组织机构设置依照传统的行政组织设置规则，形成了横向上"鸽笼式"结构以及纵向上"金字塔"结构，即"金字塔-鸽笼式"结构，这种顶层设计不符合

"精简、统一、高效"的机构设置原则，造成各职能部门的职能出现重叠和重复设置，增加服务工作流程，浪费大量人力和物力，降低政府工作效率，容易造成信息传递的阻塞，不利于组织信息的沟通和交流；而处于不断变化和动态发展过程中的社区建设和社区居民需求，需要具有扁平化、弹性化、开放性、动态适应性以及功能个性化的"扁平化-适应性"的政府组织结构设计，以带动政府公共服务方式的转变，实现政府组织再造和相应的行政服务流程再造[83]。

3. 政府完善社区公共服务建设参与度把握不当

社区公共服务建设是社区建设的重要内容，政府在社区公共服务建设中起到指导、统筹、引导的作用，是社区的行政管理中心，更是社区综合治理的主要参与者。由于政府对于自身职能定位不当、组织结构不合理，造成了政府在社区公共服务建设中出现参与度把握不当的问题，出现了假性参与和过度参与现象。一方面，政府习惯性向社区居委会指派任务，实际任务落根至社区居委会，而权力并不实现下沉，造成政府的假性参与社区服务，政府成为任务的传手。另一方面，政府利用强制性手段直接干预社区经济运行，从营造市场环境和提供服务中"越位"，扰乱驻区企业单位的经济发展规律，造成经济职能方面的过度参与；并且在公共服务供给过程中存在"掌舵"与"划桨"的全能型服务，严重阻碍社区居民和社会组织参与公共服务建设发展，影响社区自治。

9.3 政府与社区公共服务建设联动发展的立体化路径构建

为促进社区公共服务建设的良性发展，必须调动政府积极有效地参与到社区公共服务建设联动中。以"多维对接"勾画出政府与社区公共服务建设联动发展的"脉络"，以"点—线—面"塑造政府与社区公共服务建设联动发展的"血肉"，以"需求""规则""公平"支撑起政府与社区公共服务建设联动发展的"骨架"，通过此立体化联动路径的构建，赋予政府与社区公共服务建设联动发展以生命活力。

9.3.1 政府与社区公共服务建设发展"多维对接"路径

鉴于结构决定功能的现代系统理论的支撑，为实现政府与社区公共服务建设联动发展，必然首要在结构上实现两者的多维对接。一是助推政府职能结构与社区公共服务结构匹配。为实现两者结构匹配，政府需要加快职能转型，淡化其经济责任主体职能，重心放在提供服务与营造良好社区生活和生产环境上，将职能重心转移到公共服务职能上，为打造服务型政府奠定基础；并且，针对政府处理事务的复杂性和多样性，上级政府进行行政事务下沉的同时赋予一定的权力下放。二是推动政府公共服务内容结构与社区公共服务需求结构对接。需求结构决定供给结构，社区居民多元化、个性化的社区公共服务需求需要政府在充分了解其真实需求的基础上完善公共服务的内容，在满足基本公共服务均等化的基础上，探求解决社区居民的异质化、个性化、多元化的公共服务需求。三是推进政府公共服务质量结构与社区公共服务发展规模结构对等。社区公共服务发展规模需要一定的社区公共服务的数量和质量作为有效支撑。随着社区公共服务发展规模的不断壮大，政府应加大公共服务的投入数量和质量，积极培育社区组织和社区居民参与社区公共服务建设，在提供行政服务的同时大力扶持精神和文化生活服务的供给。四是促进政府公共服务能力结构与社区公共服务保障结构配套。需求信息接收方面，政府应实行自下而上的接收方式，以需求决定投入；资金方面，加大公共服务资金投入量和投入比例；绩效评价方面，融入社区居民反馈意见，权衡行政绩效与公众满意度两者权重；人员配备方面，完善公共服务人才培养系统，强化服务理念和加大专业技能的培养力度。

9.3.2 政府与社区公共服务建设发展"点—线—面"联动路径

为实现政府与社区公共服务建设发展深层联动，须建立两者间多层次、多维度的立体化联动路径，以协同主体间的"点式"联动，以信息平台为载体的交互性"线式"联动以及社区内和社区间"面式"联动。一是加强协同主体间的"点式"联动。政府、私人机构、非营利组织以及社区居民是政府、市场和社会三元结构的代表。随着协同理念的渗入，政府应转变治理理念，营造良好的政策和制度环境，培育社会组织，促进其他组织力量发展壮大；在此基础上，加强与其他利益相关者的协同合作关系，加快由冲突合作、不对称合作逐步向协商合作、对称合作发展。二是构建以信息为载体的"线式"联动。新媒体和大数据时代的到来，使得数据信息的整合和利用，成为高效、便捷服务的关键，加快了各参与主体的合作方式和服务方式的转变，政府应抓住良好机遇，大力发展电子政务，在统一建立的数据网络基础上，构建各主体交流平台、协商平台、监督平台以及面向社区居民的服务平台。三是带动社区间的"面式"联动。不同社区依据自身禀赋形成具有本社区特色的社区公共服务建设发展模式，由于公共服务正效应外溢，一定程度促进相邻社区的发展。各社区应利用这种外溢，加强与相邻社区的交流合作，共享部分服务资源，取长补短，协作发展。

9.3.3 政府与社区公共服务建设发展"三维一体"协同路径

"需求""规则""公平"是政府与社区公共服务建设在联动发展过程中关系协调的重要杠杆，通过"需求""规则""公平"三维度对政府与社区公共服务建设联动支撑，是实现两者立体化联动发展的重要途径。一是以需求驱动政府与社区公共服务建设发展联动。社区居民需求是政府完善公共服务的逻辑起点，更是社区公共服务建设发展的归宿。政府在与各主体协同合作过程中需求信息的准确传递决定了供给的有效性。首先要建立社区居民需求表达机制，同时建立各协同主体的信息传导机制，保证社区居民需求顺利传递至各公共主体；之后，分析社区居民需求，做好供给规划。二是以规则保障政府与社区公共服务建设发展联动。在此联动过程中，各协同主体须以实践为基础，通过调研、讨论、表决、签订协议等程序，达成公共服务供给共识，并以法律、制度、章程、合同、道德以及协议等方式规范各主体行为，明确义务和责任，建立风险共担机制、激励机制以及监督机制。三是以公平促进政府与社区公共服务建设发展联动。一方面，为响应基本公共服务均等化的发展，应该将社会公平融入社区公共服务建设发展，减少公共服务的歧视供给和偏好供给，促进各社区的均衡发展。另一方面，各主体以协同合作的方式参与社区公共服务建设，应给予各主体平等的供给地位，重视各协同主体的供给领域，保证社区各公共服务建设齐头并进。

动力篇

驱动机理及要素

第10章 城市社区公共物品协同供给动力因素

社区是城市居民获取公共物品的重要载体，随着社会经济的快速发展，城市居民对社区公共安全、医疗卫生、家政服务、就业服务、文化体育设施等一系列公共物品的需求全面提升，能否实现城市社区公共物品有效供给是影响我国社区建设发展的关键问题。在我国城市基层管理体制从单位制转向社区制的过程中，公共物品供给主体也由单一政府主导，转向政府、私营机构、非营利组织和居民等多元主体协同参与模式。城市社区公共物品供给协同是在政府引导下，将市场资源与社会资源融入社区，建立一种优势互补、利益共享、共同发展的合作关系，同时，针对不同类型的公共物品，各主体有最适合、最有效的参与范围和方式。然而，社区公共物品供给协同既是合作，又存在着博弈和竞争，利益诉求的差异以及信息沟通、监督考核等供给机制的不完善都会影响多元主体供给协同效率。在以往研究中，多数学者都是从静态视角分析社区公共物品供给协同中存在的问题，没有考虑到多主体协同过程中的动态特征。实际上，社区公共物品供给协同是一个多主体、多环节构成的动态系统工程，多元主体合作体现在公共物品规划、融资、生产、维护到消费的每一个环节，具有自身特质的系统动力学特征。因此，本章通过利用系统动力学方法研究并揭示社区公共物品供给协同系统主要变量间因果关系和反馈回路，并分析影响多元主体供给协同效率的关键因素，使政府在推进城市社区公共物品供给侧改革中更有针对性，促进多元主体供给协同。

10.1 城市社区公共物品协同供给的动力学特征

系统动力学（System Dynamics，SD）是一种研究系统动态行为的计算机仿真技术，以控制论、信息论和决策论为理论基础，能够对多层次、多要素的复杂系统从宏观与微观角度进行综合研究。其中，复杂系统拥有突现性、动态性、反直观性、对变更策略的抵制性、对变动参数的小敏感性等动力学特性。系统动力学把系统看成一个具有多元要素的因果反馈机制，在获取丰富深刻的要素信息之后，通过因果关系反馈图，剖析系统内部要素间逻辑关系，建立系统动力学模型[159]。系统动力学的核心是反馈关系分析，反馈关系是通过反馈环来描述的，反馈环分为正反馈环和负反馈环。其中，正反馈环是使自身运动趋势不断加强的过程，表现出非稳定、非平衡和自增强特性；负反馈环力图缩小系统状态与目标状态间的偏离，亦可以称作稳定回路、平衡回路或自校正回路。

城市社区公共物品供给协同是一个由多元主体参与的开放、复杂系统，系统运行的目的是通过资源共享和互补，在实现各主体自身利益和发展的同时，提高社区公共物品供给效率和居民满意度，创造更高的社会公共物品价值效益。在传统的公共物品供给体系中，政府处于绝对的"统治"地位,市场和社会游离于边缘地带,政府对社区公共事务采取垂直控制。而供给协同理念则强调除政府外,市场和社会组织也应成为社区公共物品供给和治理的主体,与政府保持协同、合作关系,并逐渐体现出平等、公平、自愿的价值取向。这样一种协同关系更增强了供给主体间的交互性并丰富多元化的合作方式。城市社区公共物品供给协同效率的系统动力学特征具体体现在以下几个方面:

(1) 供给协同多维动态流。在社区公共物品供给协同过程中,各环节和主体间存在着资金、信息和实物流动,有规律的资金流、信息流和实物流可以加强主体间紧密合作关系,保障公共物品供给系统有序发展。这些相关流的流通路径基于不同类型社区公共物品供给,参与主体的分工与协作,并且沿着公共物品供给环节动态传递,从规划设计、投资开发、建设施工直到居民的消费体验。因此,城市社区公共物品供给协同效率符合系统动力学的动态特征。

(2) 供给协同中多重反馈回路。多元主体在参与社区公共物品供给中,不同的职责分工会产生不同的行动逻辑和行为方式,主体间的行为会相互影响并具有多种因果关联关系,这些因果关系可以形成多重反馈回路。而且,从整个社区公共物品供给流程来看,并没有确定的终点,居民当前消费公共物品并做出意见反馈正是下一轮政府或企业对公共物品供给重新规划及设计的开始。通过梳理多元主体供给协同中不同行为活动间的相互关系和反馈回路,发现影响社区公共物品供给协同效率的关键环节。

(3) 供给协同效率量化困窘。在社区公共物品供给协同效率中,多主体间的合作意愿、政府部门协调能力、供给主体服务能力、预期收益和投机行为等参与变量带有明显的理论化特征,经常会面临相关数据难以量化或数据不足的问题。而系统动力学可以在数据不能准确测量的情况下,对此问题进行继续研究。数据不会给变量赋值带来困难,只要估计的参数落在其允许的宽度之内,系统模型就可以得到接近实际的模拟结果并起到预测的作用。

由此可见,城市社区公共物品供给协同效率高低是一个典型的系统化问题,并且适合用系统动力学方法揭示系统中各主体和行为变量之间的内在关联。通过探寻城市社区公共物品供给协同效率性的核心影响因素和关键环节,促进各主体间的相互合作,降低系统运行成本,不断提高社区公共物品供给效率。

10.2 城市社区公共物品协同供给因果关系分析

10.2.1 影响协同供给效率的分析框架

在公共物品研究领域,学者们从不同视角探究多元主体间的合作关系。其中,陈婉玲(2014)[160]认为公共物品服务领域中,公私合作的本质是政府以市场方式寻找匹配的合作伙伴,提高公共资源配置效率。高庆鹏、胡拥军(2013)[161]通过演化博弈分析了农村社区公共物品供给中多主体的行为选择和互动问题。柳春慈(2011)[97]基于利益相关者视角指出供给主体间不同的利益追求,直接导致区域性公共物品供给的低效甚至无效状态。在借鉴相关研究基础上,针对城市社区公共物品协同效率而言,从多元主体间的契合性、交互性和共赢性三个微观层面进行分析。其中,契合性是根据社区环境和市场条件选择资源禀赋合适的合作成员参与社区公共物品供给协同,高效的成员配置有利于社区内外资源互补和合作。交互性是考察社区公共物品供给主体内部之间的互动性对供给效率的影响,良好的信息沟通、监督管理和绩效评价能够促进协同效率和公共物品供给水平的提高。共赢性是从供给主体和消费主体利益视角分析如何实现社区内个体利益与公共利益的协调发展,实现互利共赢,从而保障社区公共物品供给协同效率的可持续性。综上,社区公共物品协同效率可形成一个多元反馈系统(见图10-1),分为契合性、交互性、共赢性三个子系统来进行系统分析。

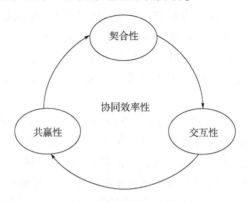

图 10-1　协同效率性分析框架

10.2.2　影响协同供给效率子系统因果关系分析

城市社区公共物品供给协同组建的契合性、运行的交互性和收益的共赢性是保持协同效率和可持续发展的重要环节。下面将对各子系统的因果关系加以分析,根据变量之间的相互作用关系,分析供给协同系统的影响因素及其反馈关系。

1. 契合性子系统反馈分析

契合性子系统主要由 15 个因素构成,主要包括两条反馈回路,如图 10-2 所示。

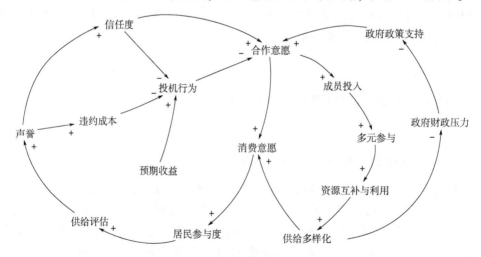

图 10-2　契合性因果关系图

第一条反馈回路为:政府政策支持→合作意愿→成员投入→多元参与→资源互补与利用→供给多样化→政府财政压力→政府政策支持。该反馈回路为正反馈回路,以政府政策支持为初始变量，政府的政策支持能够为社区提供良好的供给环境，提升主体合作意愿和投入，使得政府、市场和社会资源形成优势互补，减轻政府的财政负担，这样更有利于政府在供给协同中，将更多资源投入到其他项目，继续引导和支持多元主体参与，形成良性循环促进协同效率的提高。

第二条反馈回路为：供给评估→声誉→违约成本→投机行为→合作意愿→消费意愿→居民参与度→供给评估。该反馈回路为正反馈回路，以供给评估为初始变量，供给评估体系的构建对供给主体声誉产生较大影响，而声誉是供给主体与居民、社区建立合作的重要基础，如果违反供给合约，供给主体声誉损失会造成较大的违约成本。此时，供给主体的违约投机行为减少，促进主体间合作和居民消费，有更多的居民经过消费体验，可以参与到社区公共物品供给评估中。

从上述两条反馈回路可以看出，政府政策支持和评估体系构建是影响社区公共物品契合性的关键因素，两者可以提高主体间的信任度和合作意愿，同时提高居民参与水平。因此，协同主体间契合性的提高是增强公共物品供给协同效率性的重要前提。

2. 交互性子系统反馈分析

交互性子系统主要由 17 个因素构成，主要包括三条反馈回路，如图 10-3 所示。

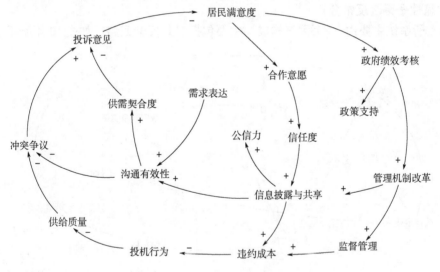

图 10-3　交互性因果关系图

第一条反馈回路为：信息披露与共享→沟通有效性→供需契合度→投诉意见→居民满意度→合作意愿→信任度→信息披露与共享。该反馈回路为正反馈回路，以信息披露与共享为初始变量，通过增强信息披露与共享，可以提高供需主体间的沟通有效性，使供给主体真正了解社区居民对公共物品或服务的实际需求，将现有资源合理配置，提高社区公共物品供需契合度。居民在自身利益需求得到满足的同时，与供给主体之间的相互信任也会进一步提升。

第二条反馈回路为：信息披露与共享→违约成本→投机行为→供给质量→冲突争议→投诉意见→居民满意度→合作意愿→信任度→信息披露与共享。该反馈回路为正反馈回路，同样以信息披露与共享为初始变量，信息披露与共享的另一个重要意义在于减少协同主体间的信息不对称。在一定的管理机制和平台支持下，参与方将社区公共物品或服务信息公开透明，能够有效促进供给主体间相互监督和制约，减少经济利益驱使下的投机行为，保障公共物品供给质量和安全，降低供需主体间冲突矛盾，提高居民满意度。从而有助于促进协同主体间的相互信任和提高供给协同效率。

第三条反馈回路为：政府绩效考核→管理机制改革→监督管理→违约成本→投机行为→供给质量→冲突争议→投诉意见→居民满意度→政府绩效考核。该反馈回路为正反馈回路，以政府绩效考核为初始变量，将社区公共物品居民满意度纳入政府绩效考核指标，通过绩效评估提高政府各职能部门的行政效率，促进管理机制改革。在政府供给角色转变中，充分发挥其管理监督职责，无论对于供给主体还是社区居民，减少各方在公共物品供给协同中的投机行为，优化社区公共物品供给环境，提高供给质量。随着居民满意度的提升，政府组织在有效的评估激励下进一步提高工作效能。

从上述三条反馈回路可以看出，协同主体间的信息披露与共享和政府绩效考核是影响社区公共物品交互性的关键因素，其中，信息披露与共享直接关系到协同主体的沟通有效性和投机行为，政府绩效考核直接关系到政府部门监督管理职能，进而影响公共物品供给质量。因此，优化协同主体在供给过程中的交互性，尤其是强化协同主体间信息互联互通和共享交流以及提升政府公共物品监管绩效能力及水平是提高社区公共物品协同效率的重要手段。

3. 共赢性子系统反馈分析

共赢性子系统主要由 16 个因素构成，主要包括三条反馈回路，如图 10-4 所示。

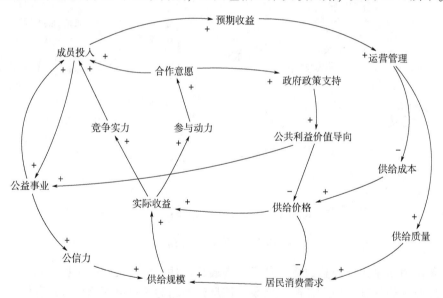

图 10-4 共赢性因果关系图

第一条反馈回路为：运营管理→供给成本→供给价格→居民消费需求→供给规模→实际收益→参与动力→合作意愿→成员投入→预期收益→运营管理。该反馈回路为正反馈回路，以供给企业或社区组织的运营管理为初始变量，良好的运营管理能够有效地帮助供给主体降低成本，控制价格。价格是社区居民选择消费公共物品或服务的重要因素，物美价廉的社区公共物品有助于扩大自身供给规模和实际收益。此时，供给主体的参与动力逐渐增强，并期望通过增加投入获取更多的经济利润，在如何加强企业运营管理中也会投入更多精力。

第二条反馈回路为：政府政策支持→公共利益价值导向→供给价格→居民消费需求→供

给规模→实际收益→参与动力→合作意愿→政府政策支持。该反馈回路为正反馈回路，以政府政策支持为初始变量，由于社区公共物品大部分是面向社区基层群众的基础性服务，所以，多主体协同参与公共物品供给中，政府必然会通过政策支持，强化社区物品或服务的公共利益价值导向，在公私合作项目中控制供给价格，从而满足更多居民的消费需求。当供给主体在社区公共物品供给中能够达到一定收益率时，其愿意与政府进一步合作并获得政府的政策或资金支持。

第三条反馈回路为：公益事业→公信力→供给规模→实际收益→竞争实力→成员投入→公益事业。该反馈回路为正反馈回路，以公益事业为初始变量，无论是政府部门、私营机构还是非营利组织，在组织和参与社区公益事业中，都能够获得公信力和声誉的提升，得到居民的支持。各供给协同主体基于利益诉求的不同，或扩大社区公共利益并吸引居民积极参与，或促进企业宣传、提高供给规模，都有助于供给主体增强自身竞争力。随着竞争力提升，供给主体可能会继续增加投入参与到社区公共事业当中，实现企业宣传和社会责任双赢的目的。

从上述三条反馈回路可以看出，供给企业运营管理、政府公共利益价值导向和社区公益事业的发展是影响社区公共物品共赢性的关键因素。随着社区公共物品市场化深入，供给企业的运营管理能力和行为逻辑会愈发深刻地影响到供给协同效率。同时，更需要在社区公共物品供给主体间构建公共利益价值导向，促进社区公共事业发展、建立互利共赢的社区合作环境是提高公共物品供给协同效率的必要条件。

10.2.3　影响协同供给效率因果关系总图

根据上述对社区公共物品供给协同契合性、交互性、共赢性三个子系统的因果关系及反馈回路分析，构建如图 10-5 所示的供给协同效率性因果关系总图。供给协同系统由 37 个变量要素构成，形成包含正反馈关系和负反馈关系在内的综合复杂系统，并且系统的运行是一

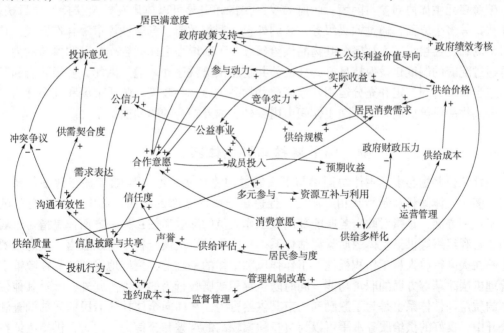

图 10-5　供给协同效率性因果关系总图

个连续、渐进的行为过程。从图10-5中可以看出，一方面，合作意愿是社区公共物品供给协同的核心，众多参与变量都间接或直接通过影响主体间合作意愿，从而影响供给协同效率。另一方面，各子系统反馈回路通过对接整合，形成了更多变量因素组成反馈效应。例如：合作意愿→政府政策支持→公共利益价值导向→供给价格→居民消费需求→供给规模→实际收益→竞争实力→成员投入→多元参与→资源互补与利用→供给多样化→消费意愿→居民参与度→供给评估→声誉→信任度→信息披露与共享→违约成本→投机行为→供给质量→冲突争议→投诉意见→居民满意度→合作意愿，该动态反馈回路由24个变量构成并相互影响，任何一个变量的改变都会影响其他变量，并对整个多元主体协同效率产生影响。其中每一个因素在前后影响关系中既是自变量又是因变量，但是可控性以及对系统影响程度不同。基于各子系统的研究分析，可以较为清晰找出关键因素对综合反馈系统动态性能和累积效应的影响，有助于进一步对协同效率影响因素进行动态分析。

10.3 城市社区公共物品协同供给的动力因素

10.3.1 内外结合驱动：政策扶持和引导

社区公共物品多主体供给协同是以政府职能转变为前提条件，政府从"权力型"向"服务型"转变的过程中，通过制度改革和政策设计，将市场、非营利组织和社区居民引入社区公共物品供给中来。面对复杂化、多样化的社区公共物品，多元主体间的合作呈现多层次、网络化的特点，这对政府的治理和决策能力提出更高的要求[162]。在社会组织出现"志愿失灵"和私营组织追求经济利润的情况下，政府有责任通过政策扶持和引导协调各方利益，破解多元主体协同参与困境。政府的政策扶持和引导可以体现在资金扶持、项目扶持、人才扶持等多个方面，通过购买服务、合同外包、授权邀请、竞争性评审等合作方式，首先吸引市场和社会组织进入社区公共物品供给领域，不断增强主体间合作意愿和参与动力，然后再通过配套的制度建设保持良好的社区公共物品供给秩序和环境。因此，各级政府和职能部门应当科学合理制定和充分运用好社区公共物品供给公共政策，激活市场和社会活力，为社区公共物品供给协同系统创造主体间由内到外、内外结合的驱动前提条件。

10.3.2 主体均衡激励：绩效考核与评估体系

在社区公共物品多元主体协同参与下，通过构建"多中心"绩效考核与评估体系，才能实现多元主体间相互制衡和相互激励，促进供给协同效率的提高。其中"多中心"的内涵在于：一方面，是指对政府各职能部门及工作人员的绩效考核；另一方面，是指对市场组织和非营利组织等供给主体的质量评估体系。从因果关系反馈分析中可以看出，政府绩效考核能够在提高行政人员工作积极性、工作作风和纪律的基础上，更好地发挥政府在政策引导和管理机制改革等方面的职责功能，同时防止寻租或腐败行为的发生。此外，针对其他供给主体的质量评估体系也是为了激励和约束其供给行为，在面向全体社区居民的评估调查和信息公开中，良好的供给服务水平可以为自身积累较高的声誉和公信力，此时，供给主体在利益均衡考量下投机行为减少，合作意愿增强。需要指出的是，绩效考评的内容需要落实到具体指标,并保证考评过程具备科学性、合理性和可操作性[163]。

10.3.3 合作共育共赢:自身能力建设和运营管理

无论市场组织还是非营利组织,它们既是社区公共物品供给主体又是社区公共物品供给客体,其内部治理结构、自身组织能力和运营管理水平等都会影响主体间供给协同效率[164]。随着政府不断通过政策引导和制度改革优化社区公共物品供给环境,多元主体获得了更多的参与权利和机会,但关键还是要靠自身运营管理水平的不断提高,才能促进供给协同的可持续发展,实现个体利益和公共利益共育双赢,形成主体间高效合作。尤其对于我国目前发展较为薄弱的非营利组织而言,其自主性低、依附性强的特点越来越成为社区公共物品供给协同中的一块短板,其更需要通过加强非营利组织自身运营管理来提高资源协调能力和组织协调能力。从社区公共物品供给协同的共赢性子系统可以看出,供给主体有效的运营管理和能力建设,一方面可以降低供给成本、控制价格增长,满足普通居民的公共需求;另一方面可以提高社区服务的供给质量、专业水平和工作效率,其对供给协同效率的提升起到重要的支撑作用。

10.3.4 供需对称契合:信息交互与共享

社区公共物品供给协同中,多元主体间有效的信息传递和沟通是提高协同效率的必要条件。从交互性子系统可以看出,通过信息交互与共享不仅能够促进供需主体间信息沟通,提高供需契合性,而且有利于减少协同主体间信息不对称,通过相互监督减少供给主体实施机会主义的空间并提高其违约成本。然而供给主体基于不同的利益诉求和目标,在相互独立或缺乏利益驱动的情况下,很难主动将供给有关的真实信息公开透明化,这也成为制约社区公共物品供给协同效率的主要瓶颈。随着政府率先开展政务信息公开的制度改革以及智慧社区建设推进,尤其是社区"互联网+益民"任务推进,私营组织和非营利组织应该在社区公共物品供给中依据信息化手段和互联网平台,逐步以公开透明的方式履行社会职责。因此,协同主体间可以通过构建内部和外部信息交互与共享平台,将公共物品供给数量、用途、管理程序、自身运营情况等信息真实、及时地向合作伙伴以及社区居民予以公开,居民也可以进行有效的问题反馈。

10.3.5 核心理念使命:公共利益价值导向

社区公共利益价值导向主要体现为供给协同主体对社区公共物品供给的责任感、归属感和伙伴意识[165],这是社区公共物品供给主体间供给协同的核心理念和使命目标。在公共利益导向下,不管是政府部门、社会组织、私营机构还是社区居民,他们之间的纽带是基于"资源—利益—责任"三元框架构筑横向互惠和平等合作的关系,而不是完全出于"资源—利益"二元框架下的"理性经济人"思考的博弈和冲突。从多主体协同因果关系图可以看出,如果政府能够通过政策引导或文化宣传等方式,增强社区内部公共精神及社会责任的培育和发展,可以有效促进多元主体积极参与社区公益事业,为社区居民提供物美价廉的公共物品或服务,从而提高供给主体公信力、增加居民消费需求和合作意愿等多方面给予公共物品供给协同带来连锁反应。然而,长期以来在我国的社区治理体制中形成了政府与居民之间庇护与附庸的关系[166]，导致社区内公共精神的缺失，市场和居民都缺乏参与社区公益事业或志愿活动的动力和热情，二者与非营利组织间也无法建立常态化的合作关系，从而影响多元主体间供给协同效率。因此，将公共利益价值导向作为社区公共物品供给协同的核心理念是我国未来社区发展的必然趋势。

第 11 章 城市社区公共物品协同供给影响因素

目前我国城市社区公共物品供需矛盾依然存在,由于各供给主体扮演的社会角色不同,基于的利益视角不同,加之相关政策措施的缺失或不健全,影响了多元主体在供给城市社区公共物品中的效率。因此,为了提高城市社区公共物品供给效率及居民对社区公共物品的满意度,需要考虑的多元主体协同供给城市社区公共物品的影响因素有哪些?这些影响因素对提高城市社区公共物品供给效率的重要程度及相关性如何?又该采取哪些针对性措施加强主体间的协同关系,缓解城市社区公共物品的供需矛盾?综上所述,有必要建立一个科学可靠的定量化影响因素分析模型,对城市社区公共物品多主体供给效率及其影响因素进行定量化分析和预测。

11.1 研究假说的提出

1. 假设 H1:主体参与越多,城市社区公共服务供给效率越高

许多学者从不同类型的社区公共服务出发,论述了多主体参与对提高社区公共服务供给效率的重要性。其中,解亚红(2010)发现在城市社区卫生服务中,虽然一般是政府举办的非营利机构提供社区卫生服务,然而随着民办卫生服务机构的服务工作更加深入,提前退休或分流下岗的卫生机构服务人员也应当参与到社区卫生服务中来[167]。王倩(2014)认为城市社区养老服务作为一项社会事业不仅要依靠政府,还需要个人、家庭、企业、非营利组织和社会团体的广泛参与[168]。周晓丽(2006)认为城市突发性公共安全事件具有不确定性和复杂性,不能依靠一个部门来解决,第三部门和社区居民应当共同参与社区安全的治理,发挥自身的作用和优势。可见,引导更多的主体参与到社区公共物品的供给能提高供给效率[169]。

2. 假设 H2:业务流程紧密衔接,城市社区公共服务供给效率提升

社区业务流程是指社区业务的运行流程和事务管理运行关系,即社区业务运行的内在机理,是业务、职能、组织和制度之间的关系结构。社区业务流程和社区基层治理制度设计存在紧密联系。一方面,目前我国城市社区多主体共同参与模式缺乏制度设计,行为准则和规章制度的制定不够全面、细化,各参与主体之间缺乏相互监督和激励政策。另一方面,张大维等分析了传统的社区业务流程存在的问题和弊端:分工太细,流程复杂;岗位分散,资源浪费;操作环节多,效率低下,从而导致社区公共物品供给效率较低[170]。可见,多主体职责分工清晰,社区业务流程衔接紧密是提升社区公共服务供给效率的重要途径。

3. 假设 H3:各供给主体职能分工定位越明确,城市社区公共服务供给效率越高

在城市社区公共服务供给中,由于各供给主体职能分工定位不明确,导致角色偏差或重叠,影响社区公共服务的有效供给。李雪萍(2007)详细分析了城市社区公共物品供给主体中政府与事业单位间的"父子关系"、社区居委会"多重代理"、业主委员会与物业管理公司间的"主仆颠倒"等因素对社区公共物品供给效率的影响，并明确指出其各自应当履行的职责功能[74]。张琳娜（2007）认为一些政府派属机构在经济利益的驱动下，将社区公共服务办成具有商业性质的营利机构，忽视了公共服务的公益性。因此，明确各供给主体的职能是实现多元化有效供给的前提条件[171]。

4. 假设 H4：信息沟通越有效顺畅，城市社区公共服务供给效率越高

多元主体在共同参与社区公共服务供给的过程中，信息传递的快捷、透明和通畅是保障城市社区公共服务供给效率高的必要条件。胡蓉（2011）认为城市社区的公共产品供给不足和供给结构失衡的主要原因在于供给需求表达机制不健全，居民缺乏畅通有效的信息交流途径来表达自己的需求意愿，政府仅仅通过主观意愿来提供公共产品，带有很强的指令性和统一性[172]。可见，信息沟通的有效性是供给主体协同供给的重要条件，通过信息在不同供给主体之间的流动、反馈和持续沟通，可以有效解决不同供给主体之间信息不对称，真正实现社区公共物品从生产到分配以及消费的供给有效性和高效能目标[173]。

5. 假设 H5：供给主体关注自身利益程度越高，城市社区公共服务供给效率越低

目前，我国城市社区公共服务供给的多元主体间缺乏有效协同供给的重要原因在于不同主体之间存在着不同价值导向目标和自身利益诉求[174,175]，如政府和非营利组织更注重公共利益，企业注重利润和口碑，而居民注重个人利益[173]。此外，高亚君等（2014）认为一些主体可能在名义上承担着改善社会福利的义务，但实际上更多强调自身利益的最大化，这样就影响了公共物品的供给效率[175]。因此，在城市社区公共服务供给中，无论是政府、企业、社会组织还是社区居民，如果强化自身利益目标，弱化公共利益目标，可能会极大地损害社区公众利益。因此，各供给主体对自身利益的关注程度影响城市社区公共服务供给效率。

6. 假设 H6：供给主体专业化能力水平越高，城市社区公共服务供给效率越高

社区公共服务供给效率需要专业化人员团队和机构组织加以实现，各供给主体专业化能力水平高低会影响城市社区公共服务供给效率。蒋舟（2010）认为供给主体的专业化水平主要是指服务态度和专业水平，较高的专业化水平可以带给社区居民高效、快捷的社区服务[176]。林桦（2011）以城市社区卫生服务中心为例，指出社区卫生服务人员在知识结构和能力方面存在一定缺陷，包括没有进行系统规范的医学培训，社区卫生服务人员的工作能力良莠不齐等，导致社区病人的卫生服务需求不能得到满足[177]。因此，供给主体的专业化水平会影响城市社区公共服务供给效率。

7. 假设 H7：社区各供给主体互信程度越高，社区公共服务供给效率越高

由于城市社区公共服务是一个由多主体、多环节共同构成的复杂系统，各主体间能否建立起相互信任直接影响社区公共服务供给效率的高低，供给主体之间相互信任是公共服务协同合作供给的关键和重要基础[175]。Tonkiss（2000）认为居民之间建立信任有利于社区推行安全计划，并且除了居民之间应建立信任，政府与私人企业、第三部门、居民之间更应当通过实际行动，努力建立相互信任，减少相互摩擦，这样各供给主体能够稳定、积极地相互配合生产，提高社区公共物品的供给效率[178]。因此，城市社区公共服务供给效率有效提升需要从主体相互信任层面考量。

8. 假设 H8：社区各供给主体绩效评价越完善，社区公共物品供给效率越高

社区公共服务绩效评估是社区建设的重要内容，也是社区公共物品供给效率的保障措施

之一。它有助于推动社区公共服务各供给主体间相互竞争，创造市场动力，有利于公众监督，帮助社区居民得到更加满意的社区服务。宋娜梅等（2012）从微观角度来指出体育公共服务绩效评估直接影响到体育公共服务机构的运作效率和治理水平[179]。田华（2007）认为建立政府公共服务绩效评价能形成政府与社区的良性互动，使政府能全面、科学、公平地评估和考核社区公共服务的供给情况，更好地为社区提供公共服务和公共产品[180]。因此，可以看出社区公共物品供给主体绩效评价体系的构建与完善对社区公共物品供给效率具有重要影响。

11.2　多元 logistic 分析简介

多元有序 logistic 回归模型是由二元 logistic 回归扩展而来，用于因变量是多分类并且各类变量间存在次序关系的回归模型。由于本书的问卷调查以城市社区居民满意度为因变量，且因变量从 1 到 5 代表居民满意度从很不满意到很满意的有序递增，因此，选用多元有序 logistic 作为统计分析模型，其模型的基本形式为

$$y = \alpha + \sum_{i=1}^{m} \beta_k x_k + \varepsilon$$

式中，y 是由实际观测值 x_k 得到的预测值，并不能被直接测量；x_k 是模型中的自变量；α 和 β_k 是模型需要标定的系数；ε 代表误差项。当实际观测因变量有 j 种类别时（$j=1, 2, \cdots, J$），相应取值为 $y=1, \cdots, y=J$。则有 $j-1$ 个未知分界点 u_i（$i=1, 2, \cdots, j-1$）将各相邻类别分开。即：

如果 $y \leq u_1$，则 $y=1$。

如果 $u_1 < y \leq u_2$，则 $y=2$。

如果 $u_{j-1} < y$，则 $y=j-1$。

其中，$u_1 < u_2 < \cdots < u_{j-1}$，累计概率由以下公式预测：

$$p(y^* \leq j \mid x) = p(y \leq u_j \mid x) = \frac{\exp\left\{u_j - (\alpha + \sum_{i=1}^{m} \beta_k x_k)\right\}}{1 + \exp\left\{u_j - (\alpha + \sum_{i=1}^{m} \beta_k x_k)\right\}}$$

……

其中 $p(y \leq u_1 \mid x)$ 表示在 x 条件下 $y \leq u_1$ 发生的概率。

11.3　变量选择及定义

本部分研究主要立足于从多元供给主体协同的视角，探讨城市社区公共物品供给的影响因素，进而通过多主体协同合作供给实现公共物品供给最大化效率。参照现有文献及本研究的实际情况，因变量选取五值变量，将居民对多主体供给满意度分为很不满意、不满意、一般满意、较满意、很满意五个等级，自变量选取居民和社会组织参与、不同供给主体业务流程关系、信息沟通反馈、职能分工定位、专业化能力水平、关注自身利益程度、相互信任程度和绩效评价完善程度等八个变量。一般认为，居民和社会组织参与、不同供给主体业务流

程关系、信息沟通反馈、职能分工定位、专业化能力水平、相互信任程度和绩效评价完善程度对居民满意度产生正向作用，不同供给主体关注自身利益程度对居民满意度产生负向作用。综上所述，变量定义、主要统计量和效应预期方向见表 11-1。

表 11-1 变量选择及说明

变量名称	变量定义	均值	标准差	预期方向
因变量				
居民对多主体供给满意度的评价（Y）	很不满意 =1、不满意 =2、一般满意 =3、比较满意 =4、很满意 =5	3.13	0.984	
自变量				
居民和社会组织参与（X_1）	很低 =1、较低 =2、一般 =3、较高 =4、很高 =5	2.94	0.981	+
不同供给主体业务流程关系（X_2）	很不清晰 =1、较不清晰 =2、一般 =3、较清晰 =4、很清晰 =5	3.01	0.952	+
不同供给主体信息沟通反馈（X_3）	很不顺畅 =1、较不顺畅 =2、一般 =3、较顺畅 =4、很顺畅 =5	3.00	0.993	+
不同供给主体职能分工（X_4）	很不明确 =1、较不明确 =2、一般 =3、较明确 =4、很明确 =5	3.01	0.929	+
不同供给主体专业化能力水平（X_5）	很低 =1、较低 =2、一般 =3、较高 =4、很高 =5	2.91	0.966	+
不同供给主体关注自身利益程度（X_6）	很低 =1、较低 =2、一般 =3、较高 =4、很高 =5	2.93	0.984	−
不同供给主体相互信任程度（X_7）	很低 =1、较低 =2、一般 =3、较高 =4、很高 =5	3.06	0.980	+
不同供给主体供给绩效评价完善程度（X_8）	很不完善 =1、较不完善 =2、一般 =3、较完善 =4、很完善 =5	3.05	0.931	+

11.4 信度和效度检验

11.4.1 信度检验

信度检验主要是考察各项目之间是否具有较高的内在一致性[181]，一致程度越高，其测评结果越可信。本研究采用 Cronbach Alpha 系数来验证问卷的信度。从表 11-2 可看出，本模型的 Cronbach Alpha 系数为 0.874＞0.8，可以说明问卷的内在一致性很好，可信度较高。

表 11-2 可靠性统计量

Cronbach Alpha 系数	项数
0.874	9

11.4.2 效度检验

效度是指测量工具或方法能够准确测出所需测量事物的程度。通常可以采用的方法包括

KMO 和 Bartlett 球体检验。其中，KMO 值越接近 1，表示变量间的相关性越强。本量表 11-3 的 KMO 值达到 0.893，Bartlett 球体检验对应的 P 值 < 0.05，模型效度较好。

表 11-3　KMO 样本测度和 Bartlett 球体检验

KMO		0.893
Bartlett 的球形度检验	近似卡方	2328.468
	df	36
	Sig.	0.000

11.5　logistic 回归分析

11.5.1　模型适用度检验

模型适用度检验主要是对模型的平行性进行检验。由表 11-4 可知，本模型的显著性水平为 0.110，统计性不显著，说明假设对所有 logistic 都成立，所以本研究适合于多元有序 logistic 回归模型。

表 11-4　平行性检验

模型	−2 对数似然值	卡方	df	显著性
零假设	1254.322			
广义	1141.070[a]	113.252[b]	96	0.110

11.5.2　拟合优度检验

拟合优度检验主要是对模型的拟合信息、拟合度和伪 R 方进行检验。检验可知卡方值为 271.702，显著性 P 值为 0.000，远小于 0.05，统计性显著表明模型有统计学意义。2 个拟合优度检验结果显著性均大于 10%，3 个伪决定系数值都远大于 1%，这几个指标均说明该模型拟合效果较好（见表 11-5 和表 11-6）。

表 11-5　模型拟合信息

模型	−2 对数似然值	卡方	df	显著性
仅截距	1526.024			
最终	1254.322	271.702	32	0.000

注：连接函数为 Logit。

表 11-6　伪 R 方

Cox 和 Snell	0.352
Nagelkerke	0.376
McFadden	0.158

11.5.3 影响因素分析

从表 11-7 中的有序回归结果，可以得到如下结论：

表 11-7 Logit 连接函数尺度模型的回归系数

	X 或 Y	估计	标准误	Wald	df	显著性	95%置信区间	
							下限	上限
阈值	[Y = 1]	-9.559	0.765	156.034	1	0.000	-11.059	-8.059
	[Y = 2]	-6.660	0.726	84.182	1	0.000	-8.082	-5.237
	[Y = 3]	-4.940	0.714	47.814	1	0.000	-6.340	-3.540
	[Y = 4]	-1.854	0.655	8.015	1	0.005	-3.137	-0.570
位置	[X_1 = 1]	-1.914	0.725	6.982	1	0.008	-3.334	-0.494
	[X_1 = 2]	-1.355	0.572	5.607	1	0.018	-2.477	-0.233
	[X_1 = 3]	-0.274	0.524	0.273	1	0.601	-1.300	0.753
	[X_1 = 4]	-0.093	0.485	0.037	1	0.848	-1.043	0.858
	[X_1 = 5]	0①	0	0	0	0	0	0
	[X_2 = 1]	-2.074	0.632	10.780	1	0.001	-3.312	-0.836
	[X_2 = 2]	-1.696	0.469	13.072	1	0.000	-2.616	-0.777
	[X_2 = 3]	-1.409	0.450	9.816	1	0.002	-2.291	-0.528
	[X_2 = 4]	-1.328	0.447	8.826	1	0.003	-2.204	-0.452
	[X_2 = 5]	0①	0	0	0	0	0	0
	[X_3 = 1]	-1.864	0.550	11.489	1	0.001	-2.942	-0.786
	[X_3 = 2]	-1.709	0.416	16.850	1	0.000	-2.526	-0.893
	[X_3 = 3]	-1.579	0.402	15.399	1	0.000	-2.367	-0.790
	[X_3 = 4]	-1.228	0.397	9.557	1	0.002	-2.006	-0.449
	[X_3 = 5]	0①	0	0	0	0	0	0
	[X_4 = 1]	-1.775	0.665	7.124	1	0.008	-3.079	-0.472
	[X_4 = 2]	-1.262	0.550	5.261	1	0.022	-2.341	-0.184
	[X_4 = 3]	-0.267	0.525	0.258	1	0.611	-1.297	0.763
	[X_4 = 4]	-0.380	0.528	0.518	1	0.472	-1.414	0.654
	[X_4 = 5]	0①	0	0	0	0	0	0
	[X_5 = 1]	-1.929	0.678	8.104	1	0.004	-3.257	-0.601
	[X_5 = 2]	-1.027	0.511	4.045	1	0.044	-2.029	-0.026
	[X_5 = 3]	-0.623	0.513	1.474	1	0.225	-1.630	0.383
	[X_5 = 4]	-0.516	0.489	1.113	1	0.291	-1.473	0.442
	[X_5 = 5]	0①	0	0	0	0	0	0
	[X_6 = 1]	2.014	0.761	7.003	1	0.008	0.522	3.506
	[X_6 = 2]	2.005	0.613	10.687	1	0.001	0.803	3.207
	[X_6 = 3]	1.824	0.608	9.016	1	0.003	0.634	3.015
	[X_6 = 4]	1.142	0.577	3.915	1	0.048	0.011	2.273

(续)

X 或 Y		估计	标准误	Wald	df	显著性	95%置信区间	
							下限	上限
位置	[X_6=5]	0①	0	0	0	0	0	0
	[X_7=1]	-2.162	0.606	12.735	1	0.000	-3.350	-0.975
	[X_7=2]	-1.946	0.433	20.193	1	0.000	-2.795	-1.097
	[X_7=3]	-1.878	0.417	20.275	1	0.000	-2.695	-1.061
	[X_7=4]	-1.508	0.405	13.843	1	0.000	-2.302	-0.713
	[X_7=5]	0①	0	0	0	0	0	0
	[X_8=1]	0.429	0.554	0.601	1	0.438	-0.656	1.515
	[X_8=2]	0.051	0.475	0.012	1	0.914	-0.880	0.983
	[X_8=3]	-1.000	0.424	5.551	1	0.018	-1.831	-0.168
	[X_8=4]	-0.451	0.429	1.102	1	0.294	-1.292	0.391
	[X_8=5]	0①	0	0	0	0	0	0

注：连接函数为 Logit。

①因为该参数为冗余的，所以将其置为零。

首先，不同供给主体工作流程关系（X_2）、不同供给主体信息沟通反馈（X_3）、不同供给主体关注自身利益程度（X_6）、不同供给主体相互信任程度（X_7）这4个自变量取值在1到5之间对多主体协同参与城市社区公共物品供给效率有显著的解释关系（$P \leq 0.05$）。具体来说，对不同供给主体工作流程关系而言，当 $X_2=1$（工作流程关系不清晰）时，其对应的 OR 值为 $e^{-2.074}=0.126$，即 $X_2=1$（工作流程关系不清晰）时的居民满意度是 $X_2=5$（工作流程非常清晰）时的0.126倍，其中 $X_2=5$ 是 $X_2=1$ 到4时的比较基准，在不受其他因素的干扰下，$X_2=5$ 时居民满意度达到最大。随后，当 X_2 分别取2、3、4时，其对应的 OR 值分别为0.183、0.244、0.265，可以看出，随着工作流程的逐渐清晰，居民满意度在不断提高。同理，对于不同供给主体信息沟通反馈（X_3）而言，X_3 取1到5时对应的 OR 值分别为0.155、0.181、0.206、0.293、1，即随着不同供给主体间信息沟通流畅度的增加，居民对公共物品协同供给的满意度不断增加。对于不同供给主体关注自身利益程度（X_6）而言，X_6 取1到5时对应的 OR 值分别为7.493、7.426、6.196、2.133、1，即随着供给主体关注自身利益程度的增加，居民对公共物品协同供给的满意度递减。对于不同供给主体相互信任程度（X_7）而言，X_7 取1到5时对应的 OR 值分别为0.115、0.123、0.153、0.221、1，即随着供给主体相互信任程度的增加，居民对公共物品协同供给的满意度不断增加。

其次，居民和社会组织参与（X_1）、不同供给主体职能分工（X_4）和不同供给主体专业化能力水平（X_5）这三个因素在 X 部分取值范围内对城市社区公共物品协同供给具有显著影响。当居民和社会组织参与（X_1）的取值为1或2即 $X_1=1$、$X_1=2$ 时，其对应的显著性水平 $P \leq 0.05$，OR 值分别为0.147、0.257，也就是说居民和社会组织参与很少和较少时，居民对社区公共物品满意度分别为基准值（$X_1=5$）的0.147倍、0.257倍，当 $X_1=3$ 和4（居民和社会组织参与一般和较高）时，对社区公共物品满意度没有产生显著影响。对于此，从我们实地调研中发现，一方面是因为居民常常反映在社区公共物品供给中有参与意愿和参与机会，但是由于工作繁忙等其他原因没有时间参与，另一方面原因是居民认为社会组织参与社区公共物品供给中重要的是效率，而不是数量。同理，不同供给主体职能分工（X_4）和不同供给主体专业化能力水平（X_5）2个因素也都在取值为1和2的时候对社区公共物品供给满意度的影响是显著的（$P \leqslant 0.05$），具体来说，职能分工较不清晰、专业化能力水平较低时，会降低居民满意度，但是当不同主体职能分工和专业化能力达到一定水平后，其分工清晰度和水平的增加对居民满意度的提升影响是不显著的，出现这种情况的原因，一是对不同主体职能分工而言，社区公共物品供给体系并不是特别庞大与复杂，通过一定的梳理与整合就能满足居民对公共物品的供给需求。二是对不同主体专业化能力水平而言，目前城市社区内提供的大部分是满足居民基本生活需要的生活服务，居民对公共服务人员的专业化水平的要求处于中等水平。

最后，不同供给主体供给绩效评价完善程度（X_8）没有达到显著性水平。调研中我们发现，其原因是我国社区建设中居民参与公共服务绩效评价的积极性或重视性不足，居民未能参与多主体绩效考评，对绩效评价体系是否完善不敏感，致使绩效评价体系的完善与否没有成为影响社区公共物品供给效率的显著因素。

模式篇

价值链下的协同供给模式及机制

第12章 基于价值链的城市社区公共物品协同供给网络模型

12.1 基于价值链的社区公共物品协同供给理论探究

1. 价值链概念理解：文献观点

关于价值链概念的相关研究成果，主要是针对单个企业或者企业之间的产品研发、设计、生产、销售等一系列互不相同又相互关联的价值增值活动内涵的不断丰富及其形式的不断扩展。即随着全球经济和信息技术的发展，价值链按照传统意义上的价值链（1985）——产业价值链（Peter Hines 1990）——虚拟价值链（Jeferey F. Ray Port 和 John J. Sviokla 1995）——价值链战略联盟（1996）——价值流（1997）——全球价值链（1999）等不同向度演变和发展，其概念、内涵和范围也得到极大的丰富和充实。

首先，美国哈佛商学院教授迈克尔·波特1985年在其发表的《竞争优势》一书中首次提出了价值链的基本概念，被认为是传统意义上的价值链。波特认为"每一个企业都是在设计、生产、销售、发送和辅助其产品的过程中进行种种活动的集合体。所有这些活动都可以用一个价值链来表明[182]。"然而其偏重于以单个企业的观点来分析企业的价值活动、企业与顾客和供应商可能存在的联系，以及企业从中可以获得的竞争优势。其次，Shank 和 Govindarajan 在波特的基础上扩展了价值链的范围，认为"任何企业的价值链都包括从最初的供应商那里取得原材料到最终产品到达最终客户手中的全过程"[183]，而企业应该将自身置于整个产业链中去考虑、审视。后来 Hines 等将价值链重新定义为集成物料价值的运输线，将供应商和顾客这两个因素也应归到企业的价值链之中，并进一步向上、下延伸企业价值链的辐射范围[184]，突破了波特的企业内部价值链，认为价值链也存在于企业之间，即产业价值链。再次，在因特网和电子商务环境的影响下，企业即存在于物质世界和虚拟信息世界之中，通过信息的收集、组织、选择、合成和分配五项活动便构成了虚拟价值链[185]。其中，随着相关企业价值链环节的一体化，企业间的某些资源共享，价值链战略联盟，以及在经济全球化背景之下提出的全球价值链思想，进一步反映出价值的空间分离和全球配置之间的关系，通过全球性跨企业网络组织将全球不同的企业在由产品设计、生产制造和营销等行为途径构成的价值链中展开有序的合作[186]。如今，价值链思想已超越了传统波特价值链仅限于单个企业内部活动分析，扩大到企业之间的关系互动分析，企业内部的产品设计、采购、生产、销售和服务等活动构成了内部价值链，企业与供应商、分销商以及顾客等互动活动构成了外部价值链，内部和外部价值链构成波特所提到的那个更大的价值创造系统。有学者认为价值链概念需要进一步在公共事业单位拓展应用：公共事业单位价值创造过程是由一系列互不相同又相互联系的价值活动构成，这些价值活动共同构成公共价值链[187]。

2. 公共物品价值链内涵认知：文献观点

在公共物品领域内，公共价值开始作为一种全新的公共管理理念，体现的是政府的行为逻辑，强调的是公共服务和公共产品的公共效用、政府作为管理主体追求公共利益的价值诉求以及政府在行动过程中对公众行为主张的公益导向[188]。已经有部分学者开始在公共农业技术政策创新、政府信息增值再利用、文化产业和公共文化服务体系构建、公共图书馆营销策略等服务领域引入价值链理论，以全新的公共价值新视角，创新公共服务管理模式、开辟信息流转路径、重塑公共组织架构，初步勾勒出以公共价值为纽带的公共物品价值链增值模式。其中，公共价值成为对政府绩效合法性最本质性的规定[189]，基于价值导向和公共管理职能，在地方政府招商引资领域构建价值链模型具有一定的解释力和分析功能。还有学者将"政府购买服务"的理论内涵界定为"以公共服务链为载体的合作治理"，称公共服务链不仅是公共服务的供给链，也是公共服务的能力链、资源链、价值链和创新链，并倡导在政府决策过程中引入知识价值链，打造利于政府决策的知识生态环境[190, 191]。但是在公共物品供给这一研究领域，运用价值链理论进行供给研究的文献还很少，还处于初步探索阶段。而目前国内关于公共物品供给价值链的研究主要集中在电力、电信、公共图书馆以及远程教育等具有一定自然垄断属性并由投资者经营并收取一定费用的准公共物品领域。而与制造企业价值链最大的区别在于，公共事业单位价值活动的末端流出的不是以货币形式存在的利润，而是产出和结果，即公共物品和服务，其最终物品和服务作为价值链的最后一环凝结了各个链环所形成的并最终提供给顾客的价值，如人力资本增值，原创性的科研成果，各项智力、文化和精神对社会的服务力和影响力[192]。但就其研究结果来看，当前并没有真正意义上针对公共物品价值链的研究，还仅仅处于初期的探索阶段，其研究范围也仅仅局限在有利可图的准公共物品范围内，纯公共物品领域还属于空白区域，并未形成公共服务供给领域内业务协同一体化、信息流通网络化、管理规模智能化的理论基础和模型架构。

综上，研究认为公共物品价值链是在公共服务领域内，以满足公众公共物品需求和实现供给价值增值为目标，以某一类核心主体组织为主导，基于供应价值链全生命周期，构建公共物品规划设计—投资决策—生产建设—运营管理—公众消费等纵向环节及多元主体交互联结参与的适宜性公共物品供给创新模式。其内涵具体包括：一是公共物品价值链是基于价值链管理的公共物品供给运营管理创新模式，通过不同供给主体一系列要素资源投入、转换与输出的供给活动组合和关键流程优化，形成每个主体及不同环节的价值创造和增值，获得最终公共物品整体效能提升及价值缔造。二是公共物品供给价值链表现出公共物品从规划设计到最终消费的全程化供给生命周期，既包括直接创造社会价值的基本活动也包括对基本活动提供支持的辅助活动。三是公共物品价值链根植于传统价值链而区别于传统价值链，公共物品供给过程中规划设计、建设生产与运营服务不仅仅满足于公共物品供给及其建设项目数量的增加，其更加注重公共物品供给及最终产品带来的供给价值的增加与实现，还要兼顾多元供给主体基于"资源—利益—责任"考量的协同合作共赢利益。四是公共物品价值链既是连接不同供给主体的供给链，也是打破供给主体间"信息孤岛"的信息链，更加强调公众需求和社会价值的创新链，追求公共物品经济社会公益效应边际效率的最大化。

12.2 基于价值链的社区公共物品协同供给内涵及特征

12.2.1 公共物品价值链供给治理的内涵

公共物品价值链供给治理是在公共物品供给建设领域引入价值链管理模式的基础上，基于供给价值创造的目标导向，有效衔接不同场域及环节中的供给主体上下游间的关系和制度安排，实现物质流、信息流、资金流以及业务流的全程化互动，有效确定生产什么、如何生产、生产多少等定量问题，有效安排公共物品价值链不同供给主体供给活动序列集合和不同环节进行协调和整合，其本质在于围绕公共物品供给整体价值创造，对分散在不同供给场域不同环节的供给主体行为活动进行协调和整合的全程化整体性治理模式。其具体内涵包括以下几点：一是以创造价值为基础的供给全程化综合治理，最大限度满足公共需求和提高公共物品福利价值是在公共服务领域引入价值链的供给治理的核心目的。二是把不同场域、环节、主体的供给行为活动作为一个供给协同整体去治理，通过有效整合社会资源、资金和信息流的要素配置及交换，优化公共物品供给流程。三是公共物品价值链供给治理模式突破传统政府单中心供给治理模式的创新模式，倡导供给利益相关者多方互动共享、共建治理，形成互惠共生的长效合作关系。

12.2.2 公共物品价值链供给治理的特征

1. 公众消费需求导向

公共物品供给的价值在于为社会公众创造更多的社会福利，提升公众公共物品消费的整体价值和最大化满足公众公共需求，以公众公共需求为导向不仅是传统供给模式的目标导向，也是价值链供给治理模式的核心目的。一方面，与传统政府整齐划一的行政供给治理模式不同的是，价值链供给治理模式以满足公共需求为价值导向的供给治理模式，是多元主体代替单一主体的一个突破，也是多元参与合作治理的重要内容。另一方面，将社区公众的公共需求作为原始输入元素输入价值链，以满足公众需求为中心，可以有效整合社会资源、节约供给成本，最大效度地快速响应社会需求，从而在满足公共需求的同时实现社会价值。

2. 多维叠加流程

公共服务综合效益的提高，有赖于多环节、多主体、多系统的叠加调适与互耦共生，而公共物品价值链供给治理模式正是体现了多维叠加治理的理念。其主要体现在：一是公共物品价值链供给治理是以业务流为基础的资金流、信息流、物质流、业务流与价值流的交互作用下，多维叠加的螺旋式立体网络化链条结构。二是在公共物品规划设计—投资决策—生产建设—运营管理—公众消费的各供给环节的价值增值分析的基础上，伴随着价值流向价值链的下游传递并向上游反馈，同时知识信息和技术活动通过与业务流程的结合，形成了一条业务流与价值流缠绕而行的立体链条。三是公共物品价值链供给治理模式还存在多样化的个体构件，它们之间的相互影响和作用不是线性的简单因果链，而是各种反馈作用交互影响、相互缠绕的非线性关系。

3. 网络平台化组织技术手段

公共物品价值链供给治理作为公共服务的现代治理的创新模式，协调和整合多主体、多环节的有序绞合，离不开网络化平台技术的支撑，尤其是现代互联网技术、大数据技术、移动终端技术、虚拟现实技术和信息化手段的嵌入，大大提升公共物品价值链供给效能。首先，网络平台保证主体供给行为信息充分透明、交易便捷迅速、利于专业化分工、资源有效配置、提高生产效率等优点，使其成为供给齿轮咬合及有序运转的新引擎。其次，实现公共物品价值链各环节多元主体的合作共治，要求各主体通力合作、协作分工、全方位迅捷沟通和传播信息，而只有依靠现代智能互联网技术和信息系统才能实现。最后，"互联网+"、大数据以及云计算等更加现代化的互联网化组织技术手段在进步的同时也在颠覆式地改造传统价值链，打破了自上而下的供给业务流程，开始出现价值链逆流现象，通过最后环节的社区客户的消费反馈来指导公共物品的规划设计和投资方向，真正意义上将满足公众的公共物品需求提到了至关重要的位置。

4. 供给价值增值目标塑造

在公共服务领域引入价值链供给治理的根本目的是通过有效利用公共物品相关供给主体与参与主体间的内外部信息流、数据流，最终实现公共物品供给价值增值和公共服务的创新。一方面，公共物品价值链供给模式缩短了供需双方的距离，尤其在互联网大数据的背景下，颠覆了双方信息不对称的问题，可以有效应对供需失配、供给主体功能角色偏差和多环节多主体协同乏力等问题，为促进主体协同和优化再造公共服务流程注入了创新手段。另一方面，公共物品价值链供给治理模式是一种有别于传统行政式供给治理模式的新型价值增值和服务创新的模式，更加强调供给主体上下游间的协调合作及其对资源要素的合理配置和使用，以提高资源要素带来的公共物品价值创造能力为中心，围绕供给价值增值的目标，跟随公共服务的需求变化，确保供给模式的灵活性，突破了传统供给范式，有效满足公民的多样化需求。

5. 供给整体有机协同合作

公共物品价值链供给是由多主体、多环节构成的一个有机整体，从价值创造—价值传递—价值释放不同环节及其供给主体之间环环相扣、彼此依存、相互制约，各环节之间存在着大量的信息、物质、资金方面的交换，表现出整体协同依存性。从技术层次来看，存在前期的规划设计—生产建设—终端产品技术层次的协同，各个环节技术关联性强且在技术上具有一定的层次性，严格要求技术层次间的有效衔接。从供给环节来看，必须在充分考虑公共物品供给价值链中所有节点供给主体间的相互依赖关系的基础上，搭建供给治理结构，使其既能适应公共服务的多样化需求的特点，又能够处理和控制价值链中节点供给主体可能发生的投机行为而引起的整体协同紊乱，来管理和协调价值链供给中的参与主体的关系。

12.3 基于价值链的社区公共物品协同供给生成效应

12.3.1 公共物品供给侧创新发展的整体性治理及协同机制

伴随着新常态和供给侧改革，公共物品供需失配抑或适配已经成为新常态供需矛盾的主要方面，因此，为公众提供精准化、精细化和适配性的公共物品，满足普适性和差异性的公共物品需求，寻求公共物品供给转型创新发展迫在眉睫。公共物品价值链供给治理模式的形成，打破了传统的行政垄断供给治理模式，推进了公共物品的市场化和社会化供给，促进均等化和高效化的公共服务体系的建立，从根本上改变公共物品供给不足、分布不均、精细度差、效率不高的社会公共物品供给格局[193]。首先，公共物品供给侧创新转型发展的关键，是在市场经济条件下实现公共物品生产和供给的科学分解、分离和分工，而公共物品价值链供给治理融合了移动互联网技术、大数据技术、异源异构交互嵌套技术和虚拟现实技术，为公共物品供给侧创新转型发展提供了技术支撑和开辟了发展空间。其次，随着新型社会组织的发展壮大以及社会公众对公共物品质量和需求多样化、差异化要求的不断提高，公共物品价值链供给治理模式可以利用市场和契约机制在公共物品供给利益链条上建构全新的政府—市场—社会整体性治理关系，降低公共物品成本，提高公共物品服务质量和供给效率，实现公共物品配置均等化、供需精准化、管控动态化、技术信息化。最后，在市场竞争以及政府部门、私人资本、非营利部门和其他相关组织多元参与供给的格局下，公共物品价值链供给治理搭建了公共机制与市场机制的有效融合与协同合作的桥梁，能够以社会公共需求为导向，使公共服务决策机制更加公开透明、科学民主，实现了公共物品决策、生产与运营的合理分工及衔接，促进多元供给主体的角色归位和职能协同。

12.3.2 共同价值创造的价值链供给生态圈和差异化优势

传统"单中心"公共物品供给治理模式中政府部门占据绝对的行政主导地位，天然缺乏直接的供给竞争，且采取一刀切的供给模式，造成了公共财政负担和稀缺有限公共资源浪费，难以满足社会公众多样化、异质化的公共需求。而公共物品价值链供给治理模式的引入可以有效打破行政垄断供给治理模式，提高公共物品的供给优势，最大程度优化公共物品供给边际效应。首先，提高公共物品供给成本优势。价值链供给治理模式在技术上实现了将不同环节、阶段和领域的供给主体通过上下游业务流、资金流、信息流、物流等工序链联结起来，在整个价值链系统中，通过明确不同供给主体在公共物品价值链系统中的位置和功能角色，消除不增值作业，降低不同供给主体间的交易费用，并通过加强与上下游供给主体的协同合作，将成本控制延伸到自身之外，降低综合生产成本，实现共同价值保值增值及最大化价值创造。其次，持续发展的价值链供给生态圈创新优势。将价值创造环节、价值传递环节、价值释放环节有机整合为一体的价值供给治理模式，通过参与价值链供给的复合主体内部间的多层架构、网状联结、功能融合以及资源共享，获取创新知识，寻找最优供给路径，形成自主更新的价值链供给生态圈，获及共享共建和资源集聚的优势，保持价值链供给的可持续发展。最后，满足社会公众公共物品需求的差异化优势。公共物品价值链供给系统作为一个由多主体、多环节构成的有机整体，其节点的供给单元具有动态变化的特性，根据公共物品的差异化需求，不同供给场域内主导供给主体的变化，则会带来供给价值链上其他参与供给主体的相应调整，增加了价值链的供给差异性和适应性，能够及时应对公共物品的多元化、异质性和动态性需求。

12.3.3 公共物品供需匹配及无缝衔接的三重效应

实现供给与需求的有效对接是衡量公共物品供给绩效的重要标准，然而传统供给模式过于强调单一性行政力量，以及居民和社会组织参与公共物品供给决策的弱化性和信息封闭性，供需失配和对接失效往往成为传统公共物品供给的常态。价值链供给治理模式在系统内部强调主体、环节链接节点通畅有序，在系统外部强调公共物品供给与需求间的有效响应反馈和无缝衔接，继而释放出多重效应。主要表现在：一是，整合效应。包括：供给策略及目标整合、供给流程及关系整合、不同供应主体整合和消费公众用户整合，同时强调知识信息共享、多元利益共赢、社会资源互补的全流程一体化供给方略管理。将价值链上的人员、知识和技术等资源高效整合起来，有利于实现资源优化配置、优势互补、利益互惠、资源共享[194]，实现供给价值链对公共需求的快速响应和精准服务。二是，链式效应。公共物品供给价值链是由规划设计—生产建设—运营管理—消费沟通—反馈控制等多主体、多环节构成有机的、系统的公共物品价值形成和创造工程，具有上下游间相互衔接的完整链式关系，可以有效促进不同供给主体的专业化分工，在纵向链条体系中构成叠式供需嵌套环，充分发挥多元主体异质性优势，实现"环环相扣"的供需倒逼、对接和匹配。三是，闭合效应。在价值链逆流的互联网时代，价值链供给的反馈系统闭合效应顺应了时代发展的要求，终端公众公共物品消费信息反馈开始成为前期规划设计关注的焦点，不但能使供给满足需求，而且能够促使供给技术快速创新，并通过与上下游环节的协同形成"需求倒逼—科学精准供给—需求满足响应"的良性闭合循环模式。

12.3.4 效能和价值双重目标框架下的"三性"治理逻辑

无论是传统供给模式还是创新型供给模式，节约供给投资资金成本，避免社会成本浪费，提升公共物品整体供给效能，始终是公共物品供给的常态化要求。公共物品价值链供给治理的目标在于提升整体供给效能和实现共同价值创造。这种统一在效能和价值双重目标框架下的治理逻辑，突出强调：一是价值链供给的多主体协同合作性。价值链协同要求公共物品供给系统中子系统及各组成要素能够实现和谐、合作和同步等多种关系，促进链条上不同环节阶段供需子系统高度耦合，还要考量不同主体系统基于"资源—利益"逻辑的立体整合，更要利用外部情境系统政策制度和技术资源的适度调适，如此可以有效应对传统公共物品供给治理模式中供给主体协调乏力、供给环节管控关系混乱和供需对接匹配失效等供给困厄，提升公共物品整体供给效能。二是价值链供给的社会资源整合性。在传统公共物品供给治理实践中实行条块分割的辖区治理原则，不同供给主体之间缺乏共同的价值导向，形成不同的利益偏好，加之组织功能和部门的相对分散，致使公共物品的碎片化供给，造成公共物品的重复生产和资源浪费[195]。而价值链供给治理模式就是要打破供给主体的割据状态，通过统一不同供给场域多元主体的价值取向，利用云技术、移动技术和互联网络平台技术等现代化科学技术手段和管理方法，实现信息、资金、人员资源的全方位共享共建，规避公共物品盲目重复生产和社会资源的浪费。三是价值链供给的动态适应性。其动态适应性主要表现在通过互联网技术实现价值链的动态无缝联结，结合功能和成本优势，淘汰低效供给环节，筛选优秀供给主体，利用大数据技术、云计算等智能化工具动态实时寻求最佳的价值链供给路径，实现价值链供给治理的价值创造环节的创新和改良，统筹协调价值传递环节和价值释放环节的有序进行，保障整个通路对社会公众公共物品需求的快速协调反应。

12.4 基于价值链的社区公共物品协同供给发展趋势及其行动原则

12.4.1 基于价值链的社区公共物品协同供给发展趋势

随着我国社会职能高度分化、利益格局多元裂变，社区居民的公共需求也呈现出多样性、复杂性和差异性的变化趋势。同时，伴随着市场经济的快速变化，网络信息技术的广泛普及以及智慧社区的智能化、精细化要求，基于价值链的社区公共物品协同供给也将呈现出整体化、多维网络化、智能化和精细化的发展趋势。

1. 社区公共物品协同供给的整体化

所谓整体化就是以社区居民的公共需求为导向，以协调、整合和责任为运行机制，运用现代化信息技术对公共物品碎片化供给、参与供给主体关系及信息系统进行有机整合。根据居民公共需求偏好，对其进行协同规划、协同设计、协同采购、协同生产、协同库存、协同运输等，从全局性和整体性视角促使价值链上的各个参与主体为了共同的目标紧密合作。

2. 社区公共物品协同供给的多维网络化

多维网络化协同是价值链实现整体协同，提升整体服务功能，有效应对社区居民多样化公共需求的必然要求。利用现代网络技术组成"线上—线下"的多主体参与的合作网络结构，"线上"实现供需信息的自由交流以及知识创新成果的共享，"线下"无缝连接公共物品的组织、生产和运营，充分发挥所有参与节点主体的自身优势，协同开发和生产，有效满足社区居民的公共需求。

3. 社区公共物品协同供给的智能化

随着大数据、云计算以及互联网+等新一代信息技术的不断运用和发展，为基于价值链的社区公共物品智能化协同供给提供了强大的数据流信息和技术支撑。通过现代化信息技术系统与基于价值链的社区公共物品协同供给系统的有效对接和碰撞，建立强大的价值链合作系统，实现信息数据和主体关系的智能化转变，有效权衡需求偏差，寻求最佳协同方式，最大限度满足社区居民差异性偏好，实现协同供给的更大的潜在价值。

4. 社区公共物品协同供给的精细化

所谓供给精细化主要针对政府主导的行政供给模式已难以适应现代社会公众对公共物品、公共秩序以及公民自由的差异性、复杂性要求，伴随着日渐崛起的公民意识，现代精细化协同供给要求基于价值链的社区公共物品协同供给主体由单一到复合、协同供给手段由传统到现代、协同供给标准由粗放到精细、协同供给机制由突击到长效的精细化转变。

12.4.2 基于价值链的社区公共物品协同供给的行动原则

基于价值链的社区公共物品协同供给优化是对整个价值链中各参与主体间的业务流、实物流、信息流、工作流和资金流进行规划、协调和控制，相对于传统供应链、产业链的链式结构而言，这是一种以公共需求为中心的网状结构，目的在于通过优化协同供给流程，降低投入资本周转速率和周期，提高协同供给的运作绩效。因此，在基于价值链的社区公共物品协同供给的行动推展层面，必须遵循一些基本的行为活动原则，否则恐怕难以保障它的顺利展开和预期效果的达成。这些原则包括：

1. 整体治理原则

基于价值链的社区公共物品协同供给的整体治理原则旨在从整体上强调政府与非政府组织、公共部门与私人机构、国家与公民社会之间的互动合作，强调基于公共需求的组织再造，激发政府决策在与私人机构的实践竞争中的灵活性和回应性，注重价值链系统运转的可持续性和可开发性[196,197]。当前，社区公共物品参与供给主体碎片化供给现象严重，引致重复供给与供给不足双重矛盾困境。整体治理原则有效契合了目前价值链协同供给系统全局出发、整体布局的理念，不再孤立看待不同供给主体，而是综合考虑所有相关内外关系体按照公共物品规划设计—生产建设—运营管理—消费沟通—反馈控制等环节实现相关主体的价值串联和角色定位，作为一个有机联系整体有效协同各节点子系统的协调运作。

2. 跨域协作原则

价值链网络结构由其自身网络结构特点，创新社区公共物品协同供给，打破供给主体范围、部门领域、行政界线乃至国家边界，寻求最广泛的"跨域协作"协同合作形式。所谓"跨域协作"主要指跨越技术与非技术领域、行政与非行政部门、"网上"与"网下"社会或社区空间之间的联动协作。该原则的提出基于充分理解和深刻把握价值链网络结构范型下的形态特征和运行特点，为现代社区公共物品协同供给创新研究预留极为宽广的实践探索空间。

3. 价值增值原则

社区公共物品价值链协同创新优化的目的在于增强价值量中信息的透明度，提高管理决策的品质，打破价值链节点之间的断层，强化参与供给主体间的协调能力，提升差异化供给需求回应速度和运作弹性。然而价值链供给协同伙伴关系不能以失去自身核心竞争力为代价，应结合自身优势，寻求准确价值定位，构建合理价值链协同供给网络体系，是社区供需脉络长效运转的生命原动力。

4. 数字智能化原则

随着大数据、云计算及互联网+等新一代数字化、信息化现代技术在社区领域的不断应用和发展，将社区引入新的智慧时代。智慧社区的出现有效应对了住宅小区服务品质日渐提高的智能化要求。因此，在基于价值链的社区公共物品协同供给链条中，利用计算机网络技术、信息处理技术和电子商务等整合社会以及社区设备及资源，充分利用数字化设备，简化价值链协同供给程序，提高价值链协同供给效率，优化整个价值链协同供给体系。

12.5　基于价值链的社区公共物品协同供给网络分析

12.5.1　价值链网络化范型及其对社区公共物品协同供给管理的影响

价值链网络既是社区公共物品协同供给的载体，又是社区公共物品协同供给的条件和机制。价值链网络化范型对优化社区公共物品协同供给行为，推进协同供给体系和供给能力现代化有着深刻的影响。

1. 价值链网络化的"规模经济"特征与社区公共物品协同供给

经济学对规模经济的解释是在其他条件不变的情况下,产量增加的比例大于各种生产要素增加的比例[198]。社区公共物品的供给建设需要大量的初始投资,固定成本远远大于可变成本,且在社区地域范围内具有消费的非竞争性和非排他性,即在给定的生产水平下,其他社区居民消费公共物品和服务的边际成本为零,而自己的消费并不能排除其他人对该物品的消费。因此,一个特定规模的社区公共物品协同供给价值链网络系统的运营成本不会因消费者的增多而大幅增加,即短期可变成本较小;换而言之,在未达到"拥挤性"消费的临界值时,随着消费者用户的增多,每个用户所分摊的固定成本就会随之降低,社区公共物品的协同供给绩效就越高,即每个用户的平均成本随用户规模的扩大而递减。

2. 价值链网络化的"网络协作"特征与社区公共物品协同供给

价值链网络化,这种"网络协作"特性既是节点主体之间能力和资源相互依赖及交换的结果,也是为了降低节点主体的变动带来的潜在风险和不确定性问题的发生,保证社区公共物品协同供给系统有效运转的必然趋势。因此,结合价值链网络化的"网络协作"特征,梳理现有社区公共物品供给流程的协同因子,通过"流程重构",对于缩短多元协同供给主体的"流转路径长度",减少规划设计、投资决策、建设运营等协同流程的不必要的管理层次,形成便于信息快速传递(减少信息扭曲与时滞)、有利于协同供给的扁平化管理流程,为多元协同供给主体的参与营造良好的政策环境和参与路径。

3. 价值链网络化的"社团结构"特征与社区公共物品协同供给

"社团结构"特征认为价值链网络是由多个子系统组合而成的,子系统内部的节点相对子系统而言表现出更加紧密的关联性,子系统之间的关联性就相对较弱,例如政府主导关联网、市场企业为主导的利益关联网、社会组织为主导的公益组织关联网等共同构成社区公共物品协同供给社区结构。然而,由于不同"社会团体"的利益偏好和价值诉求形成群体之间的利益博弈或群体抗争,最终引发不必要的资源浪费和成本投入[199]。因此,社区公共物品协同供给治理的价值链网络化范型表明:社区公共物品供给需要逐步向以市场企业为主体、社区自主管理为核心的自组织协同供给模式转型。在这一过程中,市场、社会组织作为价值链网络结构的"末梢神经",是社区公共物品供给新的载体,需要特别重视发挥它们的作用。

4. 价值链网络化的"鲁棒性"特征与社区公共物品协同供给

鲁棒性是指,通常价值链网络节点的个数大于主导节点的个数,然而个别寻常节点的突然消失,并不会影响整个价值链网络的结构和秩序,表现出较强的抗风险能力。价值链网络化鲁棒性反映出社区公共物品协同供给系统中很大一部分参与主体还只是游离在系统的外围,公益组织以及社区居民自身相比行政组织来说是毫无影响力的,然而,正是这些非正式组织提升了社区公共物品协同供给体系的容错能力,为增强系统稳定性提供了重要的基础支撑。因此,结合价值链网络化的鲁棒性特征,保持社区公共物品协同供给结构稳定有序和功能完善的必经之路是保证社区公共物品协同供给结构那些影响力大、凝聚度高、发挥主导作用的核心供给主体不会消失。

12.5.2 基于价值链的社区公共物品协同供给主体要素分析

所谓协同供给主体是指在整个社区公共物品价值链供给网络中参与并实施供给的各类部

门或组织，主要包括政府部门、私人企业、社会组织和社区主体（居委会、业主委员会、居民），主体之间彼此关联，在不同的社区公共物品供给领域承担着相应的社区公共物品供给职能。对于具有一定规模的社区价值链供给网络，多元异质性主体参与是实现协同供给的基础，然其不同的价值链网络定位具有不同功能定位、组织结构、资源优势和运行机理，见表12-1。

表 12-1 社区公共物品协同供给主体要素及职能

主体	部门	投资决策层	规划设计层	建设施工层	运营维护层	消费反馈层
政府主体	上级政府	投资决策者，初步拟定项目规划意见书	制定制度、政策及规划，协调者，统筹者	监督和指导，竣工验收者	机制引导者	完善机制，响应需求
	街道办事处	执行和传达上级指令；发布公告和听证	保证协同合作实施细则落地	监督和反馈者	综合治理和监管	监督和反馈社区需求及意见
市场主体	物业公司	参与社区物业管理竞争投标	完善项目规划管理目标	项目建设施工管理	提供公共物品，及运营管理	完善管理，响应需求
	社会企业	参与社区建设项目竞争投标	明晰规划建设目标	具体实施建设施工	参与或转让运营管理	接受监管，完善施工
社会主体	社会组织	通过政府权力下放及合同外包等方式参与公共服务运作	积极参与项目规划，并提出修改意见	监督和反馈施工进程	提供公共物品，参与运营维护	协调资源配置，最优居民需求
社区主体	居委会	接受基层政府的工作指示，维护社区基本权益，协同业委会决策	协同监管	协同监管	协同监管	及时向街道办事处反映居民的意见和建议
	业委会	协同居委会决策，自主招标	实施监管保证业主权利	实施监管保证业主权利	实施监管保证业主权利	收集反馈业主需求
	社区居民	反映需求，自主供给	实施监管维护个人权利	实施监管维护个人权利	实施监管维护个人权利	反映需求，评价服务

1. 政府主体

政府主体包括上一级政府组织和街道办事处。其中，上一级政府组织主要包括不设区的市、市辖区人民政府以及涉及社区教育文化、医疗卫生、住房保障、社区养老和公共安全等多层次领域的块状行政部门，其是辖区内最有权威的组织，拥有制定和实施区域发展规划，做出有约束力的行政决策的职能[200]。因此，政府组织的行政属性决定了其在社区公共物品价值链网络协同供给中统筹规划的战略地位，有效负责价值链协同供给前期"投资决策层—规划设计层"的项目审批和投资决策方向，通过竣工验收及评估、监督指导、机制引导等方式宏观调控不同供给主体在"建设施工—运营维护—消费反馈"价值链条间的空间布局、利益分配、资源配置和治理架构，确保公共物品价值链的有效运行[201]。另外，街道办事处作为市（区）政府的派出机关，是承接政府职能联结基层社区单位的主要载体和基础，其在社区综合治理中的核心地位、行政协调功能、社会管理职能愈发凸显。主要表现：向居委会（党组织）传达国家政策和方针，贯彻执行上级投资决策方案；贯彻落实上级统筹规划，参与和发挥社区公共物品供给规划设计决策；对社区公共物品建设施工和后期运营管理进行监督和指导；并及时向上一级行政机构反馈社区公共物品建设需求和评价意见。

2. 市场主体

市场主体主要包括物业公司和社会企业两大类。物业公司的迅速发展更加贴近社区居民的生活实际，关乎群众的切身利益，对城市社区的现代化建设运营起到了积极的推动作用，因此，本研究将物业公司抽取出来作为单独主体在社区公共物品价值链网络中进行解析。而社会企业主要指涉及社区教育、供水、供电、供气、供热、环保、医疗卫生等与群众利益密切相关的公共企事业单位及相关私人企业组织。相对政府组织和社会组织而言，市场机制的引入降低了私人企业进入社区的门槛，增强了社区公共物品供给活力。物业公司和社会企业在社区公共物品价值链网络供给中不仅是社区公共物品的提供者，也是价值链网络供给系统关系的建立者和维持者，一方面可以通过项目投标的竞争方式获取合同承包、特许经营、合同租赁、政府购买的资格参与到社区公共物品的"投资—规划—建设—运营"价值链网络结构中，开拓政府与社会资本的合作模式；另一方面，市场主体作为价值链网络节点主体的重要组成部分，其角色职责要接受政府部门的宏观指导，通过与其他相关利益主体的竞争博弈寻求社区公共物品供给的最佳协同路径。

3. 社会主体

社会主体主要是指涉及社区教育、医疗、卫生、养老等在民政部门注册登记为社会团体、民办非企业单位和基金会的民间社会组织，以及民间自发组建、不能在民政部门获得法人资格的"草根组织"，其在承接部分政府职能、弥补市场供给空缺、吸引和整合社会资源方面具有天然优势，在多元化的公共物品供给价值链中扮演重要的角色[202]。社会组织的公益性、自发性、社会性等本质属性，决定了将有更多类型、更大规模、更多数量的社会组织加入到公共物品供给价值链网络中，通过委托—代理、项目竞标、政府购买、政府补贴等方式参与到社区公共物品"投资决策—规划设计—施工设计—运营管理—消费反馈"环节中去，实现价值链网络内部之间的资金流、业务流、物质流以及信息流的横向流动，促进供给主体复合协同参与，充分发挥各自供给优势，以最低的成本优势获得最有效的供给效率，降低外部环境风险，及时响应公众多样性和异质性的公共需求。

4. 社区主体

社区主体主要包括居委会、业主委员会等社区自组织以及社区居民，由于多元利益主体在社区空间的博弈使得处于弱势地位的业主利益受到损害，进一步催生了业主维权的新现象[203]。作为一种新的供给路径，社区公共物品的自主供给是指社区居民自住承担成本、主动参与社区公共物品的供给和生产过程，主要表现为社区业主自我供给、业委会、居委会的团队供给以及社区单元的集体供给。其在社区公共物品价值链网络协同供给中的职能是，居委会是联系基层政府和社区居民的纽带，接受基层政府或有关部门的工作指示，协助业委会的工作，监督企业和社会组织供给活动，并及时向街道办事处反映居民的意见和建议；业委会是沟通业主和物业服务公司的桥梁，代表全体业主的利益选聘物业服务公司，全程对物业服务企业进行检查和监督，及时收集反映业主对物业治理方面的动态利益信息，协同居委会有效协调双方利益关系；社区居民作为社区公共物品的最终消费者，具有反映需求、评价服务、全程监控反馈社区公共物品供给全过程的职能。面对政府、市场和志愿可能存在的"三重"供给失灵，社区主体的自主参与供给进一步完善了基于价值链的社区公共物品协同供给的监管网络，促进形成信息反馈的闭合回路，有助于缓解社区公共物品供给匮乏困境。

12.5.3 基于价值链的社区公共物品协同供给节点（环节）分析

社区公共物品多中心价值链网络中协同供给主体之间的关系称为节点关系，基于满足社区居民公共需求，实现公共价值创造最大化、价值链网络相关利益主体的博弈均衡和可持续发展（见表12-2）。

表12-2 基于价值链的社区公共物品协同供给节点定位及协同改善

供给环节	主要节点	价值定位	留存问题	改善途径
投资与规划	上级政府 街道办事处	价值创造层 上游	供需不匹配 投资成本高 信息碎片化	形成信息闭环回路 通过购买服务等方式引入市场及社会组织
建设生产	私人企业 政府组织 社会组织 社区主体	价值传递层 中游	行政路径依赖 标准不一 难以满足多样化需求	明晰产权 引入市场机制 优化协同合作方式
运营维护	物业公司 私人企业 居委会		评估主体单一 内容不系统 流程不完整	建立系统评估标准 引入公私合营（PPP）融资运转模式
消费反馈	社区居民	价值释放层 下游	存在隐性消费 反馈平台不足	结合现代信息技术打造信息收集反馈平台

（1）从节点分布来看，同一供给主体在不同的价值网络节点位置具有不同的角色属性和不同的供给职能，比如，政府组织不仅是价值创造层的投资决策、战略规划的制定者，还是价值传递层组织生产的质量监管者、组织协调者、竣工验收者。

（2）从节点关系来看，供给节点之间的关系是多维的，具有系统性、层次性以及动态性，价值链协同供给网络中供给节点之间的关系受到其供给环节及价值定位的影响，在同一个供给环节中，并不一定每两个节点之间都存在直接关系，网络聚集度越大、越处于中心位置的节点，与其他节点发生直接联系的可能性越大，但价值链网络中公共物品协同供给者与其他各节点都存在直接或间接的联系。

（3）从价值链协同供给环节来看，针对传统社区公共物品供给过程中的供需失配、行政路径依赖、评估主体单一、反馈与配置机制的缺乏等留存问题，价值链协同网络通过引入市场机制、吸引市场主体及社会组织的有效参与，明晰供给主体的产权，优化融资运转模式，并结合现代信息技术打造信息收集反馈平台，促进社区主体的主动参与，形成信息反馈与利用的闭合回路，最大程度释放供给价值。

12.5.4 基于价值链的社区公共物品协同供给流程解构

当前社区公共物品供给主体在多流程协同中存在的相互独立、功能重叠和角色偏差，以及工作流程复杂，管理层级多，供给过程中监督、反馈机制缺失，居民意见表达混乱等问题带来社区公共物品的重复供给和无供给的双重无效处境，导致社区公共物品的供给效率的低下，同时还导致了国家财政和社会资源的更多消耗和浪费，不利于资源的优化配置。当前社区公共物品不仅包括社区医疗、环境卫生、社区养老、教育文化，还涉及社区基础设施以及家政便民等多个层次和领域。本研究以某大型社区文化服务项目的协同供给为基点，基于价值链协同管理新视角从投资决策层、规划设计层、建设施工层、运营维护层、消费反馈层五个层次分析解构社区公共物品多中心价值链网络协同供给流程，重点考察政府主体、市场主体、社会主体和社区主体之间的协同供给流程关系。通过对社区文化活动服务项目的协同供给流程进行深度的走访和访谈调研，绘制出社区公共物品协同供给的流程结构图。

1. 投资决策层

社区文化活动服务建设项目的前期决策是项目投资的首要环节，不仅直接关系到项目建设的成败，也是影响建设工程能否达到预期目标的重要方面，更是关系到工程造价的高低及投资效果的好坏。但是，目前国内社区关于公共项目的协同供给领域，存在投资决策盲目、无规划性，带来供给项目质量问题，协同供给的无序和无效性，导致无端的资源浪费和效率低下。因此，若要节约建设投资，优化资源配置，提高供给效率，就必须优化投资决策系统。价值链网络协同供给模式的引入，是集聚异质性市场、社会及社区多元主体的参与，推广运用政府和社会资本模式，实现不同供给主体行为耦合同步及结构有序发展的根基培养皿。公私合作是对政府部门垄断领域的改革，在社区公共物品供给中，合作主体间虽为平等关系，但政府职能的选择决定了其他参与主体功能的发挥，对公共项目的选择、评估等方面仍负有最终责任。因此，相关政府主体在投资决策层仍然担负着制定行业发展整体规划、规范公用事业建设的重要职责（见图 12-1）。

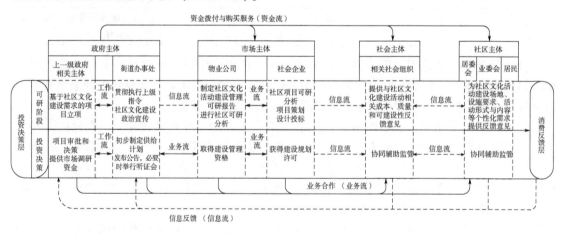

图 12-1 投资决策层流程图

（1）在投资决策层的可研阶段，首先，相关政府职能部门要根据当地社区文化服务活动建设需求提供必要可行性研究报告与项目建议书，对项目建设的必要性和可行性、拟建地点、拟建规模、投资估算和资金筹措设想、经济效益和社会效益等进行详尽分析，特别是要对项目民营化的可行性进行评估，包括对民间资本的吸引力、民间资本的实力和风险承受能力等方面进行综合评价[204]，确定该项目应采用何种融资模式，即采用传统的政府部门直接投资模式或者公私合作模式（PPP）。其次，工作流由基层政府贯彻执行上级政府指令，通过信息流向市场、社区及社区各主体进行社区文化建设政治宣传，整合社区及社会组织多方主体建议和需求反馈，鼓励市场公司和企业参与社区公共项目建设，主动开启合作通道和寻找合作伙伴。

（2）在投资决策层的投资决策阶段，除了政府选择直接投资的传统模式，还可以选择公私合作模式，首先通过结合项目的社会、环境效益及监管难度进行综合评价和决策，同时可以参考目前国际上通行的政府投资费用指标（PSC）方法与 PPP 模式下的成本效益进行分析和比较,选择最优的 PPP 运作模式(包括项目外包、特许经营和项目私营化)。其次,通过政府部门组织的公开招标竞争,评估投标过程中的交易成本及投标者的财务能力状况,及其风险转移所带来的资金使用效率的提高和由于引入竞争而产生的费用问题中能否达到最优的竞争势态,具体通过专业咨询机构和组织专家评审进行打分法、筛选法对招标企业和组织进行包括财务和非财务两个方面的综合评价,从而为社区文化活动服务项目建设选择最优开发主体。最后,结合社区文化活动服务项目的特性及其选定的具体运作模式,双方通过签订承发包合同明确其各自的权利和义务等业务关系,另外,政府主管部门通过对社会组织的职能转让、契约、承诺以及其他控制与合作关系引入相关社会主体、社区主体,实现业务合作,积极参与到项目的筹备和协同监管中。

2. 规划设计层

规划设计层主要是基于社区文化的项目需求通过规划设计的标准设计和详细设计两个阶段解决规划方案的编制问题,是实现规划目标蓝图的具体路径。通过专业的技术和经验,将社区的地理位置、立体空间、交通、建筑、基础设施、文化、自然以及人文景观等要素进行有效的融合和组合,使这些要素能够相互衔接、健康运行,最终实现项目建设的目标。由图 12-2 可知,在社区公共物品多中心价值链网络协同供给规划设计流程中,不同范围的参与主体具有不同的协同供给流程。

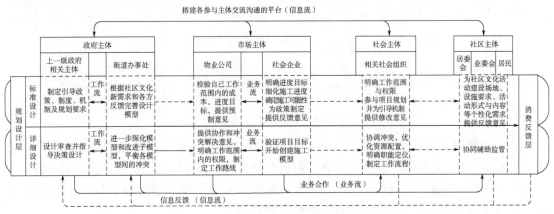

图 12-2 规划设计层流程图

(1)在标准设计阶段,政府上级相关职能部门和基层政府站在价值链的顶端,主要行为是制定规划设计要求,同时,搭建各参与主体交流沟通的信息平台。由市场主体、社会主体及社区主体通过业务关系委托相关资质的规划(咨询)机构进行项目管理、施工方案模型的设计,由街道办事处组织各参与主体开展方案成果讨论。通过参与主体间的利益争夺、"讨价还价"、相互妥协等博弈方式,协调参与主体各方的利益,明确进度目标,细化施工进度,确定施工可能性,统一不同供给领域参与主体业务范围内的规划设计价值标准。

(2)在详细设计阶段,上级政府组织及街道办事处主要通过政策规范的制定,明确规划活动的合法地位,赋予规划方案的合法性,同时,针对信息交流平台的各方反馈需求,进一步深化项目建设模型,平衡协调各模型间的冲突,要求规划(咨询)机构对方案进行修改,组织开展社区文化规划建设方案评审,初步确定建设路线和规划方案成果。物业公司、社会企业以及相关社会组织结合业务合作及委托关系协调彼此业务范围内的工作冲突,实现资源的最优配置。

3. 建设施工层

建设施工层标志着项目公司的建立，同时社区文化活动服务项目的协同供给流程的开始。项目公司是一个具体项目的真正管理者，需要由其进行公共服务项目的集资、施工等协同合作计划，还要与金融机构、原材料的提供者、施工承包商、保险公司等进行合作项目的协调和沟通，通过签订合同理顺与建筑承包商、材料商的合同业务关系，并提出开工报告，具体包括建设文档、机构审查、施工以及竣工验收阶段（见图12-3）。

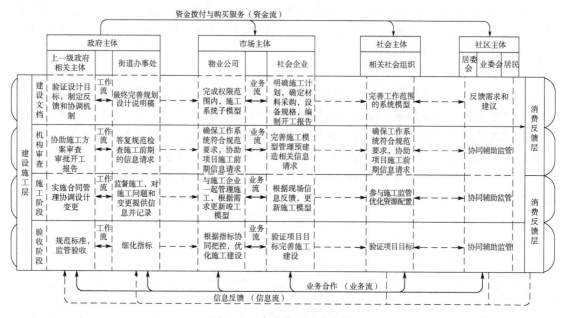

图12-3 建设施工层流程图

（1）在建设文档阶段，主要在业务合同签订的基础上，由上级建设单位统一领导，明确要求各承包商、监管单位、供应商在各自的业务范围内完善机构、人员、经费和材料设备等必备条件的文档建设，确保相关机构和人员业务活动的价值程序循环相扣，有助于基建工程、外购设备或其他技术项目进度目标的鉴定和验收。

（2）机构审查阶段，主要针对施工设计方案而言，经由专业的资质审查机构对社区文化项目施工图设计方案进行涉及公共利益、公众安全、工程建设强制性标准审查，将项目建设质量控制由施工阶段提前到设计（勘察）阶段，将项目建设质量管理由事后管理提前到事前管理，有效利用机构的事前审查，规避不必要的安全和质量弊端，有效起到降低成本、节约资源的作用。

（3）建设施工阶段，经过施工图设计方案的审查，项目进入建设施工的关键环节，由项目合作开发商根据外包合同、特许经营协议和私营化契约规定，按照技术、工期、进度以及质量控制等方面的业务要求自己承建，也可以分包给工程承包商，同时，根据现场施工信息反馈，及时应对需求变更，优化施工建设路径。政府主体在施工建设阶段主要结合合同及契约关系进行管理和监管，社会主体结合与项目开发商的具体业务合作关系参与项目建设的施工监管，促进资源的优化配置，另外，项目施工建设的顺利与否也直接关系到社区居民接受公共服务的效果，因此，社区主体也在建设施工阶段发挥着协同监管的职能。

（4）竣工验收阶段，当施工项目达到竣工验收条件后，项目施工进入竣工验收的尾声，按照规定应具备的建设项目内容以及建设项目质量验收标准进行竣工预验，经五方（建设、监理、设计、勘察、施工单位）验收，由上级政府主管部门统一对五方技术资料、工程质量、验评程序、验评结论等进行监督验收。最后，由施工单位配合承建单位做好工程验收备案表报送政府工程建设监督部门，并由施工单位生产部门向承建单位移交工程，填写项目工程交工验收书。

4. 运营维护层

社区文化服务建设工程竣工通过项目验收以后，开发阶段结束，项目进入运营维护层。项目的运营维护阶段也是社区公共物品多中心价值链网络协同供给的核心阶层，具体包括运营模式选择和协同运营两个阶段（见图12-4）。

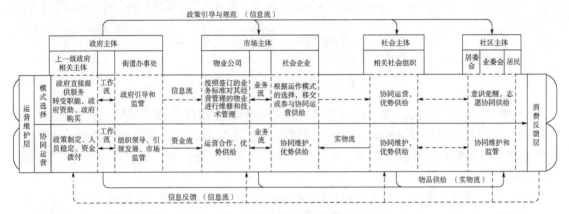

图 12-4 运营维护层流程图

（1）在运营模式选择阶段，项目的运营和维护直接关系到项目的运营经济效果，要求运营商必须有丰富的经验和良好的业绩，有较强的商业和合同管理能力，且具备较强的专业技术力量，而项目公司或者承建单位作为实物供给核心主体应结合投资决策层确定的最优PPP运作模式选择直接运营，也可以通过与专业管理公司签订合同并由后者运营公共文化和物品的生产供给，同时，为了确保项目运营和维护按特许协议进行，政府主体、社会贷款人及投资者以及社区主体都拥有对项目进行监督的权利。

（2）在协同运营阶段，其核心目标就是确保运营维护长期有效的高速运转，具体通过构建完善的管理体系，首先是政府主体通过法规政策的完善，建立公开、透明的监管体系，奖励先进、处罚违规等措施规范项目公司的运营活动，吸引社会闲散资金，建立健全资本投资方的权益保值制度。其次是社会主体与私人主体之间通过契约及合同关系，在兼顾各方利益的条件下，完善社会资源的最优化配置。另外，社区居民作为价值协同网络的基本节点，也是协同运营的最终消费者和购买者，在监管运营效率高低上最具有发言权，而网络信息技术的发展有效沟通了多元参与供给主体间的信息交流和沟通，为监管反馈提供了丰富的信息渠道。

5. 消费反馈层

消费反馈层是针对社区公共物品供给效果的反映，也是多中心价值链网络协同供给流程的逆流闭合阶段。当前以互联网为首的大数据、云计算等更加现代化的信息技术手段在进步的同时也在颠覆式地改造传统价值链，打破了公共物品自上而下的传统供给模式，开始出现价值链逆流现象，即更加注重社区居民的消费反馈，通过社区居民的公共消费需求直接指导投资决策端口的投资方向和未来的规划设计目标,真正意义上将满足公众的公共物品需求提到了至关重要的位置,具体包括响应沟通和消费反馈两个阶段(见图12-5)。

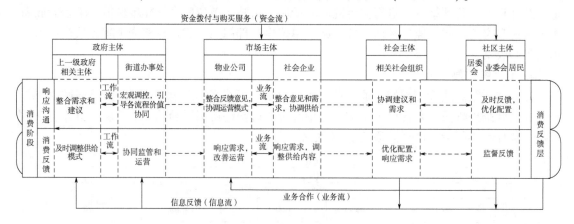

图12-5 消费反馈层流程图

(1)在响应沟通阶段,相关政府主体应充分利用其行政优势构建政府、社会企业、社区居民、NGO信息网络共享平台,同时,完善信息沟通保障体系,利用现代电信、计算机、软件和网络服务整合评估各方文字、图像、声音、动画等反馈信息,有效提高各方信息沟通响应效率。

(2)在消费反馈阶段,主要针对社区居民的消费以及监督反馈,对反馈信息进行分析、评估、处理,保障信息沟通成效最大的同时,及时了解公众诉求,通过各相关主体之间信息流、业务流、工作流的交互作用指导投资决策层的投资决策和规划设计,有效调整协同供给模式,改善运营,调整协同供给内容,优化社会资源配置,响应社区居民公共需求。

12.6 基于价值链的社区公共物品协同供给网络模型构建

12.6.1 基于价值链的社区公共物品协同供给价值系统分析

社区公共物品供给是一项涉及教育、医疗、卫生、住房、养老和社区安全的价值链网络系统工程,对社区公共物品协同供给这一本质特征的科学认识是进行价值链协同供给价值系统分析的重要理论基础。其价值系统促进了协同供给流程从无序到有序、从线性到网络、从碎片到协同的差异化、协同化和整体化的转变。

1. 从无序到有序的差异化供给

社区作为一个开放而又复杂的微型社会系统,社区公共物品的多样化、个性化、差异化需求导致供给模式、路线和系统的非均衡性和无序化发展。而在无法消除差异、无法全面估计所有利益相关者的前提下,理性选择相互联系、协调、合作,可以有效地提高社区公共物品的供给效率,充分利用有限的社区资源,使社区公共物品供给从无序状态走向有序状态。价值链协同供给强调供给过程的有序性和供给结果的有效性,是对协同供给理念的补充和发展;通过利益组织实现价值链系统的协同效应,能够减少甚至消除因不协调而产生的资源内耗。基于价值链的社区公共物品协同供给就是要充分发挥政府机构、私人企业、社会组织、社区居民各相关主体的供给作用，整合社会及社区管理资源，积极推动建立政府行政化供给与社会组织供给的糅合互动、社会组织供给与市场供给的互惠共享、政府行政化供给与市场供给的引导调适以及增强社区自主供给的补充与引导作用的社区协同供给管理网络，实现从无序供给到有序合理的差异化供给。

2. 从线性到网络的协同化供给

在价值链网络结构范型下，社区公共物品供给网络系统具有不同于规则网络和随机网络的复杂网络范型特征，突破了波特价值链分析的线性思考方式，使社区公共价值的创造和公共物品的供给不仅局限于政府部门的行政化供给，而且存在于相关利益人（私人机构、社区组织、社区居民）相互作用的范畴中。因此，社区公共物品供给价值链网络由大量的供给节点通过相互之间的供给关系连接而成。在价值网络结构系统中，"节点"为社区公共物品供给主体或参与机构，并通过直接供给主体以及间接参与主体之间的相互作用反映价值链网络系统的整体性特征的一种结构范型，为创新多主体合作协同方式，提升社区公共物品供给效率提供了思路。

3. 从碎片到协同的整体化供给

传统供给模式中，针对日益多样化、个性化的社区公共物品需要，面对强大的供给需求，政府组织垄断性的同质性供给模式呈现出单一化、碎片化。多主体协同供给在获取一定效果的同时，又出现了另外的供给需求和困难，分权化和竞争性措施导致各自为政和利益分割，造成公共资源的浪费和公共服务的碎片化。价值链网络协同供给治理以克服"政府失灵""市场失灵"和"志愿失灵"三重困境为目标，强调协同并不是简单的双方合作，而是从全局出发，不再孤立看待不同供给主体，而是全面考虑所有相关利益主体内外关系间的价值串联和角色定位，从整体上强调政府与非政府组织、公共部门与私人机构、国家与社会之间的互动合作，强调基于公共需求的组织再造，激发政府决策在与私人机构的实践竞争中的灵活性和回应性，注重价值链系统运转的可持续性和可开发性[196,197]，为有效抑制社区公共物品碎片化供给指明了方向，为提升公共物品整体协同供给绩效提供了观念指导。

12.6.2 基于价值链的社区公共物品协同供给网络构建基础

任何一个模型的构建都需要有一定的物质和文化基础作保障，结合价值链协同网络本身的特点和价值链的发展状况，将社区公共物品多中心协同供给价值链网络模型的构建基础归为完善的社区文化、坚实的网络基础及规范的政治环境三个方面。

1. 完善的社区文化

社区居民在卫生、物业、教育、医疗和治安等方面有着同样的价值追求，这需要不同供给主体之间的协同合作，而要实现有效的社区整合离不开社区共同体的文化价值纽带的牵引力。一方面，社区文化作为一条精神纽带将社区中不同职业、不同身份的居民连接在一起的同时，不仅教育、陶冶社区居民素质，如增强社区居民的归属感和主人翁意识；还塑造社区居民良好的价值观念，如整体价值创造的观念、和谐发展的观念、动态观念等，有效促进社区公益事业的发展，提升社区的社会弹性度。另一方面，社区公共物品多中心协同供给价值链网络构建是一个长期复杂的系统工程，缺乏社区文化的支撑，很难在社区共同体中不受外部力量的强制性干预而进入健康有序的协同供给运行状态。

2. 坚实的网络基础

价值链供给模式要求多元参与主体的协同合作、灵活地进行开发设计、提供公共物品与解决方案，从而更好地满足客户多样化的需求，然而要实现不同供给环节及领域的参与主体的协同运转，离不开坚实的网络基础。一方面，基于价值链的社区公共物品协同供给要求各节点成员能够随时接收和传递信息，而微博、微信、APP、公众号等新媒体的快速发展为社区信息网络的快速发展奠定了基础，有助于促进参与主体间的沟通和信任。另一方面，价值链供给模式要求各节点成员间的信息与资源及时共享，而通过现有网络和技术设备可以实现迅速而准确的资料互换和信息共享。

3. 规范的政治环境

在社区公共物品供给领域价值链的引入要求有私人投资机构、供应商、集成商、运营商、相关社会组织、社区组织等多领域、多主体的共同参与。然而社会企业以及相关非政府组织由于自身经费、人员、自我认知等组织问题，以及法律地位欠缺、进入供给行列的严格限制障碍、政府的支持与鼓励缺乏等外在条件，使得非政府组织参与社区公共物品供给的有益土壤不足。为保证多主体协同价值创造活动在价值链网络上的有效运行，要求建立规范的政治环境，通过完善多主体协同供给的激励措施、利益共享机制、竞争协同的规范政治制度，以维护交易的秩序，保证公平与效率，保持价值链协同供给网络的有序和健康发展。

12.6.3 基于价值链的社区公共物品协同供给网络模型

伴随着社区的现代化发展，居民的公共需求更加多样化、精细化，价值链网络结构范型下社区公共物品多中心协同供给比传统行政供给模式更加规范、有序，融合了移动互联网、大数据、异源异构交互嵌套技术以及虚拟现实技术等新一代信息技术，实现信息数据和供给主体的关系向智能化转变，并通过相关利益主体的博弈均衡寻找多元参与供给主体的共同价值平衡点，有效实现多中心供给主体及复杂的供给环节的"价值创造—价值传递—价值释放"的有机整合和价值串联，最大限度满足社区居民差异性偏好，实现协同供给的更大潜在价值。基于价值链理论的社区公共物品多中心协同供给网络模型，如图12-6所示，从战略协同角度看，主要包括管理协同、运作协同以及消费反馈协同三个层面的内容，在实际运行中，三种协同供给网络模型交互嵌套，互为支撑，共同推进社区公共物品的协同供给。

基于价值链的社区公共物品协同供给网络模型中各参与供给主体是一种双向的互动沟通关系，以资金流、工作流、信息流、业务流和实物流为基础的"五流协同"为支撑，从社区公共物品的供给需求反馈到投资决策、规划设计、建设施工、运营维护、消费反馈一切情况均可实时地利用价值链网络传递到社区协同供给流程中每个节点成员。

1. 管理协同效应

管理协同效应主要强调价值链协同供给中价值创造层的战略协同，主要体现在投资决策层和规划设计层两个阶段。通过投资决策层制定社区公共物品价值链供给运行的共同的价值目标和规划设计层的社区文化的融合，指导整个价值链网络的整体性协同，促进价值链系统内部各子系统间或不同领域供给主体之间的同向合作，克服或明显减少非协同状态下出现的一系列负面效应，进而减少或避免系统内耗，即通过各子系统功能耦合实现价值链系统的整体功能生成倍增[205]。社区公共物品多中心价值链的管理协同包括多中心供给主体间的管理协同和不同供给领域节点主体内部的管理协同。供给主体间的管理协同旨在打破不同供给主

第 12 章 基于价值链的城市社区公共物品协同供给网络模型

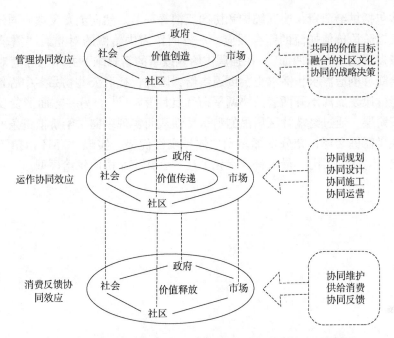

图 12-6 基于价值链的社区公共物品多中心协同供给网络模型

体间的"部门分立体制",使得各个节点主体的供给职能目标和价值链管理协同目标一致,塑造一种互相嵌入、功能互补的互通互联复合协同供给模式[201,206]。节点主体内部的管理协同是指结合供给主体的核心竞争力及其在整体性价值链供给网络系统的价值定位,其内部价值链的供给规划、生产营运、市场营销、分销物流、客户服务等各个业务部门以及支持部门如财务、信息技术、人力资源等,彼此的战略发展也要具有管理协同效应。

2. 运作协同效应

运作协同效应主要指通过价值链上游系统的协同管理,基于共同的价值战略目标的各节点供给主体具体业务运作层面的价值传递阶段,具体包括协同规划、协同设计、协同施工以及协同运营等各主要环节以及财务、人力、信息支撑等辅助环节的相互整合与适配,从而实现资源的高效利用、提高价值链系统内部要素及要素和整体之间的"有序协同"状态。其关键影响因素主要包括信息资源的支撑协同、生产环节的市场协同、制度文化的保障协同。信息资源的支撑协同通过政府主体率先建立良好的信息共享机制和信息共享平台,其他节点主体依据相关信息策略,建立相应的信息机制和平台,实现整个价值链协同系统真正的信息共享,维护各节点主体长期稳定的合作伙伴关系。生产环节的市场协同旨在通过价值链系统内部高效的信息传递所缔结的集群内部稳固的共享市场区域和市场销售纽带,由此产生各个环节价值共享的协同效应。制度文化的保障协同即价值链系统内部共享区域集群的政策、法规、金融体系与区域社区文化体系的协同,以此促进价值链的增值效应和缄默知识的扩散。

3. 消费反馈协同效应

价值链网络结构范型下的社区公共物品协同供给模型适应了经济发展"新常态"的新思路,推进了公共服务领域供给侧结构改革,实现了社区公共物品供给方式从粗放到集约、从数量到质量深刻转变的新要求。消费反馈协同效应是继社区公共物品协同供给中价值创造、价值释放的最后环节价值释放阶段,是提供社区公共物品,满足居民公共需求的社区服务阶段，具体包括供给消费、协同维护和协同反馈等环节。然而消费反馈协同效应的关键环节在于协同反馈阶段价值逆流的闭合效应：一方面作为供给侧的对立面"需求侧"共同参与构成了经济发展的"一体两面"，在强调供给侧改革的新思维下并不意味着对需求侧的全盘否定，供给能够创造需求，需求也会倒逼供给，因此，社区公共物品多中心价值链网络协同供给的平稳健康发展离不开两者的协调平衡和良性互动[207]；另一方面消费反馈阶段是公共需求的集聚阶层，通过终端社区居民的消费反馈从而实现纵向供给价值链条的逆向闭合对接，构成叠式供需嵌套环，充分发挥多元主体异质性优势，实现"环环相扣"的供给与需求的反向倒逼、对接和匹配，最大程度优化了社区公共物品协同供给模型。

第13章　基于价值链的城市社区公共物品协同供给模式

13.1　基于价值链的社区公共物品协同供给的必要性和可行性分析

13.1.1　基于价值链的社区公共物品协同供给的必要性

以互联网+、大数据、云计算为首的新技术正在侵蚀和彻底改造传统的社区公共物品供给治理模式，将传统供给治理主体和复杂的供给环节，按照规划设计—生产建设—运营管理—消费沟通—反馈控制等环节实现价值串联，把价值创造环节、价值传递环节、价值释放环节有机整合为一体化体系，建构创新型的基于价值链的社区公共物品协同供给治理模式。因此，需要把社区公共物品供给系统的价值创造—传递—释放过程当作价值链系统来研究，而这也正是价值链理论需要担当的社区公共物品系统供给的实践使命[201]。

根据价值链理论，合作是价值链协同的本质。协同是系统中子系统的联合作用，任何一个系统，如果子系统只有竞争，没有合作，不受系统总体约束，系统就会走向解体。由于政府部门以及社区自身资源的局限性，有必要借助价值链网络上的其他相关利益主体（私人企业或社会组织）的优势资源来弥补。一方面，价值链协同供给模式能够准确把握市场机遇，迅速实现社会资源的有效集成而组建动态联盟。"动态"反映社会环境和供给需求不断变化的特点，"联盟"则代表一种通过紧密合作去响应供给需求的新型公共物品供给模式。价值链协同供给治理要求相关利益参与主体能以一种更主动、默契的方式合作，像企业内部的不同部门一样主动、默契地协调工作，实现双赢。另一方面，价值链系统的开放性是社区公共物品网络化协同供给治理高效运营的关键，其开放不仅包括物质、能量与外界的交流，还包括信息、技术的交流，这样，才能使协同供给治理的结构更完善，效率更高，使之长效发展。

13.1.2　基于价值链的社区公共物品协同供给的可行性

社区公共物品多中心价值链协同供给系统强调治理过程的有序性和治理结果的有效性，是对社区公共物品的多样化、个性化、差异化公共需求供给模式、路线和系统的补充和发展。因此，从理论上讲，把价值链协同供给模式引入社区公共物品供给领域具有可行性。目前，通过具体对基于价值链的社区公共物品协同供给实施中所涉及的供给主体、实施路径以及实施中的困难和障碍，尤其是当前所面临的紧急问题，如资金问题、技术的可操作性问题、价值认同问题以及多主体的协同问题等方面进行基于价值链的社区公共物品协同供给的可行性分析具有一定的代表性。

1. 基于价值链的社区公共物品协同供给的资金问题

城市社区建设中最为困难的问题是资金短缺，要建设良好的基于价值链的社区公共物品协同供给，其费用无疑会很高，而一般社区可能不具备这方面的实力。然而，通过充分利用政府宏观调控机制，变政府拨款为政府购买、变传统行政为新型价值契约绑定以及变强制行政指标下达为财政、税收、信贷等经济手段调控等方式，可以有效解决基于价值链的社区公共物品协同供给的资金问题。

首先，从制度上将政府对社区公共物品购买的经费在各级财政预算中单独列项，并设置科目，引导社会企业和相关社会组织参与社区公共物品的供给生产，有助于社区公共物品的市场供给的可行性发展。

其次，通过项目外包、特许经营、项目私营化等委托方式与社会企业、相关社会组织及社区主体形成一种委托代理关系，利用契约关系明晰产权，明确价值链协同供给主体在公共物品供给合作领域需要承担的责任和风险，使政府由直接治理变为间接调控，起到降低政府财政负担、节约价值链协同供给控制成本等作用。

最后，利用财政、税收、信贷等经济调控手段，让社区从政府那里通过"零租金"等方式租用公共财产（如场地、设施等），解决制约基于价值链的社区公共物品协同供给发展的资金问题。

2. 基于价值链的社区公共物品协同供给的技术可操作性问题

在提高社区协同治理效能过程中，有效切入价值链协同供给模式离不开探索价值协同规律、把握价值协同时机和评价价值协同效能的技术支撑。然而，如何有效掌控相关技术的可操作性是分析基于价值链的社区公共物品协同供给可行性的关键。

一方面，把控关键临界点操作，在构建社区公共物品多中心价值链网络协同供给结构及模型中，可以通过寻找多主体协同治理的关键临界点，把握协同效应的时机，改变有效控制变量，使构建、组织和把控基于价值链的社区公共物品协同供给成为可能。

另一方面，推进"互联网＋协同供给"操作，在基于价值链的社区公共物品协同供给链条中，利用移动互联网、云计算、大数据、物联网等网络技术、信息处理技术和电子商务运营模式等现代化技术手段和数字化设备，让互联网与价值链协同供给网络进行深度融合，通过打破信息孤岛，变"群众跑腿"为"信息跑路"，变"群众来回跑"为"部门协同办"，为助推多元供给主体相互衔接、协同联动创造新的发展生态。

3. 基于价值链的社区公共物品协同供给的价值认同问题

面对转型期间的社会空间、利益关系、供给模式和治理架构的碎片化、原子化等诸多不稳定因素以及社区公共物品供给过程中的路径依赖和结构失衡等问题，难以达成多元供给主体间的价值共识，给构建基于价值链的社区公共物品协同供给模式带来了严峻挑战[208]。

价值链系统作为一种创新型商业模式，通过重新设计企业的采购、技术开发、生产、销售和服务的程序，将企业、供应商、顾客等协同在一起，以实现价值最大化[209]。而将价值链系统供给模式引入社区公共物品供给领域的可行性不仅表现在对多主体协同合作式供给的进一步深化，厘清多元社会行动主体间的相互形塑、同构共生的关系；还表现在从全局、整体的理念出发，不再孤立看待不同供给主体，而是综合考虑所有相关利益主体内外关系间的价值串联和角色定位，从整体上强调政府与非政府组织、公共部门与私人机构、国家与公民社会之间的互动合作，为克服公共物品碎片化供给指明了方向，为协同供给价值导向提供观念指导。

4. 基于价值链的社区公共物品协同供给的多主体协同问题

从传统"单位制"供给到政府、社会企业、社会组织和社区居民的多中心参与供给的转变，在明显取得供给成效的同时，也带来了新的问题和弊端。由于不同供给主体具有不同的利益诉求和价值定位，促进多主体协同成为实施可行性的必要条件。而在无法消除差异、无法全面估计所有利益相关者的前提下，理性选择多主体间的相互联系、协调、合作，充分利用有限的社区资源，可以有效地提高社区公共物品的供给效率，使社区公共物品供给从无序状态走向有序状态。

一是通过共同的利益基础整合实现价值链系统的协同效应，能够减少甚至消除因利益基础分歧带来的不协调因素。二是积极推动建立政府行政化供给与社会组织供给的糅合互动、社会组织供给与市场供给的互惠共享、政府行政化供给与市场供给的引导调适，以及增强社区自主供给的补充与引导作用的社区多主体协同供给合作脉络。三是充分发挥政府机构、私人企业、社会组织、社区居民各相关主体的供给作用，激发政府决策在与私人机构的实践竞争中的灵活性和回应性，注重基于价值链的社区公共物品协同供给的多主体协同运转的可持续性和可开发性。

13.2　基于价值链的社区公共物品协同供给方式及特征分析

13.2.1　政府组织与社会组织的公共物品供给协同方式及特征

基于价值链的社区公共物品协同供给模式中，社区政府组织与社会组织双方基于现实与自身需要，主要采取政府孵化式协同社会组织的运作、政府向社会组织购买公共服务、公私合营等协同供给方式，在社区基础设施建设、公益慈善、养老服务、社会救助、文化教育、扶贫济困、公共卫生、环境保护、科学研究等众多领域进行合作。

1. 政府孵化式协同社会组织运作

政社之间的"孵化式协同"方式是通过政府力量来培育和发展社会组织，这实际上也要求社会组织服务机构培养社会领袖以及社区"土生土长"的社会组织[210]。其"孵化式协同"主要表现形式是社会组织孵化器或社会组织孵化中心，即指占据一定物理空间、为初创期或成长期的社会组织提供资源、平台和能力培训的集中支持系统[211]。其支持的形式包括资金、免税以及其他税收的优惠、低息贷款、贷款担保等借由培育和创造第三部门的孵化途径，指导社会组织符合社区公共物品供给的价值要求，并且有能力参与到社区公共物品的协同供给中。

这种协同方式的优点是可以将政社之间的间接购买或委托服务转变为直接扶持自己的社会组织提供服务，为政府部门节约监管成本的同时，更能深深植根于社区公共服务土壤，针对多样异质性公共需求提供优质的公共服务物品。然而，刚刚发起孵化的社会组织需要一个成长周期性，短期内孵化出来的社会组织多数情况存在"发育不良"等弊端，这就需要政府部门以无偿或者低价的方式为社会组织提供场地、政策咨询、法律服务、交流培训、项目策划、网站托管及财务托管等服务。

2. 政府向社会组织购买公共物品

政府部门向社会组织购买公共物品主要表现为按照政府统一规定的购买经费标准，向公益服务类社会组织购买社会工作服务岗位提供的专业服务和根据特定群体或事项的需求购买服务项目两种形式，是一种由政府提供经费，社会组织承包提供公共物品，按照合同外包、政府补助、政府委托和凭单制等契约关系供给特定公共物品的协同方式。

第一，合同外包，就是在政府付费的情况下引入市场竞争机制，将社区领域的公共物品供给工作通过公共竞标等形式外包给"最低价格"或者"最优价值"的社会组织。其主要优点是具有成本约束机制，可以有效地防止腐败，降低政府采购成本。

第二，政府补助，主要分为直接资助制、项目申请制等类型。直接资助就是政府给承担公共服务职能的社会组织提供普遍支持的资金补助，与具体项目关系不大。项目申请制是作为买方的政府设计特定的公共服务专项项目，面向社会公开招标，由投标者根据项目要求提供服务；或者由社会组织主动向政府提出公共服务项目立项申请，经过批准后，对该项目予以资金支持。政府补助的最大优点是：使政府从具体的生产过程中脱离出来，以更好地发挥决策者的作用。

第三，凭单制，又称消费服务券或代用券。凭单是政府发给社区居民的公共物品消费凭证，可使居民凭券在市场上自由选择补贴的公共服务或物品。凭单广泛运用于教育、住房、医疗、运输、幼儿保健、家庭护理、老年项目和文化娱乐等领域，如教育券、食物券、医疗补助券、幼托券、老年券等[212]。

这种政府向社会组织购买公共物品的协同合作方式的优势并不限于公共物品市场化供给成本的节约，而在于社会组织结构灵活、目标明确，能更好地弥补政府在很多服务领域供给能力不足的问题。首先，通过政社之间的招投标竞争可以有效支持、引导和培育社会组织的发展。其次，合同契约的签订和约束，可以促使整个购买公共物品流程公开、透明、有竞争性，进而有利于提升公共服务供给效率和质量。最后，通过搭建起政府和社会组织良性合作的平台，为政府供给公共物品提供新的路径，既为政府减轻了行政负担，也为社会带来了更大的发展空间。但仍存在政府购买社会组织公共物品法律依据不充分、购买机制不完善、获取公共服务信息难度较大、委托代理的复杂性导致监管失灵、多重代理导致价值目标的错位等问题。

3. 公私合营

公私合营（PPP）即政府与社会资本合作协同模式，是指政府部门将社区部分公共基础设施建设和公共物品供给职能通过合同承包、特许经营等契约方式达成的相互合作的关系。公私合营相较于政府购买方式流程更加复杂、权责更加明晰、供给主体更加多元，其主要表现形式为 BOT 模式（建设—经营—转让）、LBO 模式（租赁—建设—经营）、BOO 模式（建设—拥有—经营）、TOT 模式（移交—运营—移交）等。然而这种方式主要运用于具有投资规模大、公益性显著等特点的社区公共基础设施建设、社区医疗卫生、社区养老服务和教育培训等公益性、长效性项目。

政社之间公私合营的基本操作特点：一是政社之间通过合同契约的约束关系，在协同合作的供给领域中具有明确的权利和义务关系。二是在社区公共物品的供给、维护和运营中政府部门主要承担项目标准制订、投资决策和绩效监管等角色扮演，而社会组织主要负责筹资、设计、实施等职责。三是降低风险，明确的权责义务关系直接表现为分担了主体间的供给成本，然而无形中也降低了供给风险。但是公私合营难以规避部分政府部门因考虑提高政绩，而偏向投资周期短、回报快的项目问题，带来为促进合作的政策制订有失公允、转嫁政府责任以及偏离公益目标的风险。

13.2.2 政府组织与市场组织的公共物品供给协同方式及特征

在推进社区公共物品政府组织与市场组织价值链协同供给方式过程中，政府部门积极探索并引导鼓励私营企业以各种形式参与社区投资、建设和经营，以合同承包、特许权经营、政府补助、政府凭单等形式进行公私合营，推进社区公共物品的实体化和服务的产业化。

1. 合同承包

公共物品服务领域的合同承包就是政府组织将部分公共物品的供给生产推向市场，私营企业通过市场竞争或者政府定向招标等途径获取与政府组织签订承包合同的权利，通过政府购买付费的逻辑，按照合同的约定标准完成提供社区公共物品的契约关系[213]。这里，合同承包的适用范围主要集中在具有非排他性、非竞争性、市场决定供给会导致失败和不适合收费及缺少利润的公共物品领域，例如，社会卫生环保体制管理与服务的分离、社区下岗人员"市场培训、政府买单"、社区公共文化服务以及社区公共设施维护等。

除了节约成本外，政府公共服务合同承包还有以下优点：一是提高公共服务的质量；二是通过合同承包引进竞争，公共服务组织开始重视顾客的需求，而不是凭借垄断地位只顾及自身利益；三是合同承包使组织勇于革新，积极利用新技术。但是也存在政府部门在公开招标过程中与投标商串通的"政府寻租"行为，还存在私人机构在未来某项公共物品供给过程中的垄断行为，政府部门不得不在供给生产上依赖该机构的"政府俘虏"、管理失控等风险。

2. 特许经营

特许经营是一种私人机构为提供社区公共物品而从政府部门长期租赁资产的协同方式。从本质上来讲，公共服务领域的特许经营是由政府部门授予私人机构或企业管理和运营某项公共基础设施的权利，通过特许经营协议的方式明确双方的权利和义务关系，承担相应的责任风险，从而达到引入社会资本协同合作的一种工具。其中，按双方风险承担的程度划分，主要包括全部风险（CRI）、共担风险（CRP）和有限风险（CRL）三种特许经营模式。其适用范围主要集中在可收费的社区供给服务项目，如供排水、供热、供气等社区基础设施建设。其特点在于：一是实现公共物品供给与生产之间的角色分离；二是平衡政府管控与市场机制的有机结合；三是采取合同约束取代行政管理；四是形成投资与生产主体的多元化组合；五是合理分散投资的风险与回报。

3. PPP-BASED BOT

PPP-BASED BOT 是政府与非政府组织协同供给较为经典的合作模式，基于社区居民的公共需求，通过公私机构的协同合作，有效开发民间社会资本的优势，通过共建共营谋取共赢的同时也共同分担建设运营的风险[214]。因此，采用此种模式的优势在于：一是政府组织不仅具有公共设施的融资功能，还具体参与公共项目的开发、建设和运营；二是在整个协同供给过程中，公共项目的责任主体不局限于政府主体，当然也并不是由企业来承担全部责任，而是由协同参与的多主体共同分担权责风险，真正意义上实现政府资源与社会资本的合理对接，共同参与公共项目的建设运营，彼此监管促进合作；三是政府部门为社区公共项目划拨补助资金，属于公益支出，相较于传统 BOT，这部分资金不需要考虑营利。

13.2.3 社会组织与市场组织的公共物品供给协同方式及特征

在社区公共物品价值链协同供给建构过程中，社会组织和市场组织有着独特的协同互构路径和逻辑。其中《公益与商业合作九大行为准则》的签署，为非营利性社会组织与市场企业合作带来了曙光。通过公益推广活动、共同主体营销及许可协议授权等协同形式实现社企之间的跨界、跨行的整体协同。然而，由于社会组织和市场企业的观念、性质、发展程度并不相同，二者的合作方式也需要在实践中不断调整。

（1）互构协同方式，指在公共价值链协同供给的不同阶段和环节，通过企业力量与公益组织的复合，促使双方由竞争到互补的转变，弥补二者各自的"短板"。其中比较典型的互构方式有企业赞助、企业慈善及企业基金等，例如在社区养老方面，私人企业通过社会公益等活动为社区养老帮扶项目提供经济补助和物质支撑，社会组织则基于自身的社交网络、人力和资源的公益推广活动，无形中会帮助企业树立良好的品牌形象和长效的社会竞争力。

（2）监管协同方式，指在市场企业参与社区公共物品价值链供给的关键节点，需要社会组织通过听证会、讨论会、电视问政等方式对市场企业的参与供给的关键节点进行监管和把控。市场企业具备明显的营利属性，为了追求更多、更大的利润空间，极易产生违背社会责任和契约合同约束的冒险行为，而监管协同模式为市场企业的越轨追求私利的行为制造了强大的舆论压力和威慑效果，为规范市场行为以及基于价值链的社区公共物品协同供给良性运转提供了动力支撑。

13.2.4 社区自治组织与政府组织的公共物品供给协同方式及特征

社区自治组织主要包括居委会、业主委员会等社区自组织以及社区居民自主组建的团体。作为一种新的供给途径，社区自治组织与政府组织协同供给关系是指导与协助、服务与监督的关系，不存在垂直的行政科层关系。

（1）指导与协助，是指政府部门或街道办事处负责行政管理、承担行政任务，社区居委会等自治主体自主承担成本、主动参与社区公共物品的供给和生产过程，例如社区自主组建文艺队伍，包括舞蹈、乒乓球、棋牌和太极拳等活动所需器材的自主购置和场地的协调安排工作。

（2）服务与监督，是指政府部门按照"费随事转、责权利配套"原则逐步转变社会职能、实现工作重心下移，站在第三方角度建立评议考核监督机制，更多的是监管。例如在社区建立"一门式"市民社会事务和基础信息管理服务系统，其中包括党政关系交接、社区救助对象的优抚、社区计生安排等各项公共事项，形成"一门受理、阳光操作、限时办结"的运行机制，使居民不出社区就能圆满办理多项事务，充分体现了政府服务的便捷度、透明度和亲和度。

13.2.5 社区自治组织与市场及社会组织的公共物品供给协同方式及特征

1. "居委会+业委会+物业公司"的协同方式

这种"三位一体"联席协同形式是目前社区获取公共物品供给重要组成部分，即业主委员会自治管理、物业公司专业管理和居民委员会协调监督的"三位一体"联席协同模式，通过物业公司抓硬件，居民委员会抓软件，互相支撑，各司其职，例如，社区道路、绿化的保养和维护工作依靠物业公司的长期的运营和操作工作，社区居民楼屋顶的翻修、小区围墙的加固以及社区基本的公共物品设施都需要居委会、业委会和物业公司的共同协商和维护。

2. "业主+市场企业"协同方式

有些社区居民会直接介入公共物品供给环节，以保证能够获得急需的公共服务。例如，社区数字化学习中心主要是免费为小区的孩子在假期开设绿色网站，还有给老年人办培训，小区里有些老人的子女在国外，希望学会电脑和孩子视频，做培训的老师是师大的学生，这些培训是要给师大学生一定的酬劳，由居民自己出。

3. "居委会+社区自愿组织"协同方式

社区居民根据各自的爱好和能力组建巡逻队、文艺团、老年乒乓球队、市民学校等居民组织，由居民代表具体负责各小组活动，居委会负责场地协调利用、文艺团的曲谱打印等，尽量满足各队伍的需求，共同推动社区公共物品的供给活动，自主满足公共价值诉求。例如常年坚持的巡逻队伍，使小区的治安情况良好，安全稳定；各文艺团队伍，在春节和七一为大家献出精彩的节目；市民学校的道德讲堂、家庭影院等，吸引了许多居民的参加，使他们受到了教育，增长了知识。许多居民代表、志愿者在为他们义务工作奉献后，也从中得到了锻炼，获得了快乐。

13.3 基于价值链的社区公共物品协同供给模式类型及复合运用

13.3.1 政府主导的公共物品协同供给模式及复合运用

政府主导的公共物品价值链协同供给模式强调的是对于市场和社会组织能自主和协同供给的公共物品，政府组织要放手，其供给范围主要包括市场及社会组织不能提供或提供成本较大的公共物品（主要是指纯公共物品），以及微观层面全体社区居民共同受益的同质性物品，如关乎社会稳定和秩序安全的基础设施建设、社区安全、计划生育、社区教育以及弱势群体的帮扶等公共物品。然而，实现政府主导供给领域内与公共需求的高效对接，仍离不开社会组织、私人企业的复合运用。如图13-1所示，一是政府通过直接拨付或差额拨付的方式整合社会组织来组织生产和运营管理，直接满足公众的消费需求，资源的配置与消耗过程直接在政府与社会组织之间发生，这一模式体现了单次分工的公共服务供给思想；二是政府通过购买服务的方式，将生产公共物品的任务转交私人企业来组织生产和管理运营，但并不意味着责任的转移，这种"委托—代理"的供给方式实现了供给与生产的分离，有利于明晰产权，提高私人企业的供给效率，满足公众的多样化需求。

13.3.2 企业主导的公共物品协同供给模式及复合运用

就企业主导的公共物品价值链协同供给范围而言，除了极小一部分纯公共物品，实践中公共物品更多以"俱乐部物品"的形式存在，为市场参与公共物品供给提供了理论支撑，因此，

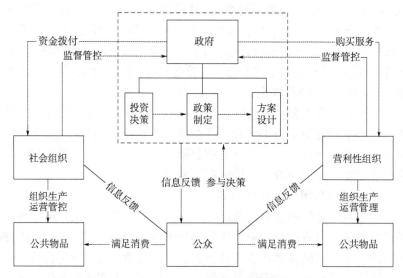

图 13-1　政府主导供给治理结构图

探索以市场为主体的"价值链"体系是完善公共物品供给网络的重要组成部分。其与政府、社会组织的协同联动复合运用路径如图 13-2 所示。一是利用合同承包、特许权经营、政府补助、凭单制等政府购买形式放权交由市场企业组织生产，满足社区公共物品供给需求。二是 PPP 公私合营，其中比较典型的是 PPP-BASED BOT 项目协同供给模式，由参与各方基于权利和义务的契约关系共同承担责任和风险，真正实现政府资金与企业资金共同投资，共同参与项目的建设、管理和运营。三是促进社会组织与营利性机构、部门的协商合作，比较典型的协商合作方式有企业赞助、企业慈善及企业基金等，由竞争关系转变为互补关系，基于公共物品共同的价值责任，增强企业公共责任伦理和营造社会影响力，而非营利组织通过其资质、专业化团队及能力，基于共同利益，实现市场供给复合主体治理框架。

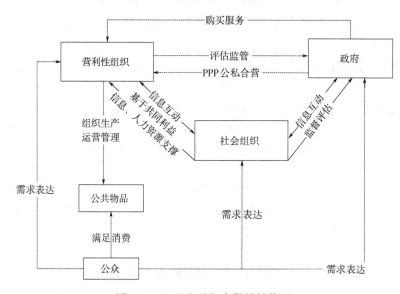

图 13-2　企业主导复合供给结构图

13.3.3 社会组织主导的公共物品协同供给模式及复合运用

社会组织主导的基于价值链的社区公共物品协同供给主要针对政府和市场供给不完全的辅助性衍生物，其复合运用强调基于民间性、非营利性、运行灵活等特点，承接政府组织的下放职能，弥补市场供给空缺。如图 13-3 所示，政社之间的协同供给主要通过两种模式实现，一是政府部门通过资金拨付、购买服务等方式直接作用于社会组织，由社会组织直接负责公共物品的生产组织和运营管理，满足居民的多样化需求；二是政府将购买服务的资金拨付给枢纽性社会组织，通过枢纽性组织二次组织社会组织进行公共物品生产和运营管理。另外，基于共同利益，营利性组织与社会组织通过公益推广活动，共同主题营销，以及许可协议授权等方式也可以实现双方协同合作，如私人企业机构与社区之间通过有条件的联合，社区可给予私人企业优惠的条件和资源调配，企业可以用较低的价格为社区提供公共物品；或者社区将一部分公共物品的供给直接交由私人企业进行生产，统一提供；还可以通过雇佣等形式实现私人企业与慈善组织间的合作供给。

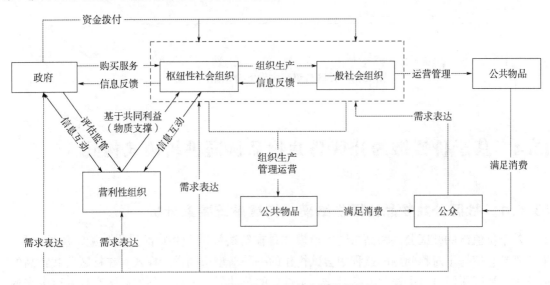

图 13-3　社会组织主导复合供给结构图

13.3.4 社区自主主导的公共物品协同供给模式及复合运用

社区自主主导的公共物品价值链协同供给针对政府、市场和社会可能存在的"三重"供给失灵，催生的业主维权供给新路径，其复合运用主要表现为社区业主自我供给，业委会、居委会的团队供给以及社区单元的集体供给。如图 13-4 所示，一方面，社区自治组织与政府组织协同供给关系是指导与协助、服务与监督的关系，其中指导与协助是指街道办事处更多地站在第三方的角度建立评议考核监督机制，进行指导和协助的行政管理工作，并不参与供给生产过程，社区居委会等自治主体自主承担成本；另一方面，社区自治组织与市场及社会组织的复合协同方式主要有"居委会＋业委会＋物业公司""业主＋市场企业""居委会＋社区社会组织"等不同形式的自主组织和市场私人企业的协同供给方式。其中，居委会是联系基层政府和社区居民的纽带，接受基层政府或有关部门的工作指示，协助业委会的工作，监督企业和社会组织供给活动，并及时向街道办事处反映居民的意见和建议；业委会是沟通业主和物业服务公司的桥梁，代表全体业主的利益选聘物业服务企业，全程对物业服务企业进行检查和监督，及时收集物业治理方面的动态利益信息，协同居委会有效协调双方利益关系；社区居民作为社区公共物品的最终消费者，具有反映需求、评价服务、监控反馈社区公共物品供给全过程的职能。

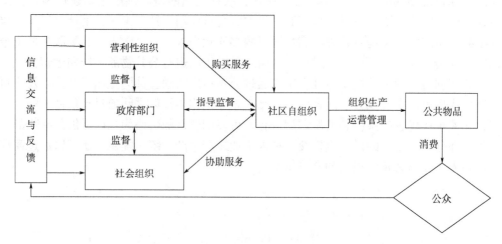

图 13-4　社区自组织主导复合供给结构图

13.4　基于价值链的社区公共物品协同供给模式构建

13.4.1　社区公共物品协同供给模式构建系统要素分析

基于价值链的社区公共物品协同供给模式是在解决社区公共物品供需失配、供给断层、主体割裂、信息不对称问题的过程中尝试构建的一种新型协同供给模式。在社区公共物品的供给中，社区居民自身多样化、差异化、个性化的公共需求，以及新旧社区交替并存带来的社区基础设施、业主年龄结构、业主间的社会关系结构等差异性问题，加大了社区公共物品的供给复杂特性。要实现社区公共物品的有效供给，需要对供给主体的权利结构进行划分，对供给机制进行合理选择。

从目前社区公共物品的协同供给实践来看，主要包括政府主导、企业主导、社区组织主导、自主供给四种复合运用供给模式。其中，在这个多元主体协同合作过程中，政府的主导是关键。政府要充分发挥其主导作用，大力引入市场机制，让社会组织和社区自治组织和民众加入价值链协同供给网络体系中，共同提供社区公共物品。基于价值链的社区公共物品协同供给模式构建的系统要素如图 13-5 所示，不同供给系统的复合运用 13.3 节已详细介绍，此处不再一一说明。

由于不同供给模式有不同的供给特点、适宜的供给领域，故其在社区公共物品供给领域所发挥的作用、功能和边界也是各不相同的（见表 13-1）。这些不同的产生是由不同供给主体本身的价值属性、协同运作方式决定的。此外，随着社会经济水平的发展，大数据、云计

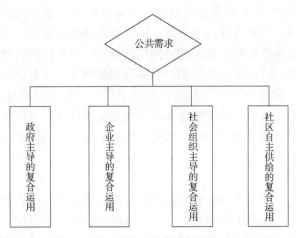

图 13-5　社区公共物品协同供给模式构建的系统要素图

算等一批科学技术水平的进步，不同供给模式的有效作用范围和运作模式也会随着技术手段和供给需求的变化不断做出调整。因此，在基于价值链的社区公共物品协同供给系统的构建和运营中，应该充分考虑不同供给系统复合运用的差异性和动态性，以确保社区公共物品的供给绩效。

表 13-1　社区公共物品协同供给模式比较

协同供给模式	供给主体	供给方式	筹资机制	适宜供给领域
政府主导	政府、企业、社会组织、自组织、居民	直接供给、间接购买	政府预算、强制税收	纯公共物品领域，如社区安全
企业主导	政府、企业、社会组织、自组织、社区居民	合同承包、特许经营、公私合营、企业慈善	政府补助、受益者付款	准公共物品领域，如社区环境保护、部分公共基础设施建设
社会组织主导	政府、企业、社会组织、自组织、社区居民	志愿服务、政府购买	政府补助、部分受益者付款	公益性社区公共物品，如安全教育
社区自组织	政府、企业、社会组织、自组织、社区居民	无偿捐赠、志愿服务	自愿无偿、部分无偿捐赠收入	社区公益公共物品，如志愿服务

13.4.2　基于价值链的社区公共物品协同供给模式运行适用条件

实现基于价值链的社区公共物品协同供给模式的良好运行，需要引入私人企业、社会组织以及社区居民等多方主体多元化参与，而多方主体的协同参与以及在复杂供给活动中的供给子系统间的耦合效应，迫切需要通过价值链网络化整合工具统一各方主体的价值导向，将供给系统中彼此无秩序、混沌的各要素整合在统一目标、有效运转和相对规范的结构形式中，形成供给系统的宏观时空结构或有序功能结构，产生多主体高度协同的社区公共物品供给整体效应。故而，研究从统一的协同价值认知、形成共同的利益基础和尊重差异化协同原理三个角度出发解决好协同性认知和多元力量整合的问题，为基于价值链的社区公共物品协同供给模式运行创造适用条件。

1. 统一的协同价值认知

目前，关于协同系统的基本组成要素：协同意愿、共同目标和信息沟通三项基本要素成为相关专家的共识认知[215]。协同意愿是异质性个体及群体行为有机协同的关键；共同目标是达成协同意愿的前提；信息沟通是达成统一协同意愿的必要手段。为实现多元供给主体价值链协同模式运行，首先需要建立共同的协同创新愿景，对社区公共物品协同创新的供给使命形成统一的价值意愿，这样才能展开相应的协同创新活动。在社区公共物品供给中，导致供给困厄的深层次原因就是缺乏共同的协同价值意愿，主要表现在社区价值导向目标的缺失、失配、不清晰和导向偏差，各供给主体按照自身的价值及利益取向自主行事，导致多主体一体化割裂，多环节协同乏力等问题，如若不能达成统一的协同价值认知，价值链协同供给模式的运行就是纸上谈兵。

2. 共同的利益基础

共同的利益基础是各参与主体在合理差异和互惠互利基础上对参与社区公共物品供给共同利益的公平享有。而构建基于价值链的社区公共物品协同供给机制不能只停留在统一协同意愿的理念层面，还需要共同的利益基础对多元主体的协同供给给予实质上的利益驱动。国内外的实践也证明当处于不同社会阶层中的供给主体不能够平等地享有社会共同利益时，实现多主体供给协同就会出现整合矛盾和冲突，从而引发价值链运行系统的不稳定甚至崩溃。因此，科学地调整利益关系，形成共同的利益基础，成为驱动基于价值链的社区公共物品协同供给模式有效运行的原动力。

3. 尊重协同差异化原理

基于价值链的社区公共物品协同供给模式并非是静态的，而是一个动态运行模式。政府主导运行、企业主导运行、社会组织主导运行以及自组织主导运行的不同适用领域的价值链供给系统存在差异性利益需求是必然的，而绝对一致的利益诉求是不存在的。因此，针对政府、企业、社会组织和社区自组织的差异化价值取向和利益诉求，首先，通过契约关系或出台相关政策法规明确界定不同供给领域范围内的权利边界和职责范围；其次，通过相应的利益协调和监督机制平衡供给主体之间的差异化利益和有效规避寻租行为的发生；最后，充分利用信息技术实现信息获取、传输、处理和应用的智能化，从而为基于价值链的社区公共物品协同供给模式运行创造资源整合、效益明显、环境适宜的模式运行形态。

13.4.3 基于价值链的社区公共物品协同供给的模式构建

至此构建基于价值链的社区公共物品协同供给模式是一项复杂的网络系统工程，价值链的理念与机理和社区公共物品协同供给系统具有高度的契合性。为此，依托开放系统、竞争与合作、控制参量等协同思想，对社区公共物品供给系统进行价值链模式改造[216]。建立政府战略协同下的多元供给主体互动的有效价值链协同的新型模式（见图13-6），同时辅以监督、反馈与评估等配套保障机制，从而解决好社区公共产品的供需矛盾。

在基于价值链的社区公共物品协同供给合作过程中，供给属性、供给方式和适用边界不同的复合供给子系统之间存在着局部运用、多样化运用和混合运用等多种复合运用组合方式，并形成独具特色和匹配程度最佳的多主体复合供给的价值链协同模式。不同复合运用价值链协同供给模式的形成，为社区不同价值属性的公共物品有效供给提供了必要的价值基础和路径支撑，使得必然存在一种供给模式能够完成对特定社区公共物品的有效供给。然而，最佳供给模式的形成则需要遵循相关原则，基于社区公共物品的类型分析，社区公共物品供给活动的所在社区的经济水平分析、需求结构分析、各供给主体的优劣性分析等众多分析结

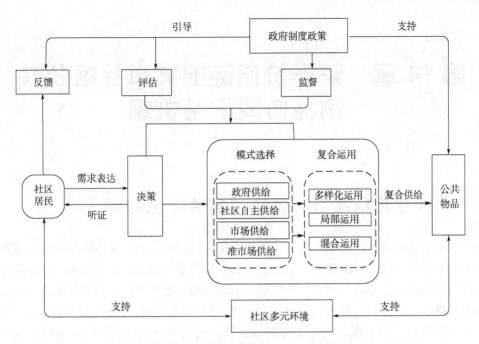

图 13-6　基于价值链的社区公共物品协同供给模式

果而做出选择。因此，该供给模式也具有更强的针对性，能够更好地完成社区公共物品的供给任务。此外，在多中心主导的基于价值链的社区公共物品协同供给中，不仅供给主体主导的复合运用系统内部由于相互制约而形成了制衡效应，而且各复合子系统通过协同合作带来规模经济效应、网络协作效应以及互补效应，这些不同效应的实现都是因为不同供给主体专长和优势得到了更为充分的发挥，并在协同合作中通过信息共享、物质共通、资金互补等方式来共同分担风险，降低交易成本。

这种模式明确了不同供给模式的供给方式及其适用领域和不同系统间的互动关系，说明该协同模式并非是静态的，而是一个动态的模式。不同供给主体的职能会随着社区多元环境的发展及社区公共需求的变化而变化。如政府最初主要为社区老人提供基础型的养老服务，但随着经济和社会发展水平的提高，可以从社会企业购买更多、更好的服务让社区老人从"有尊严地活着"到"有希望地活着"再到"幸福地活着"。社区也应该由最初主要提供基础型公共物品向主要提供发展型和生活质量型公共物品方向转变。

第 14 章 基于价值链的城市社区公共物品协同供给机制

14.1 社区公共物品协同供给机制的理论回顾

为了解决上述城市社区公共物品协同供给中出现的困厄，近年来许多学者从不同视角出发对加强各主体间协同机制构建提出了建议，其中包括动力机制、信任机制、协作共生机制等。在动力机制中，王艳丽（2012）[54]以动力机制为切入点，从理论研究和实证研究梳理了城市社区各权利主体协同治理利益联盟的形成机理和运作过程，并通过权力重构（包括确权、赋权和放权）力图实现多元主体的利益协同。阮陆宁（2012）[38]以城市社区医疗服务网络为研究对象，从组织协调机制和信任机制两方面对供应链网络中的主体协同行为进行了研究。其中，在组织协调机制中，基于合作能力建立了质量监督协调模型和利益分配机制。在信任机制中，分析了各成员间信任影响因素，并构建了信任机制模型。郭晓琴（2013）[51]通过案例研究分析了南京市玄武区社区公共安全网络协同治理机制的推进情况、经验、不足和难点，并提出了完善治理机制的对策建议。在协作共生机制中，郑杭生（2012）[55]认为复合治理需要建立多元主体互联、互补、互动机制。卫志民（2014）[56]指出社区多元参与供给主体具有不同的利益倾向，加之社区居民自身公共需求的差异性，尤其是社会功能逐渐下沉到社区，因此加强提升社区公共领域的生活质量和品质是完善和谐社会建设的重要内生推动力，社区公共物品协同供给需要配套的制度体系和机制建设，其中包括法律制度、协调机制、参与机制、监督制约机制、财力保障机制。刘伟红（2008）[57]指出促进政府部门的行政管理和社区自主供给的协同共生机制的构建和完善是社区长效运转的可行路径。

14.2 基于价值链的社区公共物品协同供给机制问题

14.2.1 价值导向缺失

目前，基于价值链的社区公共物品协同供给机制产生供给困厄的根本源由在于整体价值导向的缺失。基于价值链的横向协同供给来看，部分社区存在价值导向虚设，缺乏具体的操作措施，由此极易造成横向职能部门资源的合理配置的不公和协同供给的失效等。基于价值链的纵向协同供给来看，由于传统社区公共服务建设中通常只注重硬件设施的供给工作，却往往忽视了价值导向的引领，极易带来多元供给主体的协同失效和向心力失衡等一系列问题。基于价值链的整体协同来看，由于目前关于价值导向的机制内涵还只是抽象的定义，进而导致协同供给主体的理解偏差，致使整体业务流程协同工作的不协调、项目建设的不对接、思想定位的不准确等问题。因此，价值导向的缺失，偏离社区居民公共需求的价值诉求，带来社区协同供给流程的管控失败等。

14.2.2 利益分配失衡

基于价值链的社区公共物品协同供给也是一种利益相关者的集体选择过程，即满足社区需求和价值链上相关个人和组织间利益分配的合作互动过程[73]，其利益相关者主要包括：政府、市场、社会和社区等相关供给主体。但是，现行政策法规对各方供给主体的资源贡献、利益分配、成本和风险的分摊等问题缺乏有效的规制和标准，很难有效协调中央与地方、政府与供给参与者、政府与社区居民的相关利益关系。同时，由于各供给主体都有着各自的利益与行为取向，如政府偏好社会发展的整体绩效，居民偏好个人利益，企业偏好利润，而非营利组织则偏好社区公益，当供给主体之间出现诸如机会主义倾向、组织文化差异、信息不对称等问题时，各利益相关者之间的利益分配矛盾冲突就不可避免出现，而且这种因利益分配失衡（包括资源贡献、成本和风险的分摊以及公共品所产生的收益分配不均等）而导致的冲突往往是最直接和最具颠覆性的。

14.2.3 信息共享孤岛

社区公共物品协同供给中信息共享孤岛现象严重，尤其集中在信息非对称和碎片化传播。主要表现：一是供需决策信息的对接失衡，政府作为传统的行政供给方很难面面俱到地包络全部信息，另外，供需信息的收集和传递过程的"牛鞭效应"也会无形扭曲信息的本质面目，信息失真是阻碍信息共享的主要原因。二是信息共享平台的缺失，不能充分发挥信息的集成优势，带来信息传递的碎片化，造成行政组织宏观调控失效，市场企业的供给改革创新的失效。三是供需反馈对接机制的欠缺，当公共需求得不到有效的反馈和及时响应时，必然导致供给与需求信息有效对接的被动性，极易造成协同供给信息共享孤岛。

14.2.4 激励驱动失效

在社区公共物品供给中，因缺乏有效的激励机制，其他供给主体参与供给的动力明显不足。从多元协同制度化激励程度来看，参与渠道的不畅、反馈机制扭曲以及其自身"搭便车"心理、隐藏偏好的惯性，不利于居民利益需求的有效对接，居民难以主动介入，必然带来激励制度的失效。从社区自组织的参与路径来看，政府主导型社区建设形成了社区居委会行政化的路径依赖，社区居委会作为社区自治组织，行政化程度明显，形成对上不对下政府附属机构的工作模式。另外，私人企业和社会公益组织作为基于价值链协同供给重要组成部分，其提升协同供给绩效满足公共需求的力量虽不可小觑，然而，缺乏实操性的政策驱动和资本保障是导致基于价值链的社区公共物品协同供给力量缺失和供给无力、需求失利的直接原因。

14.2.5 风险防控失能

基于价值链的社区公共物品协同供给机制是集业务流、工作流、信息流等为一体的有机过程。然而,基于价值链的社区公共物品协同供给出现的流程混乱、衔接不畅、组织不合理和管理效果差等风险防控失能现象时有发生。首先,在社区公共物品协同供给流程中存在网络节点交织、项目重叠、任务复杂等问题,再加上基于价值链的协同供给体系涉及的主体较多,极易产生协同业务不能有效对接的风险。其次,政府既是裁判员又是运动员的双重角色,这样使政府很难有效评价和监督自身提供的公共物品,容易导致供给过剩,资源无法良好优化配置的风险。最后,社区居委会等社区自组织更多作为政府的附属机构,执行行政任务,不能有效传达民意,导致网络节点衔接不顺畅,关键节点不清晰,以及居民组织化程度低和存在"搭便车"的隐藏偏好,造成信息的传导受阻等风险。

14.2.6 协调互信脆弱

协调互信是支撑社区公共物品协同供给体系不断推进和发展的基础,既是实现行政组织、私人企业、社会组织、居委会等多元供给主体协同合作的桥梁,也是政府、社会、市场三者间无形的纽带。但是,不稳定的社会结构、隔离的社会空间和封闭的社会团体的出现,昭示着协调互信脆弱化程度不断加深。主要突出反映在:一是社区居民内部社会资本缺乏,主体之间信任不足,协同响应缓慢,信息沟通割裂;二是社区居民参与社区公共物品协同供给的意识薄弱,足不出户的现代交流方式减少了邻里之间的互动,社会资本的积累日益弱化;三是社区由于其自身领域的封闭属性,与社区外围的交接存在断层,更是加大了社区与社区的互动交流难度。长此以往,造成基于价值链的社区公共物品协同供给的参与不足、供给自组织弱化、协同合作低效且不能创造价值增值的公共物品供给困境。

14.3 基于价值链的社区公共物品协同供给机制内涵及构架

14.3.1 基于价值链的社区公共物品协同供给机制内涵

机制是一种稳定的运作模式,运作模式的运行不仅受到内部构造的影响,还受到外部环境的制约,这种外部制约就是制度和体制,内部构件相互作用的运作模式要根据环境的变化进行权变。基于价值链的社区公共物品协同供给机制就是各个组成要件为满足社区公共需求,循环往复地运行。基于价值链的社区公共物品协同供给机制是政府为实现社区公共利益,增加社区公共福利而提供有形和无形公共物品的动态过程,其核心思想是优化资源配置方式。

基于价值链的社区公共物品协同供给机制由供给主体、供给方式及供给运行三个主要内容构成(如表14-1所示)。供给主体解决了由谁来供给的问题,供给方式解决以谁为中心如何提供的问题,供给运行解决如何生产问题。供给主体主要经历由政府单一主体的行政供给,到政府与市场双主体供给,再到政府、企业、社会组织、自组织、社区居民等多主体协同供给的三个阶段。政府垄断式行政供给模式难以满足多元异质性需求,多中心协同供给虽有多元主体参与,但是协同混乱,价值链理论下的社区公共物品协同供给机制强调价值串联下的政府主导、企业主导、社会组织主导以及社区自主供给的多主体复合协同供给的利益均衡和信息互通。供给方式经历了行政供给(直接供给、间接购买)、市场供给(合同承包、企业慈善）、混合供给（特许经营、公私合营）三个阶段，行政供给一定程度上解决了社区公共利益的经济外溢性问题，市场供给解决了社区公共物品供给的效率问题，但市场供给的自身盈利属性及其自由化逻辑也带来责任识别评估、平等竞争机制构建、供给主体趋利避害等一系列问题，在继续加强经济调节与宏观调控功能的同时重新强调政府的公共服务角色。供给运行具体包括体现互动的目标导向机制、体现互补的利益分配机制、体现互联的沟通互信机制和体现互制的风险防控及监管机制。基于价值链的社区公共物品协同供给机制就是社区公共物品供给运行过程在社区公共物品价值域的体现。

表14-1 基于价值链的社区公共物品协同供给机制

构成	解决问题	具体内容
供给主体	由谁提供	政府主导、企业主导、社会组织主导以及社区自主供给
供给方式	如何提供	行政供给、市场供给、混合供给
供给运行	如何生产	目标导向机制、利益分配机制、沟通互信机制和风险防控及监管机制

14.3.2 基于价值链的社区公共物品协同供给机制构架

基于价值链的城市社区公共物品全流程供给体系的建设，在于不同环节和不同供给主体横向和纵向链接的一体化以及供给过程各环节的合理对接。通过协同分析、组织网络分析、利益相关者分析和博弈分析，实现基于价值链的全流程一体化运行机制，应用科学有效的参与和信息传导、风险控制、金融和社会组织支持、主体环节间协调、资源配置、价值创造、利益分配和政策引导服务等运行机制。

1. 构架构建要素

基于价值链的社区公共物品协同供给机制构架构建要素主要包括外部保障机制、中部动力机制和内部协调运营机制三大机制要素。

外部保障机制主要涉及最外层的政府机构和部门的引导和服务机制，非营利机构、金融机构的在价值链供给环节和流程的相关支持机制，强化社会资本的主体互信机制。所谓保障机制主要是指为维持协同供给体系的持续运转和不断发展，适应政府行政功能变迁的内部环境变化的需要以及满足社区居民多元异质性公共需求的外部环境变化的需要，必须借助引导服务机制、多部门合作支持机制等保障机制调节多主体、多环节的平衡关系，避免价值链协同供给流程价值割裂和环节断层等职能错位、缺位问题，并通过强化社会资本的主体互信机制等保障机制保持协同供给体系与外部环境的长期持续的相互交流，维护政府与市场、社会组织、不同社会阶层的协同供给合作，实现基于价值链的社区公共物品协同供给机制的良性循环。

中部的动力机制主要涉及基于资源合理配置机制、价值创造机制和利益分配机制的主体驱动机制和风险防控及监管机制。所谓动力机制是指"政企社民"（参与多主体多环节的公共物品供给的政府部门、市场企业、社会组织以及社区自主体）驱动主体作为政策、市场、科技成果、利益、文化等驱动要素的载体，任何一个供给主体的"不作为"或者"大有作为"都会影响到整个价值链协同供给网络稳定性、持续性和有效性的动力效应。基于价值链的社区公共物品协同供给机制是建立在对"政企社民"宏观主体开展驱动的规范基础上，通过资源的合理配置、利益的合理分配和价值的有效认同增强主体的共同联系、互信和对环境的反应能力，有效驱动和维护行动者之间的合作行动能力。

基于价值链的社区公共物品协同供给内部运营涉及投资、建设、经营等主要环节，并以政府的市场监管为基础。根据社区公共物品供给运营的逻辑结构，其内部协调运营机制必然包含主体互信机制、信息传导共享机制、主体一体化链接机制等方面。构建社区公共物品价值链协调运营机制，旨在通过对投资、建设、经营和市场监管等环节的激励约束和监管机制的建立与运行，为市场主体及社会组织的市场竞争，提高社区公共物品整体供给运营的质量和效率。因此，社区公共物品价值链协调运营机制的实质，就是通过管理体制的监管和调控促进多主体、多环节的协同共进，实现协调运营机制对社区公共物品各种资源的配置发挥基础性作用，促进政府管制与市场竞争相兼容的投资、建设、经营管理的协调运营[217]。

2. 机制关系

以往的学者在研究基于价值链的社区公共物品协同供给机制时，总是"单打独斗"，即只对某一个具体机制进行研究，没有将三者作为整体对待，深入研究其中关系，得到的结论往往存在实践缺陷，因而理顺三者之间的关系脉络显得尤为重要。实际上，我国社区公共物品供给流程的保障机制、动力机制、协调运营机制是一种交互式的系统关系（见图14-1）。

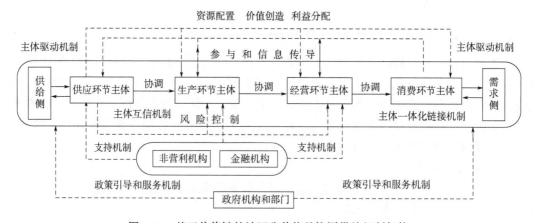

图14-1 基于价值链的社区公共物品协同供给机制架构

首先，保障机制与动力机制是战略联盟关系，这种关系主要体现在支持机制与资源配置的扩大战略合作关系，其中通过对非营利机构和金融机构的支持机制引导市场多方相关主体参与社会资源的合理配置，扩大现有规模和范围，为维护供给流程，不断注入鲜活的生命力和保持战略适宜更新。

其次，在社区公共物品协同供给价值体系中，动力机制与协调运营机制表现为一种柔性的协同竞争关系，其竞争性主要表现在动力机制对协调运营机制的监管和风险防范功能，尤其是各环节相关供给主体在利益和资源的合理配置上存在利己主义，动力机制对于规避不良竞争手段具有良好的驱动作用。

最后，协调运营机制对保障机制的反馈作用，这种反馈作用主要体现在对保障机制和动力机制的"出口"管理，通过对其实施效果协调运营验证，再以信息的形式发出反馈指令，促进保障机制和动力机制协同作用，观察系统的修正和完善，循环往复，不断修复和完善基于价值链的社区公共物品协同供给机制。

综合上述，为了使协同供给机制系统良性发展，避免系统"病态"的出现，必须要强化保障、动力和协调运营机制的功能作用，即分别加强三者的基础、关键和核心地位，只有这样，才能形成这个系统存在的必要条件，并使之在更高水平上进行合乎逻辑的系统运转。

14.4 基于价值链的社区公共物品协同供给机制内容

14.4.1 引导服务机制

伴随着基层公共服务的完善和发展，促进社区公共物品的协同供给发展，不断创造新的价值，提高整体供给绩效，离不开政府机构战略调控的引导服务机制。一是减少政府组织不必要的行政干预，对于市场及社区能自行解决的政府就不要再插手，对于投资成本高、利润低、运转周期长的社区公共项目给予参与主体资金扶持和优惠，提高社区管理人员的资金补助，吸引有创新能力的人才。二是采用政策引导，通过财政补助、税收优惠等措施引导市场企业、社会组织以及社区自组织间的协同参与和供给，不断提高协同供给价值的创造力，同时制定定向激励保障措施，鼓励引导多主体、多方向的供给协同。三是教育引导，致力打造基于价值链的社区公共物品供给的教育服务引导平台，给予多元供给主体价值链理念的协同，为实现价值增值营造有利的教育环境。

14.4.2 利益分配机制

利益是协同价值链网络中多元主体供给的最根本的序参量，是构建基于价值链的社区公共物品协同供给机制最大的挑战。如何建立公平合理的利益分配格局，合理有效的利益分配机制对维护多主体协同关系的持续稳定发展及化解利益分化所带来的各种矛盾起决定作用。一是建立规范化的利益表达体系，充分利用价值链网络结构范型，建立畅通的利益诉求网络表达体系，减缓其对价值链协同供给网络可能产生的"蝴蝶效应"、利益固化以及利益分配矛盾冲突，提高价值链协同供给的动态平衡能力。二是构建公平稳定的利益分配体系，充分发挥市场竞争机制有效配置各类资源的决定性作用，调整不同供给阶层对社会资源的占有形式，真正按照统筹公平与效率的原则，建立根据资本、劳动、技术和管理等要素的贡献率进行利益分配的供给体系，规范公正、符合市场要求的利益分配机制。三是建立健全利益冲突调解机制。价值链网络是由不同的利益诉求群体构成，在具有"马太效应"的权力结构中，通过利益冲突协调机制，疏通价值链网络结构中利益表达通道，保护基层供给主体利益，促进社区公共物品协同供给的同时，进而有效减少群体性或极端事件的发生，起到社会的减震器的作用。

14.4.3 资源配置机制

强有力的基于价值链的社区公共物品协同供给离不开资源保证。合理的资源配置是将社区以及社会系统中的现实和潜在的、具有不同性质和来源的游离资源进行激活、配置与耦合，使其具有较强的系统性、协调性和价值性，实现整体配置与使用效用的最优，形成价值链协同供给的系统性资源。而缺乏制度化的资源配置机制，导致价值链系统整合资源成本过高，运作系统不协调以及资源利用错位的战略性欠缺。因此，要充分发挥政府组织在价值链系统中合理资源配置的宏观调控作用。首先，要打破单位制惯性，根据顶层设计的要求，政府组织要自主有序让渡行政和社会资源，充分发挥市场在资源整合和配置中的决定性作用，利用市场竞争机制实现资源的合理配置。其次，把资源更多地投入到社会网络的基本节点（基层社区和组织），确保基层应对各种社会问题所需的各类资源得到最大、最合理的使用；充分发挥社区组织在资源整合协同中的基础性作用，利用市场机制来配置社会资源。最后，充分挖掘与整合社区民约、习俗等传统社区资源和价值手段，通过融合社区文化的人文精神，实现居民行为的自我约束，间接调节供需关系，更长效地优化资源配置。

14.4.4 信息共享机制

价值链系统的供给子系统的分工与合作、独立与融合之间的协同供给配合是基于价值链中各节点供给主体的信息互动和共享。构建规范、有效的信息共享机制是价值链协同供给成功与否的关键控制因素之一。在社区公共物品价值链供给网络系统中每个节点主体都是信息输入、输出、交换和反馈的中心，只有实现了多元主体间的信息共享和传递，避免信息发出和传递过程中的失真效应，才能有效解决价值链中"牛鞭效应"、委托—代理和欺骗等问题，提高价值链整体绩效，促进政府与社会、国家与市场、市场与社会稳定的合作伙伴关系。依据价值链理论，一是，需要建立起覆盖广泛、协同共享的纵横价值信息网，尤其在价值链信息网络各供给主体之间建立起程序化、制度化的信息交流机制。二是，充分兼顾互联网"虚拟社会"的特征，整合传统媒体、社区、网站、短信、微信、微博、电子邮件等多种信息采集方式，有效克服现实社区和"虚拟社会"中多元主体之间的沟通障碍。三是，引入和利用大数据技术，还可以识别出虚实"二相"价值链信息网络中的关键节点，通过关键节点的管控作用，调整价值链信息传递的可控性治理，提高投资决策和规划设计的效率。

14.4.5 沟通互信机制

沟通互信是价值链网络最主要的凝聚力，尤其在多元供给主体之间缺乏沟通互信，实现协同供给就是空谈。因此，加强价值链网络中心节点（政府部门、重要私人企业和社区居民委员会）的沟通互信机制建设不仅是协同多元供给主体的重要前提，在利益分配关系、价值链网络关系、风险与监控关系中也起着重要的杠杆作用。构建价值链协同供给网络的沟通互信机制，应从"内外兼顾，双管齐下"的方式进行规范。对内，即从价值链协同供给系统的结构范型下考虑，加强价值链协同供给系统中信息系统的建设，建立健全完备的征信制度和失信行为的惩罚机制，通过严格的惩罚制度增大背叛成本，规范供给主体的行为导向，提高价值链供给系统的整体可信承诺水平。对外，即从价值链协同供给系统周边的环境入手，营造有利于节点供给主体关系再造的空间，通过增强参与主体对协同供给系统的归属感和认同感，增强价值系统协同运作的凝聚力，促进多元供给主体之间社会资本的积累，形成良好的协同合作行为规范和秩序，创建出社区公共物品供给的信任关系网络，使参与主体在做出供给行为时有一定的内化心理，自主维护社区公共物品供给效率。

14.4.6 主体一体化链接机制

主体一体化链接机制是解决社区价值链供给系统参与主体角色功能偏差、多主体协同乏力的保障机制。建立健全主体一体化链接机制可以从目标导向、激励优化以及利益共享三个层面入手。一是从目标导向方面来看，目标引动服务是价值链协同供给系统重要的序参量，在协同供给过程中居于主导和引领地位，任何一方的偏离都会影响整个系统的供给效率。创新基于价值链的社区公共物品协同供给机制，更新不合时宜的目标导向是关键，通过整合多元化的价值体系，构建与社区公共需求相适应的包含行为准则、价值观念、诚信体系和道德秩序的目标导向机制，保障参与主体的合法权益，实现主体价值导向的统一。二是从激励优化方面来看，政府主体作为价值链上游供给系统的顶层设计的规划者，不再是亲力亲为的执行者，而是积极引导的监管者、协调者和统筹者，通过营造健康公平的竞争环境，制定激励政策如税收优惠政策和补贴政策，鼓励引导非政府机构投入，实现资源的有效配置，优化社区价值链系统多主体一体化链接供给模式。三是从利益共享方面来看，多主体的一体化链接本质上是利益层面的链接，利益的合理分配是影响多元主体对社区公共物品供给的关键因素，实现利益共享是多元主体长期有效合作的直接驱动力，能够化解协同供给矛盾和消除不正当竞争，促使各主体优势互补。

14.4.7　主体驱动机制

为使供给主体能够积极参与到价值链协同供给系统，借鉴利益相关理论，利用系统分析研究价值链协同供给系统的主体驱动机制，主要包括主体内部驱动和外部驱动两大机制。内部主体驱动机制是针对供给主体本身而言的，通过价值链协同供给系统内部主体的自发作用而促使价值链主体主动开展价值链驱动管理，首先价值链协同供给绩效能否达到预期目标，关键是供给主体能否结合价值链网络节点功能角色、市场环境以及潜在的合作企业提出合理的供给运营目标，选择合适的协同合作伙伴，并通过供给主体自身内部的业务流程和组织结构的重组，实现对社区价值链协同供给系统优化的同时，最大程度实现自身利益诉求。外部主体驱动机制是通过供给环境外部压力的影响而迫使价值链主体被动开展协同供给。一是消费者驱动，利用其手中的"货币选票"或"用脚投票"倒逼驱动供给主体优化供给模式；二是竞争者驱动，为了获取价值链系统网络节点的竞争优势，竞争者通过差异化的"供给"竞争驱动多主体之间的协同供给成为必然选择；三是政府外在驱动，政府机构作为最主要的供给主体，对其他主体的外在驱动力主要表现在行政手段的强制功能上，通过制定协同供给过程中的优惠政策激励、相关法规或规章制度，以及政府主体作为最大消费者的供给采购都为驱动价值链网络协同供给系统有效运转保驾护航。

14.4.8　风险防控及监管机制

创新基于价值链的社区公共物品协同供给机制必须将风险防控和监管机制按照预警分析、信息收集和传递、风险监控和问题处理构成一个完备的防控与管理体系，实现机制与实践的有机结合。首先，预警分析阶段，基于统一的价值目标导向，根据不同的价值链网络节点的功能角色进行目标分解，通过细化的目标与实际问题相结合，明确预防目标。其次，在信息收集和传递阶段，充分利用计算机网络技术将信息收集的触角深入价值链协同供给网络各个阶层，简化信息收集和传递流程，多主体多领域地、及时全面地进行第一手信息的采集，进而结合云计算、大数据等信息处理技术对可疑信息进行甄别判断，按照轻重缓急，对社区公共物品价值链系统供给中的信息进行正确快速的传递。再次，在风险监控阶段，通过政府主体的行政优势，依据细化的协同供给目标，明确不同供给主体之间的价值定位及权责关系，创造良好的监控环境，充分发挥相关利益主体之间的监管反馈作用，有效遏制突发风险及不协同行为的发生。最后，在问题处理阶段，充分挖掘协同供给资源，形成协同供给合力，建立健全"内外统筹、虚实结合"的四维风险防控应急处置协同系统，针对不同的风险类型采取不同的应对机制，及时有效地化解或减弱协同供给风险的系统危害，有效地提高社会风险防范和应急处置能力。

第15章 基于价值链的城市社区公共物品协同供给绩效评价

15.1 基于价值链的社区公共物品协同供给绩效评价理论分析

15.1.1 基于价值链的社区公共物品协同供给绩效评价内涵

所谓绩效评价是指运用数理统计、运筹学原理和特定指标体系，对照统一的标准，按照一定的程序，通过定量定性对比分析，对企业一定经营期间的经营效益和经营者业绩做出客观、公正和准确的综合评判[218]。基于价值链的社区公共物品协同供给的绩效形成过程既发生在价值创造阶段，也发生在价值传递与价值释放阶段。因此，基于价值链的社区公共物品协同供给的绩效评价的内容也应该包括三方面：一是价值链协同供给价值创造过程的投入绩效，即协同供给投资收益水平以及参与投资的总成本水平的高低；二是价值链协同供给价值传递过程的运行绩效，包括价值理念目标对接、权责分工、信息共享、协同合作信任、价值链协同供给的柔性水平等五个方面的能力提高；三是价值链协同供给价值传递释放过程的顾客满意和系统的自我学习创新，包括公共物品的质量水平、供需匹配程度、供给反馈响应速度以及新技术的应用水平。

据此，本研究将基于价值链的社区公共物品协同供给绩效评价的内涵界定如下：以优化社区整体供给效果和满足社区当前和未来很长一段时期内的公共需求为准则，以评估考察价值链协同供给模型能否提升价值创造能力（节约供给成本）、增强价值传递协调流转能力（运用能力）和促进供给主体获得核心竞争力及持续竞争优势为主要内容，以理论模型和数学方法相结合的测评工具为手段，对被评价对象包括政府部门、市场企业、社会组织以及社区自组织等支持价值链基本活动和辅助活动有效运转的相关供给者和参与者在价值链全生命周期内的协同供给绩效进行定量化测量的科学行为。

然而，基于价值链的社区公共物品协同供给绩效评价与其他工程相比，是更为复杂的测度环境的系统工程，具有其自身特殊性：

(1) 评价要素的复杂性。基于价值链的社区公共物品协同供给的绩效评价要素涉及许多因素，如社会因素、经济因素、环境要素、技术因素等方面。评价价值链协同的效果不能从某一个角度或某一要素出发对供应链协同效果进行简单的衡量，它是一个复合供给的结果而不是简单的要素累加。

(2) 供给主体的多元性。价值链协同的绩效直接影响着整个社区公共物品供给的多元效益。如社区公园，从经济角度衡量是没有经济效益或经济效益较差，但从社区居民生活、生态环境角度评估，社会效益却是非常大的。因此，经济效益是一个重要的衡量指标，但并不是唯一标准，更不是最终目标，绩效评价需从社区生活、经济效益、生态环境、社会公平等各方面进行全面衡量。

（3）评价体系的系统性。不管是对社区协同供给体系中单个参与节点的内部协同效果进行评价，还是对基于价值链的整体协同效果进行评价，都不能偏离整体协同的大背景而片面强调单个节点的供给绩效和协同效应，而应将参与供给主体或协同绩效评价体系看作一个系统，采用多种指标来评价[219]。

（4）指标量化的困难性。价值链协同效果评价的指标包含定量的指标和定性的指标。然而，有一部分是很难量化的，有些指标的统计工作目前还是个空白，给评价工作增加了一定的困难。

15.1.2 基于价值链的社区公共物品协同供给绩效评价研究回顾

对于价值链协同绩效的评价，主要有以下几种方法。

唐红霞（2004）运用平衡计分法对基于价值链的战略联盟进行协同绩效评价，并据此提出战略联盟协同绩效的评价体系，通过绩效评价有效整合战略联盟的价值链，增强整体竞争优势[220]。

陈甲华（2005）采用模糊综合评价法对战略联盟协同效应进行评价，运用 AHP 来确定各层次指标的权重，建立集采购协同、基础设施协同、技术协同、生产协同、市场协同的价值链协同评价框架，完成对企业战略联盟协同效果的综合评价[221]。

王福胜等（2006）在研究价值链的绩效指标体系方面，不仅设计了财务指标，还设计了顾客满意度、价值链响应时间、价值链柔性及运作等指标，更加全面地评价企业绩效。

张璐等（2008）在《平衡计分卡在价值链绩效评价中的应用》认为价值链平衡计分卡能够有效综合凸显绩效评价机制的整体性、平衡性与广泛性，是价值链绩效评价的多种方法中值得推荐的一种。

罗晓光等（2009）在《顾客满意度与价值链的绩效评价》中指出在价值链绩效评价中，顾客满意是价值链绩效评价的一个重要指标。

何磊（2013）从经济增加值（EVA）的视角审视了价值链管理条件下物流企业的绩效评价问题，提出了 EVA 评价体系对于物流企业价值链管理的优势和内在联系。

何继新（2015）在《城市社区公共物品多主体协同供给影响因素分析》中，采用多元有序 logistic 回归模型，基于多个城市社区的实地调查数据实证分析指出居民和社会组织参与程度、不同供给主体业务流程关系、信息共享程度、权责分工定位、目标一致性、关注自身利益程度、协同信任性等 7 个因素对居民评价社区公共物品协同供给效率有着共同影响。

综上，通过对价值链协同绩效评价研究现状分析并结合社区公共物品协同供给影响因素发现，对于价值链评价的角度不同，选取的绩效评价框架也是不尽相同，而指标的选取也具有一定的共性和交叉性特点。从社区公共物品协同供给影响因素来看，既包括财政支持的定量指标也包括参与供给主体能力、业务关系协同能力和激励支撑机制等多因素影响指标，从评价工具和方法来看，包括平衡计分卡、灰度模糊数学、层次分析法、经济增加值等方法，并且方法工具引入具有不断丰富的趋势。

15.2 基于价值链的社区公共物品供给协同绩效评价体系构建

15.2.1 基于价值链的社区公共物品协同供给绩效评价指标特点

基于价值链的社区公共物品协同供给绩效评价指标应具有以下特点：

（1）基于价值链的协同供给绩效应面向整个社区公共物品供给流程的绩效评价，并不是传统意义上的基于不同供给主体职能的绩效评价。

（2）价值链协同供给绩效评价指标能反映出协同物品共享性的特点，即主体协同，对评价指标应侧重于价值链各节点协同关系的评价及对整个价值链的影响分析。

（3）基于价值链的社区公共物品协同供给绩效评价指标不仅要全面体现不同环节主体的关键价值创造活动和竞争优势，还要做出正确的价值定位和辨析。

（4）价值链集成绩效评价指标能突出顾客价值的重要性。价值链上的政府部门、市场企业、社会组织、社区自组织等合作伙伴的一切活动和价值创造，都是为了能更好地提升整体供给绩效，同时绩效的高低直接关系到基于价值链的社区公共物品协同供给结构是否合理。

15.2.2 基于价值链的社区公共物品协同供给绩效评价方法体系分析

基于价值链的社区公共物品协同供给绩效评价指标确定的同时，还要结合恰当的绩效评价方法设置综合评价，然而，评价方法的选择应依据社区公共物品协同供给的运行情况而定。具体分为定量分析评价方法和定量与定性相结合的分析评价方法两类，目前主要有以下几种。

EVA评价体系克服了以往评价体系中未考虑股东投入资本的机会成本这一缺陷，考虑了资金时间价值和风险与报酬的关系。经济增加值这一评价体系以企业的长期战略业绩为考核标准，其具体考核的是评价对象在一定时期内所创造的经济增加值。EVA可以真正考核企业的经营活动为股东创造了多少财富，可以更准确地衡量企业业绩，因此，EVA评价体系能够得到学者和管理者的认可。

平衡计分卡评价体系（BSC）围绕评价战略目标，从财务、顾客、内部过程、学习与创新这四个层面对战略目标进行全面测评。其他评价体系大多是从财务角度对绩效进行评价，而BSC增加了客户、内部运营和学习与成长能力等方面，学习与成长能力是长久发展的重要因素，该方法更加注重评价对象的综合发展。

层次分析法是将决策有关的元素分解成目标、准则、方案等层次，其特点是在对复杂的决策问题的本质、影响因素及其内在关系等进行深入分析的基础上，能够在数量有限的定量信息下实现决策思维的数学化过程，因此，在解决网络化结构、多主体和多目标的复杂性问题时层次分析法表现出强大的竞争优势，适用于难以进行直接计量的评价问题。

模糊综合评价方法是一种用于涉及模糊因素的对象系统的综合评价方法。模糊综合评价方法由于可以较好地解决综合评价中的模糊性，因而该方法在许多领域得到了极为广泛的应用。

15.2.3 基于价值链的社区公共物品协同供给绩效评价体系构建

基于价值链的社区公共物品协同供给的组建和形成是一个复杂的过程,受到内外部众多因素的影响,涉及多元供给主体的利益关系。由其复杂性可知,其协同效应评价指标体系也存在着许多难以精确描述的指标。因此,本研究采用多种模型综合的集成方法进行指标体系构建和指标筛选、权重确定以及协同绩效评估,绩效评价体系主要由价值链协同供给体系评价内容和数学量化评价方法两部分组成(见图15-1)。

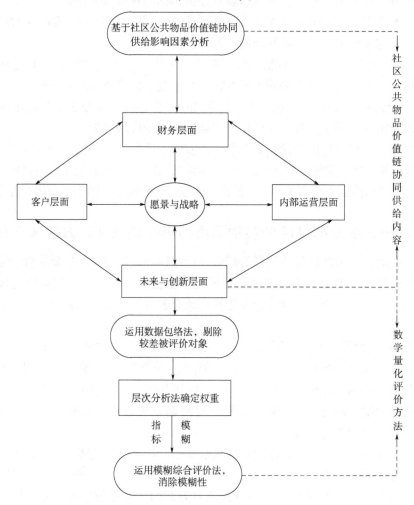

图 15-1　基于价值链的社区公共物品协同供给绩效评价模型

1. 基于价值链的社区公共物品协同供给内容的构建

基于价值链的社区公共物品协同供给内容的构建是基于社区公共物品协同供给影响因素分析,结合平衡计分卡评价模型(BSC)构建绩效评价指标体系。一方面,影响因素的选择分析为本研究的指标构建提供了理论借鉴和方向指导,确保了研究过程的信度和效度,也为本书的研究思路及问题处理提供了重要的启发;另一方面,BSC的选择不仅包含了传统的财务层面的指标,还包含了客户、内部运营和学习与成长能力层面的非财务指标,在"互联网+"、大数据、云计算等高速发展的时代,能够对价值链的协同供给运营情况、未来和创新能力以及社区需求反馈情况做出及时的了解和准确的判断，对价值链的协同供给运营状况发展至关重要。

2. 数学量化评价方法

在数学量化方法方面，初步设想引用数据包络法、层次分析法、模糊评价法等数学模型进行模型的完善工作。首先，在财务层面、顾客层面、内部运营层面以及学习和创新层面四个确定维度的前提下使用数据包络法排除较差的被评价对象并确定分析指标；其次，在剩下的较优被评价对象中采用层次分析法确定指标权重，减小指标误差；最后，运用模糊综合评价法（Fuzzy Com-prehensive Evaluation，FCE）来对社区公共物品价值链协同效应进行评价。

15.3 基于价值链的社区公共物品协同供给绩效评价实施

15.3.1 基于价值链的社区公共物品协同供给绩效评价指标体系的构建

价值链下社区公共物品协同供给整体绩效评价指标体系是以提升协同供给绩效战略目标为基础，从整体角度来评价供应链的绩效。价值链整体绩效评价指标体系既要能全面反映供应链绩效的关键因素，又要能使用最少的关键指标来使得评价的复杂性降低。本研究以 BSC 模型为基础，结合相关价值链整体绩效综合评价指标体系已有研究成果以及社区公共物品协同供给相关影响因素，从财务角度、顾客角度、业务流程角度、未来发展角度等四个方面综合考虑建立供应链整体绩效评价指标体系，见表 15-1。

表 15-1 社区公共物品协同供给绩效评价指标体系

目标层	准则层	指标层
价值链下社区公共物品协同供给整体绩效	财务层面	（1）协同供给投资收益水平
		（2）协同供给总成本水平
	顾客层面	（1）公共物品质量高水平
		（2）公共物品消费快捷便利性
		（3）公共物品内容丰富多样化程度
		（4）公共物品协同供需精准匹配一致性
		（5）供给反馈及时响应解决能力
	内部运营层面	（1）目标、理念一致性
		（2）信息共享性
		（3）权责分工明确性
		（4）协同合作信任性
		（5）价值链协同供给柔性水平
	学习与创新层面	（1）新技术应用的水平
		（2）运营管理水平

1. 财务层面评价指标体系

财务层面的关键问题是考察价值链协同供给主体贡献率是否考虑了价值链整体系统，目标在于突出社区公共物品的公益价值，达到价值链的供给价值最大化。在财务层面，研究选取提高投入收益、降低供给成本两个角度的表现因子，其具体体现指标为：协同供给投资收益水平和总成本水平两个具体指标。一是投资基于价值链的社区公共物品协同供给的收益水平越高（包括财务和非财务的收益回报），公益价值也就越高，协同供给效果呈正相关关系；二是投资基于价值链的社区公共物品协同供给的总成本水平（其中包括建设成本、运营成本和协同成本等）越低，表明协同供给水平越高，与价值链协同供给绩效呈负相关关系。

2. 顾客层面评价指标体系

顾客层面的关键问题是价值链协同供给系统所提供的社区公共物品和服务是否增加客户满意度一项，目的在于研究多元供给主体如何通过合适的协同供给方式满足社区公共需求。在顾客层面，研究从社区居民消费满意度角度的表现因子切入。社区居民消费满意度评价指标，研究选用公共物品质量高水平、公共物品消费快捷便利性、公共物品内容丰富多样化程度、公共物品协同供需精准匹配一致性和供给反馈及时响应解决能力5个指标来反映。公共物品质量水平直接关乎社区居民的消费价值，质量水平越高，社区居民的消费满意度越高，反之，满意度越差。公共物品消费快捷便利性联系到社区消费公共物品的方式和途径，快捷便利性越高，消费满意度越高，反之，效果越差。公共物品内容丰富多样化程度涉及社区居民消费公共物品的范围和种类，内容越丰富，社区居民消费偏好的满意度就越高，反之，效果越差。公共物品协同供需精准匹配一致性是指供需匹配程度，匹配程度越高，居民满意程度就越高，社会资源的利用效率也就越高，与协同供给绩效正相关。供给反馈及时响应解决能力是指针对社区的供给反馈回应解决能力，回应解决越快，居民满意度也就越高，与协同供给绩效正相关。

3. 内部运营层面评价指标体系

内部运营层面的关键问题是内部流程的增值活动能否带来核心竞争力的提升，其目的在于合理成本预算下，以更加高效的方式完成社区公用物品的协同供给。在内部运营层面，研究从目标一致性、信息共享性、权责分工明确性、协同合作信任性和价值链协同供给柔性水平5个指标来反映。目标一致性反映了价值链协同供给系统各节点主体的协同程度，目标一致性越高，说明价值链的协同供给效果越好，反之，说明价值链的协同供给效果越差。信息共享性是价值链协同供给系统协调运作的重要特征，是保持成功的价值链协同合作关系的关键，重要信息的共享程度体现了供应链节点企业的实施价值链管理的程度。权责分工明确性反映了价值链协同供给体系政策体制以及管理机制的完备性，责权体系越明确，协同供给效果越好，反之，效果越差。协同合作信任性反映了价值链协同供给系统各节点主体对彼此的信任程度，影响到一些其他指标，比如信息共享程度等，节点主体之间的信任程度越高，说明供应链协同效果越好，反之，说明越差。价值链供给柔性是衡量基于价值链的社区公共物品协同供给系统在环境变化时的适应能力的指标，反映社区居民公共需求发生变动时，其供给水平调整的能力适应性，适应越快，抵御外部风险的能力越强，其协同供给效果越明显，反之，越不明显。

4. 学习与创新层面评价指标体系

学习与创新层面的关键问题是考察价值链协同供给系统是否具备与时俱进的社区公共需求适应性，其目的在于集成优化价值链内部及社会资源，注重创新，有效对接公共新需求。

因此，研究从价值链系统适应性反映学习和创新，选用新技术应用的水平和运营管理水平2个指标来反映：新技术应用水平是指"互联网+""大数据"等智能化新技术广泛应用到社区公共物品协同供给过程的程度，新技术应用水平越高，价值链协同供给系统的适应性就越强，反之，供给系统将因故步自封而被淘汰；运营管理水平反映了社区公共物品协同供给管理模式能够持续完善和创新的水平，价值链协同供给管理模式创新水平越高，表明系统创新能力越强，系统的适应性也越强，反之，越弱。

15.3.2 基于价值链的社区公共物品协同供给绩效评价数据处理

1. 确定协同供给绩效评价指标因素集

本研究根据层次分析法的结构模型设计了三层指标，其中最高层为 A 目标层，第二层为 B 准则层、第三层为 C 指标层，每一个层次都能支配下一个层次，即为递阶层关系，根据表 15-1 的指标体系来确定层次结构，具体如图 15-2 所示。相应地，协同供给绩效评价指标因素集设为 A = {B_1，B_2，B_3，B_4}，其中，研究中的一级评价指标为 4 个，即财务层面、顾客层面、内部运营层面和学习与创新层面；二级评价指标为 14 个，分别为四个一级指标下的各个测评指标。

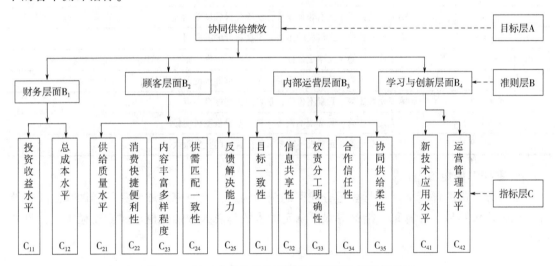

图 15-2　社区公共物品协同供给绩效评价指标层级图

2. 设立指标评语集

评语集设为：V = {v_1，v_2，v_3，v_4，v_5，…，v_m}，本研究将指标评价分为五个等级：优、良、中、差、劣，即：v_1 = {优}，v_2 = {良}，v_3 = {中}，v_4 = {差}，v_5 = {劣}。等级的界定是对评价指标体系中的最后一级指标层等级的界定，书中主要是对第一指标下的二级隶属指标的界定。为了很好地反映等级差别，使其对价值链协同供给的评价更为细致，在征得有关专家同意及结合实际情况的基础上，取这五个等级作为评价等级较为适宜。

3. 确定指标权重

权重是表征因子相对重要程度的量度值，评价指标因素集 A 的每一评价指标的不同权重，体现各因素指标分量比重。常见测定指标权重的方法有德尔菲法、层次分析法、熵值法等。其中，层次分析法（AHP）能够克服一般方法要求研究样本多、数据量大的缺点，且其计算的误差小、可靠性程度高，因此，结合基于价值链的社区公共物品协同供给的自身特点和层次分析法（AHP）的优点，研究拟采用该方法来确定各层次指标的权重。主要通过以下两个步骤实现：

一是建立层次分析法的评价标度，表15-2所显示的就是1~9标度法的判断标准及说明，根据两两指标的比较，确定判断矩阵，这样可以得到矩阵 $A = (a_{ij})nn$，其中 $a_{ij} > 0$，$a_{ij}/a_{ji}a_{ii} = 1$（$i, j = 1, 2, 3, \cdots, n$），具体评价标准见表15-2。

二是计算指标的权重系数，研究依据表15-2中1~9评价标度，对同一级别的评价指标两两相比较的重要程度进行专家问卷调查，将专家们对矩阵中两两指标重要程度的比较结果进行整理，然后运用yaahp软件群决策功能对多个专家排序向量进行加权算术平均，进而得到基于价值链的社区公共物品协同供给绩效评价指标的各个权重，在计算过程中，同时注意权重是否通过一致性检验。

表15-2　1-9标度法的判断标准及说明

标度	重要性说明
$a_{ij} = 1$	第 i 元素与第 j 元素对上一层次同样重要，对目标重要程度相当
$a_{ij} = 3$	第 i 元素比第 j 元素稍微重要，对目标重要程度差异不太大
$a_{ij} = 5$	第 i 元素比第 j 元素很重要，重要差异程度有一点
$a_{ij} = 7$	第 i 元素比第 j 元素非常重要，重要差异程度较明显
$a_{ij} = 9$	第 i 元素比第 j 元素极端重要，重要程度的差异很大
$a_{ij} = 1\sim9$ 之间的偶数	第 i 元素比第 j 元素重要性介于相邻判断之间，重要差异程度介于相邻判断之间
$a_{ij} = 1/3$	第 i 元素比第 j 元素不太重要，对目标重要程度差异不太大
$a_{ij} = 1/5$	第 i 元素比第 j 元素不重要，重要差异程度有一点
$a_{ij} = 1/7$	第 i 元素比第 j 元素很不重要，重要差异程度较明显
$a_{ij} = 1/9$	第 i 元素比第 j 元素极不重要，重要程度的差异很大

4. 取得模糊矩阵

按评分人员的评定结果进行登记分配率的统计确定，本研究采取专家问卷调查法进行统计，根据评价结果，计算每一指标等级下认定的人数与总人数的比值，建立模糊矩阵，见式（15-1）。

$$S = \begin{pmatrix} S_{11} & \cdots & S_{1m} \\ \vdots & \ddots & \vdots \\ S_{n1} & \cdots & S_{nm} \end{pmatrix} \quad (15\text{-}1)$$

式中，S 为模糊矩阵；m 为横向指标个数；n 为纵向指标个数；S_{nm} 为认定的人数与总人数的比值。

5. 模糊综合评价

根据前面计算所得的权重系数 $W_i = (w_1, w_2, w_3, \cdots, w_i)$ 和模糊矩阵 S，利用模积合成矩阵计算：$K = WS = (K_1, K_2, K_3, K_4, \cdots, K_n)$ 得出模糊评价模型。研究中针对财务层面、顾客层面、内部运营层面和学习与创新层面四个协同效应因素，首先计算出权重向量 W_i 和各自的模糊矩阵 S_i，接着使用合成运算进行计算。研究采用 $M(\cdot, \oplus)$ 算子，$\oplus$ 指的是有界和算子，主要是依据各种算子的计算特征和社区公共物品供给的自身特点，这种算法能够兼顾权重与均衡性，对整体指标的计算比较适宜，见式（15-2）。

$$K = (W_1, W_2, W_3, \cdots, W_i) \begin{pmatrix} S_{11} & \cdots & S_{1m} \\ \vdots & \ddots & \vdots \\ S_{n1} & \cdots & S_{nm} \end{pmatrix} = (K_1, K_2, K_3, K_4, \cdots, K_n) \quad (15\text{-}2)$$

式中，K 为模糊评价模型；W_i 为各指标权重系数；S_{nm} 为认定的人数与总人数的比值；m 为横向指标个数；n 为纵向指标个数。根据模糊矩阵的运算和最大隶属度的原则，得出单因素指标的评价结果，即：K_1，K_2，K_3，K_4，$\cdots$，K_n，然后通过二级模糊评价得出最终协同绩效的综合评价结果。

15.4 实证分析

15.4.1 调查对象的确定

由于天津市红桥区在引进基于价值链的协同供给模式打造全民参与的"智慧社区""美丽城区"建设方面具有一定的代表性，符合本章节主要研究内容——对基于价值链的社区公共物品协同供给绩效的评价研究，且由于研究时间、范围限制以及实际研究情况较复杂等，全面调查社区的可能性很小，因此，本研究选取天津市红桥区某街道社区作为主要的调研对象，以期验证对协同绩效评价的研究分析。

15.4.2 基于价值链的社区公共物品协同供给绩效评价分析

运用本研究提出的价值链协同绩效评价体系评判社区公共物品协同供给绩效，具体步骤如下：

1. 确定评价指标因素集

基于价值链的社区公共物品协同效应评价指标体系在前文中已经建立，详见图 15-2。

2. 基于价值链的社区公共物品协同供给的指标评语集

根据通常运用的最为普遍的标准，本研究将指标评价分为五个等级：优、良、中、差、劣，即：$v_1 = \{优\}$，$v_2 = \{良\}$，$v_3 = \{中\}$，$v_4 = \{差\}$，$v_5 = \{劣\}$。通过电子邮件对从事社区公共物品研究的专家进行访问，并设计调查问卷收集数据加以统计，对每个指标进行评价。

3. 权重系数的计算

在社区公共物品协同供给绩效评价体系中，要计算出准则层和指标层的权重，研究根据图 15-2 绩效评价指标层级图以及结合 1~9 标度法（见表 15-2）设计了调查问卷，即项目两两比较的重要性评价标度：$a_{ij} = \{极不重要；很不重要；不重要；不太重要；同等重要；稍微重要；明显重要；非常重要；极端重要\} = \{1/9；1/7；1/5；1/3；1；3；5；7；9\}$。主要采用电子邮件的方式向绩效评价研究人员、公共服务研究人员以及社区公务人员发放问卷5份，回收有效问卷4份。根据层次分析法的 1~9 标度法，结合专家对每一层次的评价指标相对重要性的定性描述，然后运用 yaahp 软件群决策功能对多个专家排序向量进行加权算术平均，并通过一致性检验，进而得到各个基于价值链的社区公共物品协同供给绩效评价指标的权重，见表 15-3。

表 15-3 基于价值链的社区公共物品协同供给绩效评价指标权重

目标层	准则层	权重	指标层	权重
价值链下社区公共物品协同供给整体绩效（A）	财务层面 B_1	0.3567	C_{11}：协同供给投资收益水平	0.2118
			C_{12}：协同供给总成本水平	0.1449
	顾客层面 B_2	0.4146	C_{21}：公共物品质量高水平	0.1258
			C_{22}：公共物品消费快捷便利性	0.095
			C_{23}：公共物品内容丰富多样化程度	0.0564
			C_{24}：公共物品协同供需精准匹配一致性	0.0537
			C_{25}：供给反馈及时响应解决能力	0.0837
	内部运营层面 B_3	0.1473	C_{31}：目标、理念一致性	0.0418
			C_{32}：信息共享性	0.0315
			C_{33}：权责分工明确性	0.0286
			C_{34}：协同合作信任性	0.0276
			C_{35}：价值链协同供给柔性水平	0.0177
	学习与创新层面 B_4	0.0814	C_{41}：新技术应用的水平	0.0119
			C_{42}：运营管理水平	0.0695

注：资料来源于对 yaahp 软件的分析整理。

归总以上的计算可得出各指标因素的权重为

$W = (B_1, B_2, B_3, B_4) = (0.3567, 0.4146, 0.1473, 0.0814)$

$W_1 = (C_{11}, C_{12}) = (0.2118, 0.1449)$

$W_2 = (C_{21}, C_{22}, C_{23}, C_{24}, C_{25}) = (0.1258, 0.095, 0.0564, 0.0537, 0.0837)$

$W_3 = (C_{31}, C_{32}, C_{33}, C_{34}, C_{35}) = (0.0418, 0.0315, 0.0286, 0.0276, 0.0177)$

$W_4 = (C_{41}, C_{42}) = (0.0119, 0.0695)$

4. 计算因素模糊矩阵

本节主要是对基于价值链的社区公共物品协同供给效应进行实证分析，主要采用问卷调研向天津市红桥区参与社区协同供给的街道办事处、物业公司、社区公益组织、社区居委会、业主委员会核心成员发放问卷获得原始数据。问卷调查的主要内容包括基于价值链的社区公共物品协同供给过程中的财务层面、顾客层面、内部运营层面和学习与创新层面的评价。此次问卷调查总共发放问卷 60 份，回收 55 份，按照问卷填写是否完整及填写是否认真的准则剔除无效问卷，得到 52 份有效问卷，将其作为本研究的参考资料，对问卷结果统计如下（见表 15-4）。

表 15-4 基于价值链的社区公共物品协同供给绩效评价指标体系结果统计

因素等级	v_1（优）	v_2（良）	v_3（中）	v_4（差）	v_5（劣）	总人数
C_{11}：协同供给投资收益水平	1	13	15	20	3	52
C_{12}：协同供给总成本水平	4	9	24	14	1	52
C_{21}：公共物品质量高水平	3	10	15	24	0	52

(续)

因 素 等 级	v_1 (优)	v_2 (良)	v_3 (中)	v_4 (差)	v_5 (劣)	总人数
C_{22}：公共物品消费快捷便利性	3	14	23	12	0	52
C_{23}：公共物品内容丰富多样化程度	4	7	14	26	1	52
C_{24}：公共物品协同供需精准匹配一致性	3	10	9	28	2	52
C_{25}：供给反馈及时响应解决能力	4	9	17	20	2	52
C_{31}：目标、理念一致性	1	11	18	19	3	52
C_{32}：信息共享性	2	13	14	21	2	52
C_{33}：权责分工明确性	2	9	21	20	0	52
C_{34}：协同合作信任性	1	9	22	19	1	52
C_{35}：价值链协同供给柔性水平	1	12	18	21	0	52
C_{41}：新技术应用的水平	3	14	22	11	2	52
C_{42}：运营管理水平	4	17	20	10	1	52

根据表 15-4 计算各指标认定人数与总人数的比值，从而得出财务层面、顾客层面、内部运营层面、学习与创新层面协同效应评价指标体系四级层次的模糊矩阵如下。

$$S_1 = \begin{pmatrix} 0.02 & 0.25 & 0.29 & 0.38 & 0.06 \\ 0.08 & 0.17 & 0.46 & 0.27 & 0.02 \end{pmatrix}$$

$$S_2 = \begin{pmatrix} 0.06 & 0.19 & 0.29 & 0.46 & 0 \\ 0.06 & 0.27 & 0.44 & 0.23 & 0 \\ 0.08 & 0.13 & 0.27 & 0.50 & 0.02 \\ 0.06 & 0.19 & 0.17 & 0.54 & 0.04 \\ 0.08 & 0.17 & 0.33 & 0.38 & 0.04 \end{pmatrix}$$

$$S_3 = \begin{pmatrix} 0.02 & 0.21 & 0.35 & 0.37 & 0.06 \\ 0.04 & 0.25 & 0.27 & 0.40 & 0.04 \\ 0.04 & 0.17 & 0.40 & 0.38 & 0 \\ 0.02 & 0.17 & 0.42 & 0.37 & 0.02 \\ 0.02 & 0.23 & 0.35 & 0.40 & 0 \end{pmatrix}$$

$$S_4 = \begin{pmatrix} 0.06 & 0.27 & 0.42 & 0.21 & 0.04 \\ 0.08 & 0.33 & 0.38 & 0.19 & 0.02 \end{pmatrix}$$

S_1、S_2、S_3、S_4 分别为财务层面、顾客层面、内部运营层面、学习与创新层面的模糊矩阵。

5. 模糊综合评价

采用前面介绍的 $M(\cdot, \oplus)$ 算子方法进行合成运算。

（1）计算各层级指标层的评价结果。

财务层面协同效应评价结果 K_1：

$$K_1 = W_1 S_1 = (0.2118, 0.1449) \begin{pmatrix} 0.02 & 0.25 & 0.29 & 0.38 & 0.06 \\ 0.08 & 0.17 & 0.46 & 0.27 & 0.02 \end{pmatrix}$$

$$= (0.0152 \quad 0.0780 \quad 0.1280 \quad 0.1205 \quad 0.0150)$$

顾客层面协同效应评价结果 K_2：

$$K_2 = W_2 S_2 = (0.1258, 0.095, 0.0564, 0.0537, 0.0837)$$

$$\begin{pmatrix} 0.06 & 0.19 & 0.29 & 0.46 & 0 \\ 0.06 & 0.27 & 0.44 & 0.23 & 0 \\ 0.08 & 0.13 & 0.27 & 0.50 & 0.02 \\ 0.06 & 0.19 & 0.17 & 0.54 & 0.04 \\ 0.08 & 0.17 & 0.33 & 0.38 & 0.04 \end{pmatrix}$$

$$= (0.0266 \quad 0.0822 \quad 0.1302 \quad 0.1693 \quad 0.0064)$$

内部运营层面协同效应评价结果 K_3：

$$K_3 = W_3 S_3 = (0.0418, 0.0315, 0.0286, 0.0276, 0.0177)$$

$$\begin{pmatrix} 0.02 & 0.21 & 0.35 & 0.37 & 0.06 \\ 0.04 & 0.25 & 0.27 & 0.40 & 0.04 \\ 0.04 & 0.17 & 0.40 & 0.38 & 0 \\ 0.02 & 0.17 & 0.42 & 0.37 & 0.02 \\ 0.02 & 0.23 & 0.35 & 0.40 & 0 \end{pmatrix}$$

$$= (0.0040 \quad 0.0305 \quad 0.0523 \quad 0.0562 \quad 0.0042)$$

学习与创新层面协同效应评价结果 K_4：

$$K_4 = W_4 S_4 = (0.0119, 0.0695) \begin{pmatrix} 0.06 & 0.27 & 0.42 & 0.21 & 0.04 \\ 0.08 & 0.33 & 0.38 & 0.19 & 0.02 \end{pmatrix}$$

$$= (0.0060 \quad 0.0259 \quad 0.0318 \quad 0.0159 \quad 0.0018)$$

（2）通过二级综合模糊评价模型对基于价值链的社区公共物品协同供给效应进行综合评价：

$$K = W \begin{pmatrix} K_1 \\ K_2 \\ K_3 \\ K_4 \end{pmatrix}$$

$$= (0.3567, 0.4146, 0.1473, 0.0814) \begin{pmatrix} 0.0152 & 0.0780 & 0.1280 & 0.1205 & 0.0150 \\ 0.0266 & 0.0822 & 0.1302 & 0.1693 & 0.0064 \\ 0.0040 & 0.0305 & 0.0523 & 0.0562 & 0.0042 \\ 0.0060 & 0.0259 & 0.0318 & 0.0159 & 0.0018 \end{pmatrix}$$

$$= (0.0175 \quad 0.068 \quad 0.1099 \quad 0.1227 \quad 0.0088)$$

6. 协同效应的模糊综合评价结论和结果分析

根据指标评语集 $v_1 = \{优\}$，$v_2 = \{良\}$，$v_3 = \{中\}$，$v_4 = \{差\}$，$v_5 = \{劣\}$ 和评价结果数据，通过最大隶属度原则可以看出：运用所构建的模型得出的基于价值链的社区公共物品协同供给的财务层面表现出的协同绩效为"中"，顾客层面表现出的协同绩效为"差"，内部运营层面表现出的协同绩效为"差"，学习与创新层面表现出的协同绩效为"中"，基于价值链的社区公共物品整体协同绩效为"差"。

15.4.3 协同供给绩效评价结果分析

1. 财务层面协同绩效评价结果分析

从基于价值链的社区公共物品协同供给的财务层面来看，其评价结果为"中"，表明天津市某街道社区在引入价值链协同创新模型后，其财政投资收益及总成本投入保持在"中等"水平，但距离达到"良"水平仍存在较大差距，因此，建议规范社区基本项目的投资成本运营管理，进一步深化财务投资的计划性和准确性，进而降低各自的协调和运营成本，提高资本投资收益以及成本费用利润率，实现财务层面的价值创造活动。

2. 顾客层面协同绩效评价结果分析

从顾客层面协同供给绩效来看，其评价结果为"差"，与"中"的评价结果差距不是很明显，表明引入模型后，提高社区公共物品协同供给绩效满足居民公共需求还有很大的晋升空间。从顾客层面的影响要素来看，供需匹配不一致是影响社区居民满意度的主要要素，公共物品的种类丰富程度和质量水平不高也是居民认为协同供给绩效"差"的重要影响因素，因此，充分利用庞大的价值链网络资源挖掘居民需求，建立供给需求数据库，利用大数据提取共性的部分，助推公共物品和公共服务的有效融合，同时也为市场企业参与协同供给开拓了路径，通过降低协同合作的进入门槛，促使社企行业联动协同发展。

3. 内部运营层面协同绩效评价结果分析

内部运营层面协同绩效评价结果为"差"，与"中"的评价结果差距不是很明显，说明在价值链模式下协同供给绩效还存在巨大的改善空间。从运营层面的影响要素来看，资源网络平台、各种社会资源以及信息的共享程度和协同供给柔性水平是影响内部运营层面协同供给绩效水平高低的主要要素，其中，由于其涉及的公共物品的范围和种类在逐步增加，其中的核心供给成员如街道行政组织、社会公益组织、社区自主组织以及私人企业都担任着不同的角色，分布在不同的供给领域，因此带来的权责失配、资源利用浪费等问题，阻碍了协同供给系统的长效发展。

4. 学习与创新层面协同绩效评价结果分析

学习与创新层面协同绩效评价结果为"中"，与"良"的评价结果差距不是很明显，说明在该模式下，价值链与社区公共物品协同供给具有一定的契合性，但仍存在一定的改善空间。从学习与创新层面的影响因素来看，新技术应用水平的广泛程度最为重要，其次是运营管理水平中协同供给管理模式的持续完善和创新。在4G和互联网技术融合的大背景下，更多的企业加入到社区公共物品协同供给中，因此，如何细分市场、区别不同消费主体的公共需求特点、创新供给模式和业务流程，有效应对多样化公共需求就显得尤为重要，也是实现规模化应用的最强大推动力。

综上所述，基于价值链的社区公共物品协同供给绩效的综合评价结果为"差"是其以上四个层面共同作用的结果，其与"中"的评价结果差距不是很明显。表明所构建的基于价值链的协同供给模型的整体协同供给绩效并没有得到完全的发挥，这既与社区公共服务领域的自身特点相关联，还受其所处的不同发展时期的限制，例如处于发展初期的社区领域，受管理体制与相应机构建立不健全的约束，并不能完全与价值链发展经济水平、技术水平和人才素质水平要求相匹配，其管理的侧重点也会有所不同，其所产生的协同供给绩效也就不同。四种层面协同绩效中，顾客层面与财务层面的协同供给绩效所占权重较大，内部运营管理层面和学习与创新层面协同供给绩效所占权重较小，并与顾客和财务所占权重差距较大，说明要提高基于价值链的协同供给绩效，最重要的还是要快而准地供给满足公共需求的物品和服务，在进一步细化分工的基础上建立有效的保障机制并引进先进的信息技术系统，以求能更好地适应供给环境的变化和市场需求，从而使整个协同供给价值链系统不仅在顾客层面和财务层面实现价值增值，更要在内部运营、学习和创新层面实现价值创造与增值。

对策篇

引导策略和管理对策

第 16 章　城市社区公共物品协同供给引导策略

16.1　深化政府引导支持公共物品供给体系建设

16.1.1　加强政府与市场的合作生产

政府和市场都是实力较强并具备各自优势的公共物品供给主体，但仅依靠单一力量很难满足社区居民的实际需求，如果政府与市场能够加强合作、优势互补，那么必将提高公共物品的供给质量和水平。从政府层面来说，首先应发挥管理角色，积极引导供给企业主体强化行动自律性，促进企业参与公共物品供给生产质量提升，规避企业间恶性、不公平竞争，引入第三方机构对供给企业主体进行评核及监管，对不合规企业主体加大处罚，保障社区公共物品协同供给系统的安全性；其次发挥参与角色，通过与供给企业主体联系紧密的职能部门、行业协会、社会组织和咨询机构，积极开展宣传推介和培训等倡导和传播社区公共物品供给协同理念及方式，促进企业主体加入社区公共物品系统供给链；最后利用政府主体优势降低企业参与社区公共物品供给建设的行业准入标准，采用搭建系统内公共物品供给服务平台，购买政府公共服务，扶持社会企业公益项目等方式，降低供给企业主体的协同供给成本，进而推动企业主体参与系统内协同供给的积极性[94]。

从企业层面来看，首先可以通过改进协同合作运作方式、优化协同合作结构模式、重视协同合作信息沟通和加强协同合作管理架构来提高供给企业主体间的协同合作效能；其次从供给企业主体内部的利益需求出发，获取内部主体的动力驱动支持，通过绩效考核的激励方式促进内部主体对公共物品供给协同的重视度；再次需要探索构建资源配置机制、合作信任机制、利益分配机制、供给文化、法律及制度环境，促进激励要素在企业供给主体参与公共物品供给协同系统中的作用；最后通过信息交流、信任合作途径，提升供给企业主体间默契度和促进诚信合作，增加系统内合作信任度，促使企业建立长期稳定的合作共赢关系。

16.1.2　推进非营利组织的培养

城市社区公共物品供给协同中的非营利组织是以居民自身参与为主体，以居民个人特征或兴趣爱好为纽带组建形成的自治组织，且正逐渐融入社区公共物品或服务建设中来，其社区服务具有针对性、多样性、组织成员参与动力更强、服务质量更优的特点，是集体选择和个人选择相结合的结果。考虑到非营利组织的特殊性，增加其培育机制具有一定的必要性，这不仅是创造良好的社区居住环境的重要前提，也连接着经济与文化关系、社会网络关系，在制度、规范及网络对经济发展的作用中起着推动作用。构建社会资本培育机制应该以对人的"内外兼顾"的方式进行努力。对内，即从城市社区公共物品供给主体的本身考虑，社区公共物品供给需要主体积极参与到公共物品的供给中，并依靠不同的运行方式来达到运行效果的最优。对外，即从城市社区公共物品供给的周边环境入手，社会资本的创建需要人与人之间相互联系的桥梁，再从中提取出同质物，并将这些优势放大形成对更多人相同的认定。在培育机制中，政府应下放部分权力，与其他参与建设主体形成一定的资源与权力的分享，在此共享过程中形成良性互动。与此同时，给予优惠和减免政策支持，通过提供减免税收、准入制度等政策扶持，明确非营利组织的权责体系和职能范围，培育和扶持其他参与者，加快其他参与主体组织发展壮大，帮助其规范发展。

16.2 构建社区公共物品信息化管理机制

16.2.1 构建信息共享网络平台

政府、市场、第三部门以及社区居民多主体协同合作供给须借助于一定的平台，以加强各主体的沟通、协商以及交流，以多方智慧和灵感的碰撞，优化公共物品供给路径。随着计算机网络技术迅速占据社区居民的生活空间，在智能化和信息化技术催生下的多主体合作的信息共享平台也已成为当前公共物品供给的重要路径。首先，信息共享网络平台通过整合各种监管信息资源，并透过信息透明，对内规范行政人员职能履行，对外增强监督执法的公信力。同时，在政府的协调管控下，各供给方也要及时将公共物品建设的资金投入、进度计划以及运营维护状况公布于信息共享平台中，从而有效减少了供给者的投机行为[4, 222]。其次，该平台不但能够分享政策法规，特别是政府相关公共服务信息的分享，消解信息的不充分、不对称，还能针对信息平台上的居民需求，开展各式各样的活动，吸引社区居民的广泛参与。通过网络科技拉近政府、居民、企业与非营利组织之间的距离，使社区建设各主体形成良好的互动关系，便于相互沟通、了解与相互合作。

16.2.2 建立扁平化信息传递结构

在传统社区管理体制中，政府职能部门的层级关系较多，供需信息在双向传递的过程中经过一道道程序，由此造成的利益矛盾、信息不对称、记忆碎片化，不仅影响信息传递速率，还会造成人力、物力的浪费，是社区公共物品供给困厄发生的重要原因。因此，供需信息传递渠道的畅通性是供需信息传递结构的关键一环。在国家推进政府职能转变以及简政放权的大背景下，扁平化信息传递结构是较为理想的信息传递结构，其作用机理是在政府及其他职能部门中，引入扁平化管理理念，借助现代信息化技术手段，通过压缩职能机构、优化公共物品供给流程、减少管理层次等方式，建立新型政府管理模式，实现对传统科层制组织管理模式的超越和替代。通过扁平化、信息化管理方式，可以有效地对社区公共物品供给中发生的人、财、物进行有机整合。一方面，可以减少冗杂的行政管理人员，优化人力资源匹配；另一方面，可以缩短信息传递流程，减少管理环节，明确条块的工作职责和关系，提高工作效能。

16.2.3 强化信息披露制度建设

信息披露不仅能够促进供需主体间信息沟通，提高供需契合性，而且有利于减少协同主体间信息不对称，将公共物品供给数量、用途、管理程序、自身运营情况等信息真实、及时地向合作伙伴以及社区居民予以公开，居民也可以进行有效的问题反馈。为了实现协同主体间内外部信息披露的有效执行，基层政府和街道办应当积极加强制度建设，完善信息公开化的相关政策，对于隐瞒真实信息，产生违反供给合约行为的主体，无论是政府，还是企业、居民，都应当给予相应的监督和惩罚。信息披露相关制度需要在居委会的帮助下，认真落实到社区内部，并引导居民积极参与建设，通过制度设计对供给主体真正起到约束作用。

16.3 完善社区公共物品协同供给监督和激励体系

16.3.1 建立多层次、多途径的监督体系

作为"经济人"的各供应协作主体不可避免会在供给过程、供给质量、供给水平以及协同合作中出现"寻租"或腐败现象，引发供给结果和协同合作的低效、低质。因此，要加强多主体协同合作供给的监督管控，具体而言，不仅要发挥政府政治监督权力对其他供给主体的管制，还要将公众对于供给结果的满意度和公平性作为参照标准而融入社区居民的监督力量[223]。首先，无论在规划设计、建设实施还是运营维护阶段，任何环节的质量问题都会影响最终的公共物品质量和居民的消费体验，因此，社区公共物品监督管理体系首先要从多层次入手。其次，有效、多渠道的监督途径也是建立社区公共物品监督体系的必要条件。第一，应充分发挥社区居民作为公共服务直接消费者和体验者的力量，充分发挥监督作用，建立有效、清晰的监督途径。第二，要重视对政府供给决策、资金使用的监督，避免公共投资的随意性和片面性。第三，强化政府的监督职能，在多主体间建立利益相关的相互监督机制，缩减各主体供给中的社会资本趋利空间。通过纵向和横向协同，构建一个程序清晰、分工合理、相互监督、协同互动的社区公共物品监督体系。

16.3.2 构建公共物品评估指标体系

针对不同社区公共物品主体，构建相应的评估指标是科学评价相关主体供给能力和协同效率的前提。为了更加细致地对社区公共物品供给质量做出评价及采取相应监管措施，需要对各领域类别内的公共物品在技术、质量、服务公共性和有效性等方面进行指标设计，并确立评级方法和程序，形成社区公共物品供给数据库。明确的指标评估体系可以帮助供给主体明确其供给职责并规范自身行为，对供给主体产生很好的监督管理作用。公开公正的评估指标是社区公共物品评估体系的依据和标杆，具备较强的说服力，通过定量分析与定性分析相结合的方式，更准确地反映和分析社区公共物品供给现状，做出快速的决策响应，对违法行为做出合理的经济和行政处罚。

16.3.3 完善社区奖罚制度和激励措施

从目前的实际情况看，首先，社区公共物品供给主体激励机制存在激励形式单一、缺乏科学规范的考评体系、社区人力资源开发能力有待提升等问题，难以充分调动社区工作者的积极性。因此，可以从荣誉激励、经济激励两方面完善社区公共物品供给主体的激励机制。首先，荣誉激励是指对社区做出突出贡献的优秀工作人员、组织或企业进行评优评先，颁发荣誉证书给予奖励。经济激励是指对社区公共物品供给参与者根据工作量大小、劳动强度、任务轻重等给予工资、补贴的增加，建立公平、合理的薪酬框架体系。其次，对于供给过程中出现违规操作的企业或基层政府管理人员，按规章制度进行处理或处罚，保证供给流程和环节的正常秩序，对投机取巧构成威慑，提高社区公共物品供给质量和效率。

16.4 强化多元主体间公共利益价值导向

16.4.1 树立正确的价值目标导向

政府、企业、居民等主体作为利益相关者协同供给社区公共物品的首要目标是提供优质的公共服务或公共物品，创造更多的公共价值。但是，出于"理性经济人"的思考，协同主体在供给过程中可能出现违约、失信、投机行为，为了个人利益最大化而损害公共利益。因此，要积极引导正确的价值目标和取向，坚持公平、共赢、民主、效率等多元价值的统一，将公共利益价值导向融入参与主体和个人的潜意识中，使其在供给过程中更多地将社区公共利益作为逻辑和行为起点，形成成熟的社区利益相关者的关系网络，通过彼此间协调联动，实现价值网的整体成本降低和价值增值。强化多元主体间公共利益的正确价值导向，应当在充分认识社区居民的需求上切实树立"两点"。一是以满足社区居民对公共物品的具有多样性和层次性的异质性需求为出发点，实现社区居民的精神生活和物质文化生活"双提升"。二是以实现和谐社区建设目标为落脚点，把不同供给主体利益偏好和行为统一在和谐社区建设发展的路径导向上，确保各个主体协同合作体现和谐社区建设的发展需要。

16.4.2 培育协同合作精神

协同合作精神是公共物品协同合作供给的基本精神。为促进公共物品的有效整体性供给，必须培育各参与主体的协同合作精神。首先要加强各参与主体对协同合作的正确认识，明确公共物品供给是公共问题，其要求政府、市场、第三部门、社区居民的多方合作解决，通过跨界协商与对话，达成共识，最终解决公共问题和实现公共效益的增加。其次要强化各参与主体在公共物品供给中的协同合作意识。以平等、包容、信任、合作、整体为基本原则，摒弃自身的狭隘利己主义，激发利他主义的"善"，始终以整体利益最大化为准则，以协同合作供给为手段，实现城市社区公共物品的有效供给。再次，培育社会诚信和信任精神的软性社会资本。诚信、信任是构建社区公共物品供给协同合作网络的重要基础，是联结各主体的心理和精神纽带桥梁。因此，要消解各方心理和情感隔阂，加强交流、互动、协商，培育协同合作的软性社会资本。

16.4.3　建立完善公平的利益分配机制

公共利益价值导向并不否认各供给主体追求自身利益，相反，只有自身利益得到一定满足，才能实现多元主体协同参与供给。社区公共利益价值导向强调的是在自利的同时，促进主体间相互合作，具备一定的志愿精神、利他精神，实现主体间协作共赢。健全社区公共物品协同供给利益分配机制可以从三方面入手：其一是权力利益的分配，尤其是在公共物品供给决策、监督、评价权力中，要考虑多元主体的权力诉求，而不是局限于单一主体的权力控制，这样才能调动协同主体参与意愿；其二是经济利益分配，政府可以通过财政支持，对那些公共利益贡献较高的参与者提供经济或税收方面的奖励，使其在做好公共服务的同时也不减少个人利益；其三是促进利益分配的动态调整，供给主体通过谈判机制达成合作契约后，随着时间推移和社区环境改变，其利益情况会发生增减变化，应当根据外部因素的改变和供给主体贡献度，对利益分配进行适当调整。

16.4.4　优化利益表达渠道

实现社区公共物品供给多元主体协同，重要的一点是给予供给主体充分的利益诉求和需求表达权。通过增强主体间事前沟通和交流，可以有效地防止事后产生的摩擦矛盾。在利益表达机制不完善的情况下，政府或市场所提供的公共物品常常不能契合居民的实际需求，造成供需不匹配以及公共资源的浪费。因此，优化供给协同主体利益表达渠道、建立公共决策依据的民主机制是提高社区公共物品供给协同效率的必经之路。要明确居民、企业、社区组织等供给主体的利益表达对象，然后利用电话、信访、网络、媒体等方式优化利益表达渠道，通过管理流程的设计和信息技术的使用降低渠道的使用成本，在利益表达过程中的利益要求要迅速传递到政策决策中心，保证利益表达的快速反应和回馈，尽可能减少传递中的利益表达信息损失。

16.5　增强信任互惠的社区资本关系网络

16.5.1　提升居民的社区归属感

社区归属感来源于居民对社区公共服务的认可度和依赖感，影响居民参与的积极性和公共性。增强居民的社区归属感，可以从居民在社区中的参与有效性和参与文化建设两方面入手，强化公共物品供给，保障居民的基本权益，为居民提供良好的工作生活条件。在社区居民参与权利的有效性中，首先要培育居民的权利意识，引导居民明晰自身在公共物品建设中的权利内容，通过主动参与社区公共事务，维护自身的合法权益不受侵害。其次要健全城市社区的参与网络，构建一个保障居民有效参与社区建设的公民社会，创建良好的政治生态环境。在文化建设方面，应当加强社区文化活动的组织力度，尤其是充分发挥社区公益性、志愿性组织以及社区党员的示范作用，在增强社区公共物品供给资源的同时，创建一批具有社区品牌的特色项目，通过多形式、开放性的文化活动塑造居民对社区的认同感和归属感。

16.5.2 注重社区信任体系建设

信任是社会资本的核心要素，社区内丰富的信任资源能够促进社区供给主体的合作，降低社会交往成本，增强多主体对社区建设的认可度。然而，目前社区居民的生活相对封闭化与独立化，社区公共物品供给主体也具有一定的流动性和复杂性，使得居民之间以及居民与供给主体之间都缺乏信任感。因此，需要借助一定的管理手段和方法，完善社区信任体系建设，营造良好的社区供给协同环境，提高多元主体参与度和积极性。一方面，可以建立健全社区的诚信公约体系，由居民代表大会实现诚信公约的订立，并建立相应的诚信奖惩机制。另一方面，可以依托社区的综合服务平台建立社区诚信数据库，将获取的诚信信息作为社区居民参与评优以及获取部分公共服务的先决条件。

16.5.3 完善社区相关规范

规范是一种对多主体社区建设起着重要作用的行为约束。社区规范既包括法律法规等强制性正式规范，也包括社区道德舆论等非正式规范，无论哪种形式的社区规范，都能够对供给协同主体的不当得利和违规行为产生威慑，促进社区和谐以及提高多元主体间协同效率。完善社区规范的过程主要包括建立规范、推行规范和评估规范等三个阶段：其一是依托法律政策和社情民意建立规范，创建适于社区特色和社区认可的集体公约；其二是面向全体社区成员，特别是供给主体进行社区规范宣传和推广，强化监督规范的执行力和实施有效性；其三是通过总结违规行为和规范执行效果，评估社区规范，及时调整规范的内容和范围，弥补不足之处。通过规范的逐步完善落实，真正实现社区共治共享的生活共同体建设。

第 17 章 城市社区公共物品协同供给管理对策

17.1 树立社区公共物品供给价值增值和价值创造导向

政府、企业、居民等主体作为利益相关者协同供给社区公共物品的首要目标是提供优质的公共服务或物品,促进公共物品供给的价值增值和创造更多的公共价值,无论是价值增值还是价值创造都是建立在良好的价值创造导向上。

树立社区公共物品供给价值增值和价值创造导向可以从以下三个方面着手:

第一,建立"三效合一"的价值目标导向,在基于价值链的社区公共物品协同供给体系中融和"政治效应""经济效应"和"社会效应",通过"三效合一"的价值目标导向,有效引导基于价值链的社区公共物品协同供给体系多主体、多环节的网络平台的共享共建以及社会资源和信息的有效联动、整合,节约协同供给系统的整体成本,创造价值增值活动。

第二,寻求价值链系统基本活动和辅助活动之间的平衡联系,通过有效把控社区公共物品安全生产、运营管理的主要矛盾和关键环节,按照"分析评估—确定标准—实施整改—跟踪反馈—持续改进"的流程进行,实现社区公共物品协同供给价值增值的最终目标。

第三,减少协同供给惰性,坚持加强价值创造导向。由于社区公共物品协同供给过程的复杂性、多元化、无序性和不稳定性,协同供给并非想象中那样"应然"实现,诸如目标、权利、利益、信任和成员结构的差异足以使协同产生惰性。为解决此问题,首先应该培育多主体的协同合作精神,加强各参与主体对协同合作的正确认识、强化合作意识,并要求参与多方通过跨界协商与对话解决公共问题和实现公共效益的增加。其次需要拓宽新的视野,坚持价值创造导向,创造新的价值关系和规范准则,为满足居民差异多样、快速变化的公共物品需求,提供新的精神方向和治理体制[224]。

17.2 增加价值链系统各环节的公共财政投入与金融支持

由于社区居民对公共需求的多样化、异质性要求越来越高,不同的公共物品特征影响了价值链协同形式的选择,因此,政府在重新思考和审视其在社区公共物品供给中的职责定位时应该合理利用权力和经济优势,积极引导多元主体协同发挥各自优势参与社区建设,通过增加价值链系统各环节的公共财政投入与金融支持,可以稳定和提高社区公共物品的质量水平,有效提高社区相关利益供给主体对协同合作的重视程度。对策建议主要包括以下几点:

一是加大财政扶持力度,在建立和完善公共财政体制框架下,将基于价值链的社区公共物品协同供给体系纳入公共财政支出体系,将涉及"规划设计—生产建设—运营管理—消费沟通—反馈控制"等各个环节的公共经费和资金纳入国家预算,建立公共预算支持价值链系统协同运转的稳定渠道。

二是拓宽投资渠道,在稳定现有各项公共物品供给投入渠道的基础上,有效利用政策支持、税收优惠、银行贷款等行政手段,特许经营、公私合营、施工承包商垫资、使用者预付费、资产担保证券、管理者收购等具体项目融资方式,降低公共服务领域门槛,积极引导和支持社会组织、市场企业等参与社区公共物品协同供给,提供资金支持。

三是提高资金使用效率,以社区公共需求为导向,推行"订单式""菜单式"公共物品价值链协同供给服务,通过简化财政管理层级,深化街镇社区财政管理体制改革,合理规范、调整公共服务投入资金。明确投入资金使用于哪个环节和流程,推出什么样的公共物品服务,对社区公共图书馆、医院、学校等基础公共服务设施建设实行单位负责人和项目负责人终身负责制。

17.3 加强社区公共物品自主供给

社区公共物品自主供给是除政府、市场、志愿组织之外业主维权、完善社区公共物品供给的第四条路径。加强社区公共物品自主供给,进一步健全了基于价值链的社区公共物品协同供给的监管网络,促进形成信息反馈的闭合回路,有助于缓解社区公共物品供给匮乏困境。

加强社区公共物品自主供给,第一,要重塑社区社会资本建设,尤其是包括社会诚信、信任精神、社区价值文化认同等直接影响价值链多主体、多环节协同供给的软性社会资本。一方面,这些软性社会资本不仅是构建社区公共物品供给协同合作网络的重要基础,也是联结社区居民的心理和精神纽带桥梁。加强培育协同合作的软性社会资本有助于消解社区居民对公共物品自主供给以及其他供给方的心理和情感隔阂。另一方面,健全社区网络环境有益于培育居民的维权意识,多样化、多形式的组织社区文化活动等社区交流活动有利于提升社区居民的认同感,增强多主体对社区建设价值认可度,推进社区公共物品实现自主供给。

第二,完善自主供给机制。明确政策制度是促进社区自主参与的正式动力,通过全流程社区居民利益表达、监督管理和意见反馈机制的构建,确保社区居民公共需求表达合法化,变传统的行政"供给决策"为消费者"需求决策",激发社区居委会、业委会和居民自身的公共参与意识,积极履行监督职责,严格审查价值链协同供给中集资、决策、建设、运营等环节,及时反馈协同供给过程存在的问题,消除供需失配困境。

第三,重新定位政府角色,推动政府职能转变。进一步明确政府、私人企业、社会组织、社区自组织的合作关系,打破传统政府"独角戏"局面。首先要促进政府生产职能与供给职能的分离,将政府从直接生产的职能中剥离出来,把工作的重点放在安排供给和协调主体关系上。其次要强化政府的监督职能,以公共利益为出发点,形成对其他参与者的供给资格、供给过程、供给产品、供给质量、供给价格等的有效监督,实现公共资源合理配置和公共物品的有效供给。最后是加强政府的培育职能,通过下放部分权力,与其他参与建设主体形成一定的资源与权力的分享,在此共享过程中形成良性互动。

17.4 完善公共物品供给主体功能分工和协作体系

社区公共物品价值链体系中供给主体功能分工模糊和错位是造成整体协同矛盾和冲突的主要原因。因此，只有有效明确多主体间的功能、权责分工，才能使社区公共物品价值链协作体系自然有序地良性运转。完善公共物品供给主体功能分工和协同体系建设可以从以下三个方面实现：

一是统一归并价值链协作体系多元供给主体的异质价值认知，完善公共物品供给主体功能分工，是实现价值链协作体系持续运转的核心。首先，分解顶层设计的战略目标，根据价值链协同运作的全生命周期路径，引导社区公共物品价值创造层的战略规划目标逐级分解为不同供给子系统的功能子目标；其次，通过正确处理基层政府与社区居委会的关系、发挥居委会在居民与供给企业供需关系中的协同作用、重视非营利组织等方式厘清社区公共物品供给主体的角色定位和相互关系，识别在不同供给场域中多主体的利益矛盾，通过功能子目标的价值导向分析相关供给主体所承载的社区公共利益和自身的利益增长点；最后，内化利益矛盾，借助政府部门的政策支持、税收优惠和财政补贴等行政优势合理内化相关供给主体间的利益矛盾，完善公共物品供给主体功能分工和价值链体系整体协同。

二是促进多主体、多环节协同供给位序的合理嵌入。基于价值链的社区公共物品协同供给节点主体包括：基层政府、核心供给企业、社会组织、社区居委会和居民等，实现基于价值链的社区公共物品协同供给高效、有序的协作运行，离不开多主体、多环节的合理功能分工和准确、有序地嵌入公共物品价值链条。因此需要加强多环节和多主体协同组合方式和运作方式。一方面通过对民间资源的有效整合，吸纳民间慈善资本和志愿人员投入到社区公共服务当中。另一方面在多元主体内部建立信任评审体系，以此来选择可靠的合作伙伴，促进相互信任。基于完善的公共物品供给主体的角色定位、功能分工和权责体系，实现价值链全生命周期的合理位置嵌入，即供给主体与价值链上"节点与节点""位与位"的有效对接。

三是搭建信息对接的网络共享平台。政府、市场、第三部门以及社区居民多主体协同合作供给须借助于一定的平台，加强各主体的沟通、协商以及交流，以多方智慧和灵感的碰撞，优化公共物品供给路径。信息共享平台、社区公共服务平台等网络共享平台的构建，不仅可以消解信息的不充分、不对称问题，有效整合基于价值链协同供给模式的社区公共资源，将传统行政科层垂直交流处理为智能化的数字信息，形成第一手资源信息的多触角、多脉络的收集与传递，还可以促使社区居民通过网络、短信、微信、微博等社交新媒体渠道充分表达需求，使得社区居民的需求与公共物品供给相对接[4,222]。

17.5 加强公共物品风险防控与监管

加强公共物品风险防控与监管必须将风险防控和监管机制按照预警分析、信息收集和传递、风险监控和问题处理构成一个完备的防控与管理体系，实现机制与实践的有机结合。

一是预警分析阶段，首先明确预警目标，并通过目标细化，分别在财务层面、顾客层面、内部运营阶段、学习和创新层面等多维度建立评估指标体系，并确立评级方法和程序，将细化的目标与具体实践相结合，通过定性分析与定量分析相结合的方式，结合"互联网+""大数据"以及"云计算"等科学技术手段，将基于价值链的社区公共物品协同供给的风险防控、监管在萌芽阶段。

二是信息收集和传递阶段，有效利用电话、信访、媒体等传统媒介以及微博、微信、APP等新媒体技术手段将信息的收集触角和传递脉搏深入价值链协同供给流程的各个环节和阶段。扁平化的信息收集和传递结构，能够及时全面地进行多主体多领域第一手信息的采集，进而结合云计算、大数据等信息处理技术对可疑信息进行甄别判断，按照轻重缓急，对基于价值链的社区公共物品协同供给系统中的信息进行快速、准确地传递，为社区公共物品风险防控和监管节省时间成本。

三是在问题的处理阶段，充分发挥相关利益供给主体之间的监督反馈作用，充分挖掘协同供给主体间的关键结合点，建立健全"财务、顾客、内部运营、学习和创新"四维风险防控与监管应急处理系统，针对不同层面的风险类型采取对应的应对措施和机制，及时有效地化解或减弱潜在风险可能带来的危害，有效地提高社会风险防范、应急处置能力，以及规避突发风险和不协同行为的发生。

17.6　形成多元化驱动激励体系

基于价值链的协同供给节点主体之间具有相互依存、协同共生的特征，然而，不同的供给主体仍具有不同的价值取向，在参与社区公共物品协同供给过程中易产生机会主义倾向、目标协调动力不足以及公共项目资产投资缺位等方面的问题，由此导致协同供给主体间的合作问题、利己问题与侵占问题，因此，应该从主体信任、制度创新和绩效评估多方面全方位地构建激励体系。

一是构建信任激励机制，信任是一种"非正式的自我实施保障机制"[225]，当协同供给主体不具备基础的合作信任时，提升整体绩效将无从谈起，"只有高度信任才能有效促进价值链节点协作行动的可能性，降低供给成本，并影响所要求的供给调适水平"[226]。因此，需要从荣誉激励和经济激励两方面构建信任激励机制。其中，荣誉激励是指对社区做出突出贡献的优秀工作人员、组织或企业进行评优评先，颁发荣誉证书给予奖励。经济激励是指社区公共物品供给参与者根据工作量大小、劳动强度、任务轻重等给予工资、补贴的增加，建立公平、合理的薪酬框架体系。

二是实时跟进制度创新，通过简政放权和法律松绑等制度创新激活市场活力，给予市场企业、社会组织等非政府主体有效参与协同供给的制度保障。通过制定促进社区公共领域公平竞争的法治保障和多层次、多途径的监督体系，建立政府购买公共物品的准入机制，减少不必要的管制，进一步降低协同参与门槛，推进监督管理的公开透明化，以服务质量为抓手，确保最专业的社会组织得到良性发展，形成价值链各子系统协同共进的格局。

三是建立信用评估激励体系，通过设立信用评估指标，对公私合营下的多元参与主体开展评估，同等条件下提高政府购买"信用表现良好主体"产品的份额，优先提供业务合作机会；对于"信用表现较差"的参与主体，以降低政府购买产品份额和业务合作机会为机会成本，限期整改，否则进一步取消合作关系，促进形成协同供给系统内部的良性合作竞争关系。

17.7 提升公共物品投入产出效能

基于价值链的社区公共物品协同供给过程，其最终宗旨是满足供需匹配和创造价值增值活动，然而，要保持社区公共物品协同供给系统的竞争优势以及维持系统的长效协调运转，要求基于价值链的供给系统不断提升公共物品投入产出效能，发现自身供给管理的短板环节，依据社区居民的不断更新的需求变化及时调整重构不协调的协同供给结构。

第一，加深需求管理对价值增值能力的倒逼指导，通过设立需求管理系统对公众反馈需求信息以及需求心理进行预测和分析，预测未来一段时期的公共需求品种和数量，结合资金流、信息流和物质流的"三流"嵌套叠加，优化公共物品价值链供给规模水平和结构内容，实现投入产出的合理化配置，形成"供给评价—价值链改进—合理化配置—提供服务—价值增值—供给评价"的价值增值回路[227]。

第二，加深价值链协同供给系统对需求管理的映射作用。需求管理是针对社区居民的公共需求开展的动态的、系统的管理过程。基于价值链的社区公共物品协同供给模式要想寻求自身竞争优势，提升公共物品投入产出效能，关键在于针对社区居民多样化、异质化的公共需求能否做出及时应对。因此，通过加深基于价值链的协同供给系统对需求管理的映射作用，即将社区居民的需求意向精准定位式映射到价值链协同系统的投资决策、规划设计和组织生产中，不仅可以缩短协同供给系统的响应时间，还能节约供给成本，提升公共物品投入产出效能。

第三，构建公共物品公开透明的信息传递与反馈机制。多元主体在参与城市社区公共物品供给中，信息传递的快捷、透明和通畅是保障城市社区公共物品供给效率的必要条件。因此，通过信息平台强化供给主体间的信息披露、完善信息公开化的政策制度建设、建立扁平化的信息传递结构等方式建立公开透明的信息传递与反馈机制，能够在公众监督下约束各供给主体不恰当的利益行为，使多主体了解居民对社区公共物品的及时、动态需求变化，合理投入资金，达到提高城市社区公共物品供给效率的目的。

参 考 文 献

[1] 哈尔，梅志里. 发展型社会政策 [M]. 罗敏，范西庆，等译. 北京：社会科学文献出版社，2006.
[2] HIMMELMAN A T. Communities working collaboratively for a change [M]. Minneapolis: Himmelman consulting group, 1991.
[3] WINTER A, WISEMAN J, MUIRHEAD B. University-community engagement in Australia practice, policy and public good [J]. Education, citizenship and social justice, 2006, 1 (3): 211-230.
[4] FONTAN J M, HAMEL P, MORIN R, et al. Community organizations and local governance in a metropolitan region [J]. Urban affairs review, 2009, 44 (6): 832-857.
[5] BERTOT J C, JAEGER P T, GORHAM U, et al. Delivering e-government services and transforming communities through innovative partnerships: Public libraries, government agencies, and community organizations [J]. Information polity, 2013, 18 (2): 127-138.
[6] MAPPASERE F, IMBARUDDIN A, AKIB H. Public private and community partnership in waste management services in karang anyar district of makassar city [J]. International journal of academic research, 2014, 6 (4): 125-132.
[7] SAIDEL, JUDITH R. Dimensions of interdependence: the State and voluntary-sector relationship [J]. Nonprofit and voluntary sector quarterly, 1989, 18 (4): 335-347.
[8] WHITE J A, WEHLAGE G. Community collaboration: If it is such a good idea, why is it so hard to do? [J]. Educational evaluation and policy analysis, 1995, 17 (1), 23-38.
[9] EL ANSARI W, PHILLIPS C J. Interprofessional collaboration: a stakeholder approach to evaluation of voluntary participation in community partnerships [J]. Journal of interprofessional Care, 2001, 15 (4): 351-368.
[10] WEYERS M L, VAN DEN BERG A M. The success factors in community work services: a critical incident study [J]. International social work, 2006, 49 (2): 177-187.
[11] CHEN Y M, BERKOWITZ B. Older adults' home-and community-based care service use and residential transitions: a longitudinal study [J]. BMC geriatrics, 2012, 12 (1): 44.
[12] HELLMAN C M, HOPPES S, ELLISON G C. Factors associated with college student intent to engage in community service [J]. The journal of psychology, 2006, 140 (1): 29-39.
[13] FOSTER-FISHMAN P G, BERKOWITZ S L, LOUNSBURY D W, et al. Building collaborative capacity in community coalitions: a review and integrative framework [J]. American journal of community psychology, 2001, 29 (2): 241-261.
[14] PERRAULT E, MCCLELLAND R, AUSTIN C, et al. Working together in collaborations: successful process factors for community collaboration [J]. Administration in social work, 2011, 35 (3): 282-298.
[15] SUNG H Y, HEPWORTH M, RAGSDELL G. Investigating essential elements of community engagement in public libraries: an exploratory qualitative study [J]. Journal of librarianship and information science, 2013, 45 (3): 206-218.
[16] KOCHER M G, MARTINSSON P, MATZAT D, et al. The role of beliefs, trust, and risk in contributions to a public good [J]. Journal of economic psychology, 2015 (51): 236-244.
[17] JONES J M, CROOK W P, WEBB J R. Collaboration for the provision of services: a review of the literature [J]. Journal of community practice, 2007, 15 (4): 41-71.
[18] DOCHERTY I, GOODLAD R, PADDISON R. Civic culture, community and citizen participation in contrasting neighbourhoods [J]. Urban studies, 2001, 38 (12): 2225-2250.

［19］ BURNS D, TAYLOR M. Auditing community participation［M］. Bristol/York: The Policy Press/Joseph, 2000.

［20］ VARGAS-HERNÁNDEZ J G. Design of successful community partnerships to improve local governance in Mexico［C］//Competition forum. American society for competitiveness, 2010, 8（2）: 254.

［21］ HARRIS M E. Organizational challenges of community associations: applying nonprofit research to real-world problems［J］. Nonprofit & voluntary sector quarterly, 2014, 44（4）: 1461–1472.

［22］ BHUIYAN S H. Social capital and community development: an analysis of two cases from India and Bangladesh［J］. Journal of Asian and African studies, 2011, 46（6）: 533-545.

［23］ FAWCETT S B, PAINE-ANDREWS A, FRANCISCO V T, et al. Using empowerment theory in collaborative partnerships for community health and development［J］. American journal of community psychology, 1995, 23（5）: 677-697.

［24］ BUTTERFOSS F D. Process evaluation for community participation［J］. Annu rev public Health, 2006（27）: 323-340.

［25］ CROSS J E, DICKMANN E, NEWMAN-GONCHAR R, et al. Using mixed-method design and network analysis to measure development of interagency collaboration［J］. American Journal of Evaluation, 2009, 30（3）: 310-329.

［26］ REEB R N, FOLGER S F, LANGSNER S, et al. Self-efficacy in service-learning community action research: theory, research, and practice［J］. American journal of community psychology, 2010, 46（3-4）: 459-471.

［27］ CHEN Y M, THOMPSON E A. Understanding factors that influence success of home-and community-based services in keeping older adults in community settings［J］. Journal of aging and health, 2010, 22（3）: 267-291.

［28］ FREDERICKSEN P, LONDON R. Disconnect in the hollow state: the pivotal role of organizational capacity in community-based development organizations［J］. Public administration review, 2000, 60（3）: 230-239.

［29］ MULROY E A. Starting small: strategy and the evolution of structure in a community-based collaboration［J］. Journal of community practice, 2000, 8（4）: 27-43.

［30］ GUARESCHI P A, JOVCHELOVITCH S. Participation, health and the development of community resources in southern Brazil［J］. Journal of health psychology, 2004, 9（2）: 311-322.

［31］ DUMONT G, CANDLER G. Virtual jungles survival, accountability, and governance in online communities［J］. The American review of public administration, 2005, 35（3）: 287-299.

［32］ HEATH R G. Rethinking community collaboration through a dialogic lens creativity, democracy, and diversity in community organizing［J］. Management communication quarterly, 2007, 21（2）: 145-171.

［33］ SIRIANNI C. Investing in democracy: engaging citizens in collaborative governance［M］. Washing ton D C: Brookings Institution Press, 2009.

［34］ TAYLOR J, BRAUNACK-MAYER A, CARGO M, et al. Community and health sector partnerships for primary prevention in Australia: developing a typology［J］. Current sociology, 2012, 60（4）: 506-521.

［35］ PARRISH D E, HARRIS D, PRITZKER S. Assessment of a service provider self-study method to promote interorganizational and community collaboration［J］. Social work, 2013, 58（4）: 354-364.

［36］ 何亚群，曾维和，郑昌兴. 多元主体协同治理下的我国城市社区研究［J］. 阅江学刊, 2013, 5（6）: 94-97.

［37］ 张洪武. 城市基层社区的协同治理研究［J］. 中共石家庄市委党校学报, 2010, 12（3）: 39-41.

［38］ 阮陆宁. 城市社区卫生服务网络的协调机制研究［D］. 南昌：南昌大学，2012.

[39] 郑岚. 实现政府管理与社区公共产品有效供给创新研究: 以社区保安为例的社区公共产品共同生产: 中国行政管理学会2010年会暨"政府管理创新"研讨会论文集 [C]. 北京: 中国行政管理学会, 2010.

[40] 王巍. 城市社区治理的制度创新 [D]. 济南: 山东大学, 2009.

[41] 谢俊. 城市社区治理理念的实现机制探索: 基于武汉市"幸福社区"建设的视角 [J]. 湖北工程学院学报, 2014, 34 (4): 86-91.

[42] 黄超. 成都市锦江区城市社区治理案例研究 [D]. 成都: 电子科技大学, 2014.

[43] 陈璞. 城市医院与社区卫生服务机构双向转诊模式与监管机制研究 [D]. 武汉: 华中科技大学, 2009.

[44] 王国春. 民间组织协同参与城市社区治理研究: 基于北京市社区民间组织的调查 [J]. 求索, 2013, 33 (11): 253-255.

[45] 杨现雷. 社区卫生组织协同管理研究 [D]. 天津: 天津大学, 2011.

[46] 李莉, 章君凤. 社区协同治理中的社会工作人才、机构与方法介入 [J]. 学习与实践, 2012, 29 (10): 90-94.

[47] 吴隆基. 社区体育文化建设与高校体育资源协同发展的战略研究 [J]. 山东社会科学, 2012, 26 (S2): 303-305.

[48] 汤红娟. 美国大学生社区服务的启示 [J]. 社会科学家, 2013, 28 (11): 117-120.

[49] 刘丽娟. 大学和社区的协同发展研究 [D]. 成都: 西南交通大学, 2013.

[50] 张振宇, 沈蓓绯. 大学生社区志愿服务深化发展的思考——以美国学校服务学习为鉴 [J]. 中国青年政治学院学报, 2011, 30 (3): 52-56.

[51] 郭晓琴. 基于社区公共安全网络的协同治理机制研究 [D]. 上海: 上海师范大学, 2013.

[52] 张丽娜. 社区养老服务供应链的构建及管理实施 [D]. 广州: 华南理工大学, 2012.

[53] 孔娜娜. 社区公共服务碎片化的整体性治理 [J]. 华中师范大学学报 (人文社会科学版), 2014, 60 (5): 29-35.

[54] 王艳丽. 城市社区协同治理动力机制研究 [D]. 长春: 吉林大学, 2012.

[55] 郑杭生, 黄家亮. 论我国社区治理的双重困境与创新之维: 基于北京市社区管理体制改革实践的分析 [J]. 东岳论丛, 2012, 33 (1): 23-29.

[56] 卫志民. 中国城市社区协同治理模式的构建与创新: 以北京市东城区交道口街道社区为例 [J]. 中国行政管理, 2014, 30 (3): 58-61.

[57] 刘伟红. 政府与社区协同管理模式: 城市社区管理体制变革走势分析 [J]. 江南社会学院学报, 2008, 10 (1): 61-63.

[58] 麻宝斌, 任晓春. 政府与社会的协同治理之路: 以汪清县城市社区管理改革为个案 [J]. 吉林大学社会科学学报, 2011, 57 (6): 132-139, 156.

[59] 郑巧, 肖文涛. 协同治理: 服务型政府的治道逻辑 [J]. 中国行政管理, 2008, 24 (7): 48-53.

[60] 李春. 城市社区公共服务多元协作组织研究 [J]. 理论月刊, 2012, 34 (3): 142-145.

[61] 哈肯. 协同学: 大自然构成的奥秘 [M]. 凌复华, 译. 上海: 上海译文出版社, 2005.

[62] BARRATT M. Understanding the meaning of collaboration in the supply chain [J]. Supply chain management: an international journal, 2004, 9 (1): 30-42.

[63] 卫洁. 我国社区建设的历程回顾及述评 [D]. 北京: 首都经济贸易大学, 2010.

[64] 孙玉华. 浅谈建筑工程施工管理 [J]. 价值工程, 2010, 19 (16): 86.

[65] 谭书平. 公共建筑质量监督管理多元主体参与研究 [D]. 成都: 电子科技大学, 2009.

[66] 万冬君. 基于全寿命期的建设工程项目集成化管理模式研究 [J]. 土木工程学报, 2012, 59 (S2): 267-271.

[67] 刘功润. 作为共同体的城市社区自治问题研究 [D]. 上海：复旦大学，2012.
[68] 徐洁. 我国公共基础设施维护研究 [D]. 重庆：重庆大学，2008.
[69] 晋艳. 建设项目设计过程质量控制理论及其应用研究 [D]. 西安：西安理工大学，2007.
[70] 陆旭. 我国消费者权益保护制度研究 [D]. 北京：首都经济贸易大学，2013.
[71] 童利忠，谷春梅. 供应链管理的5F研究模型 [J]. 管理世界，2013，29（6）：184-185.
[72] 牟永福. 城市公共物品供给的"空间失配"现象及其优化策略分析 [J]. 福建论坛（人文社会科学版），2008（06）：126-130.
[73] 庞娟. 城市社区公共品供给机制研究：基于利益相关者理论的视角 [J]. 城市发展研究，2010（08）：131-135.
[74] 李雪萍. 城市社区公共产品供给研究 [D]. 武汉：华中师范大学，2007.
[75] 卢鹏展. 城市社区多元治理主体互动网络研究 [D]. 大连：大连理工大学，2008.
[76] 张开平. 协商合作逻辑下城市社区治理结构的构建 [J]. 商业时代，2009（18）：71-72.
[77] 王祯祯. 社区治理模式的比较与转型 [J]. 广东行政学院学报，2010，22（2）：93-95.
[78] 沈幸，张颖. 城市社区治理问题研究：基于治理理论的探究 [J]. 中山大学研究生学刊（社会科学版），2012（3）：32-38.
[79] 王雪梅. 社区公共物品与社区治理：论城市社区"四轮驱动、一辕协调"的治理结构 [J]. 北京行政学院学报，2005（4）：60-63.
[80] 邓琳. 多中心理论视角下的城市社区建设模式研究 [D]. 北京：华北电力大学，2013.
[81] 耿云. 治理理论视角下的中国城市社区公共服务研究 [D]. 北京：中国政法大学，2008.
[82] 李雪萍. 论城市社区公共产品的准市场机制供给 [J]. 华中师范大学学报（人文社会科学版），2009（3）：27-31.
[83] 陈奇星，胡德平. 政府公共服务方式的多元化选择：趋势与策略 [J]. 上海行政学院学报，2011（3）：31-39.
[84] 李爱卿. 转型期我国社区建设与政府行为关系初探 [J]. 求实，2004（4）：71-73.
[85] 何金晖. 中国城市社区权力结构研究 [M]. 武汉：华中师范大学出版社，2010：51-57.
[86] 周燕，梁樑. 国外公共物品多元化供给研究综述 [J]. 经济纵横，2006（2）：74-76.
[87] 张庆东. 公共利益：现代公共管理的本质问题 [J]. 云南行政学院学报，2001（4）：22-26.
[88] 王怡. 城市社区公共物品有效自主供给模式研究 [J]. 生产力研究，2012（10）：104-105.
[89] 田凯. 西方非营利组织理论述评 [J]. 中国行政管理，2003（6）：59-64.
[90] 田华，陈静波. 论社区公共服务供给中的多元化主体 [J]. 云南行政学院学报，2007（6）：103-106.
[91] 涂晓芳. 公共物品的多元化供给 [J]. 中国行政管理，2004（2）：88-93.
[92] 陈振明. 走向一种"新公共管理"的实践模式：当代西方政府改革趋势透视 [J]. 厦门大学学报（哲学社会科学版），2000（2）：76-84.
[93] 沈满洪，谢慧明. 公共物品问题及其解决思路：公共物品理论文献综述 [J]. 浙江大学学报（人文社会科学版），2009（6）：133-144.
[94] ABZUG R, WEBB N J. Relationships between nonprofit and for-profit organizations: a stakeholder perspective [J]. Nonprofit and voluntary sector quarterly, 1999, 28（4）：416-431.
[95] JUAN P. Research on urban community public goods supply mechanism: based on the stakeholder theory [J]. Urban studies, 2010（8）：23.
[96] RIEGE A, LINDSAY N. Knowledge management in the public sector: stakeholder partnerships in the public policy development [J]. Journal of knowledge management, 2006, 10（3）：24-39.
[97] 柳春慈. 区域公共物品供给中的利益协调机制探讨 [J]. 学术交流，2011（7）：72-76.

[98] 韩鹏云, 刘祖云. 农村公共品供给制度：变迁、博弈及路径创新：基于利益相关者理论的分析范式[J]. 上海行政学院学报, 2012 (3)：71-77.

[99] 李旭, 戴蓬军. 利益相关者与农民专业合作社成长：分析框架和影响机理[J]. 农业经济, 2012 (9)：78-80.

[100] 楚永生. 利益相关者理论最新发展理论综述[J]. 聊城大学学报（社会科学版）, 2004 (2)：33-36.

[101] DAR KUVIEN V, BENDORAITIEN E. The stakeholder concept analysis [J]. Management of organizations: systematic Research, 2013 (68)：66-70.

[102] 贾生华, 陈宏辉, 田传浩. 基于利益相关者理论的企业绩效评价：一个分析框架和应用研究[J]. 科研管理, 2003 (4)：94-101.

[103] FREEMAN R E. Strategic management: a stakeholder approach [J]. Advances in strategic management, 1983, 1 (1)：31-60.

[104] CARNAGHAN C, GIBBINS M, IK HEIMO S. Managed financial disclosure: the interplay between accountability pressures [J]. Accountability: power, ethos and the technologies of managing, 1996：164-181.

[105] 付俊文, 赵红. 利益相关者理论综述[J]. 首都经济贸易大学学报, 2006 (2)：16-21.

[106] BEACH S. Who or what decides how stakeholders are optimally engaged by governance networks delivering public outcomes [J]. International research society for public management conference (IRSPM XIII), copenhagen business, 2009 (4)：6-8.

[107] CLARKSON M E. A stakeholder framework for analyzing and evaluating corporate social performance [J]. Academy of management review, 1995, 20 (1)：92-117.

[108] MITCHELL R K, AGLE B R, WOOD D J. Toward a theory of stakeholder identification and salience: defining the principle of who and what really counts [J]. Academy of management review, 1997, 22 (4)：853-886.

[109] SACHS S. Managing the extended enterprise: the new stakeholder view [J]. California management review, 2002, 45 (1)：6-28.

[110] HENRIQUES I, SADORSKY P. The relationship between environmental commitment and managerial perceptions of stakeholder importance [J]. Academy of management journal, 1999, 42 (1)：87-99.

[111] 席恒. 公共物品多元供给机制：一个公共管理的视角[J]. 人文杂志, 2005 (3)：138-143.

[112] 陈宏辉, 贾生华. 企业利益相关者三维分类的实证分析[J]. 经济研究, 2004 (4)：80-90.

[113] 陈光, 方媛. 论社区治理参与主体的利益追求与规制[J]. 武汉科技大学学报（社会科学版）, 2013, 15 (5)：541-547.

[114] 陈伟东, 郭风英. 多重制度继替整合：单位改制社区利益关系重构[J]. 求索, 2011, 32 (1)：54-56.

[115] 胡建勇, 胡莎莎. 利益相关者共同参与下的社区治理研究[J]. 未来与发展, 2012, 33 (2)：21-24.

[116] 赵光勇. 政府主导、利益参与和社区发展：以杭州市社区建设为案例的研究[J]. 中共杭州市委党校学报, 2012, 13 (3)：38-43.

[117] 马庆国. 管理统计：数据获取、统计原理[M]. 北京：科学出版社, 2002：102.

[118] 姜振华. 论构建城市社区社会资本的制度供给[J]. 理论前沿, 2008, 22 (17)：35-36.

[119] 黄晓杏, 胡振鹏, 傅春, 等. 生态旅游主要利益相关者演化博弈分析[J]. 生态经济, 2015, 31 (1)：142-146.

[120] 朱光喜, 朱燕. 政府在业主维权中的作用：以武汉市南湖社区为例[J]. 云南行政学院学报, 2008, 10 (6)：67-71.

[121] 茹婧, 黄成亮. 转型期城市社区自治中的利益博弈探析 [J]. 湖北社会科学, 2009, 23 (5): 28-31.

[122] 王志锋. 城市治理多元化及利益均衡机制研究 [J]. 南开学报 (哲学社会科学版), 2010, 56 (1): 119-126.

[123] KOOIMAN J. Governance and governability: using complexity, dynamics and diversity [J]. Modern governance: new government-society interactions, 1993 (1): 35-48.

[124] 李江新. 社区管理三大参与主体分析: 基于多元共治的视角 [J]. 学术界, 2011, 26 (5): 79-86.

[125] 佘湘. 城市社区治理中的集体行动困境及其解决: 基于理性选择制度主义的视角 [J]. 湖南师范大学社会科学学报, 2014, 59 (5): 32-38.

[126] 奥斯特罗姆. 美国公共行政的思想危机 [M]. 上海: 上海三联书店, 1999: 26.

[127] 徐娜, 高明. 市场化视角下我国公共物品的供给模式研究 [J]. 广西经济管理干部学院学报, 2010 (2): 75-79.

[128] 李霞, 王军. 城市化进程中的城市公共物品供给 [J]. 西南民族大学学报 (人文社科版), 2004 (9): 82-85.

[129] 刘大洪, 李华振. 政府失灵语境下的第三部门研究 [J]. 法学评论, 2005 (6): 13-18.

[130] 陆道平. 我国地方公共物品多元化供给的困境 [J]. 探索与争鸣, 2007 (6): 41-43.

[131] 何杰, 唐权. 论非政府组织参与公共物品供给的困境及对策 [J]. 现代商贸工业, 2012 (1): 59-60.

[132] 田亚峰. 我国城市社区公共产品供给制度创新研究 [D]. 广州: 华南师范大学, 2007.

[133] 陈伟东. 城市基层社会管理体制变迁: 单位管理模式转向社区治理模式: 武汉市江汉区社区建设目标模式、制度创新及可行性研究 [J]. 理论月刊, 2000 (12): 3-9.

[134] 刘瑞明, 金田林. 政绩考核、交流效应与经济发展: 兼论地方政府行为短期化 [J]. 当代经济科学, 2015 (3): 9-18, 124.

[135] 王贤彬, 周靖祥. 地方官员异质性与公共服务供给绩效 [J]. 南方经济, 2013 (11): 47-59.

[136] 朱光磊, 周望. 在转变政府职能的过程中提高政府公信力 [J]. 中国人民大学学报, 2011 (3): 120-128.

[137] 朱光磊, 于丹. 建设服务型政府是转变政府职能的新阶段: 对中国政府转变职能过程的回顾与展望 [J]. 政治学研究, 2008 (6): 67-72.

[138] 靳永翥, 谢德根. 关系资本视角的公共服务提供机制创新及经验观察 [J]. 贵州社会科学, 2015 (1): 36-43.

[139] 夏志强. 公共服务多元主体合作供给模式的缺陷与治理 [J]. 上海行政学院学报, 2013 (4): 39-45.

[140] 王清. 依附式协作供给: 城市公共物品供给机制创新 [J]. 湖南师范大学社会科学学报, 2014 (1): 61-68.

[141] 萨瓦斯. 民营化与公私部门的伙伴关系 [M]. 北京: 中国人民大学出版社, 2002.

[142] 徐祖荣. 社会组织与公共服务主体多元化 [J]. 理论与改革, 2009 (1): 35-38.

[143] 贾坤. 多主体参与的地方中小微企业公共服务创新研究 [D]. 长沙: 中南大学, 2013.

[144] 刘友金, 杨继平. 集群中企业协同竞争创新行为博弈分析 [J]. 系统工程, 2002 (6): 22-26.

[145] 于斌斌, 鲍熹懿. 地方政府与集群企业创新行为的进化博弈分析 [J]. 四川经济管理学院学报, 2010 (1): 53-56.

[146] 何继新, 杨鹏, 高亚君. 城市社区公共物品多主体协同供给: 现状评估及影响因素分析 [J]. 吉首大学学报, 2015 (7): 77-87.

[147] 刘春湘, 邱松伟, 陈业勤. 社会组织参与社区公共服务的现实困境与策略选择 [J]. 中州学刊,

2011 (2): 106-110.

[148] 徐勇. 论城市社区建设中的社区居民自治 [J]. 华中师范大学学报（人文社会科学版），2001 (3): 5-13.

[149] 丁元竹. 社区与社区建设: 理论、实践与方向 [J]. 学习与实践，2007 (1): 16-27.

[150] 陈振明，和经纬. 政府工具研究的新进展 [J]. 东南学术，2006 (6): 22-29.

[151] 赵白鸽. 以人的全面发展为中心，加快建立公共服务体制：在"中国公共服务体制：中央与地方关系"国际研讨会上的讲话 [C] //中国（海南）改革发展研究院. 中国公共服务体制：中央与地方关系. 北京：中国经济出版社，2006.

[152] 容志. 基层政府公共服务供给的问题与对策：基于上海的研究 [J]. 上海行政学院学报，2011 (6): 43-51.

[153] 刘治峰. 服务型政府的构建：困境及路径分析 [J]. 宿州教育学院学报，2013 (1): 9-10, 35.

[154] 陈娟. "双向互动"：公共服务供给主体的角色定位与路径选择 [J]. 中共福建省委党校学报，2012 (2): 53-59.

[155] 王名，乐园. 中国民间组织参与公共服务购买的模式分析 [J]. 中共浙江省委党校学报，2008 (4): 5-13.

[156] 贾霄锋，许营. 政府与社会组织合作参与公共服务的发展探析 [J]. 重庆理工大学学报（社会科学），2014 (1): 98-102.

[157] 李慧凤. 制度结构、行为主体与基层政府治理 [J]. 南京社会科学，2014 (2): 93-99.

[158] 叶南客. 都市社会的微观再造：中外城市社区比较新论 [M]. 南京：东南大学出版社，2003: 46.

[159] 严炜炜. 产业集群跨系统创新服务融合系统动力学分析 [J]. 科技进步与对策，2015，32 (8): 56-60.

[160] 陈婉玲. 公私合作制的源流、价值与政府责任 [J]. 上海财经大学学报，2014，16 (5): 75-83.

[161] 高庆鹏，胡拥军. 集体行动逻辑、乡土社会嵌入与农村社区公共产品供给：基于演化博弈的分析框架 [J]. 经济问题探索，2013，34 (1): 6-14.

[162] 唐刚，彭英. 多元主体参与公共体育服务治理的协同机制研究 [J]. 体育科学，2016，36 (3): 10-24.

[163] 刘洪海. 地方政府公共物品供给绩效评估量化体系构架研究 [J]. 商业时代，2012，31 (34): 101-102.

[164] 李莉，刘晓燕. "协同治理"视角下的社会组织公共服务供给 [J]. 城市观察，2012，4 (2): 16-24.

[165] 吴光芸. 利益相关者合作逻辑下的我国城市社区治理结构 [J]. 城市发展研究，2007，14 (1): 82-86.

[166] 高红. 城市基层合作治理视域下的社区公共性重构 [J]. 南京社会科学，2014，25 (6): 88-95.

[167] 解亚红. 我国城市社区卫生服务：内涵、问题及思考 [J]. 中国行政管理，2010，26 (12): 99-102.

[168] 王倩. 城市社区养老服务问题及对策探究 [J]. 成都纺织高等专科学校学报，2014，31 (2): 51-54.

[169] 周晓丽. 论城市突发公共安全事件的复合治理 [J]. 中共四川省委党校学报，2006，8 (3): 64-66.

[170] 张大维，郑永君. 流程再造理论与社区管理创新：以武汉市江汉区为例 [J]. 城市问题，2012，31 (3): 68-73.

[171] 张琳娜，刘广生. 城市社区公共服务供给问题思考 [J]. 山东师范大学学报（人文社会科学版），2007，52 (6): 155-158.

[172] 胡蓉. 公共产品理论视阈下我国城市社区的公共产品有效供给研究 [D]. 成都：电子科技大学，2011.

[173] 李长英. 政府主导型城市社区公共服务供给失效的原因分析：基于对广州市HX社区的调查[J]. 特区经济，2014，32（5）：103-104.

[174] 隋玉杰，陈历广. 社会再组织化：城市居委会新功能探析[J]. 广东工业大学学报（社会科学版），2014，14（1）：44-48.

[175] 高亚君，何继新. 城市社区公共物品供给研究：现状评述与关键问题拓展[J]. 天津城建大学学报，2014，20（3）：204-209.

[176] 蒋舟. 社区公共服务困境与对策分析[D]. 长沙：湖南大学，2010.

[177] 林桦. 浅谈城市社区卫生服务的现状和可持续发展[J]. 福建论坛（人文社会科学版），2011，31（S1）：3-4.

[178] TONKISS F. Trust, social capital and economy[J]. Trust and civil society, 2000, 41(6): 72-89.

[179] 宋娜梅，罗彦平，郑丽. 体育公共服务绩效评价：指标体系构建与评分计算方法[J]. 体育与科学，2012，35（5）：30-34.

[180] 田华. 论政府社区公共服务绩效评估体系的构建[J]. 理论界，2007，18（8）：60-61.

[181] 范柏乃，蓝志勇. 公共管理研究与定量分析方法[M]. 2版. 北京：科学出版社，2013.

[182] 波特. 竞争优势[M]. 陈小悦，译. 北京：华夏出版社，1997.

[183] GOVINDARAJAN V, SHANK J K. Strategic cost management: tailoring controls to strategies[J]. Journal of cost management, 1992, 6(3): 14-25.

[184] HINES P, RICH N, BICHENO J, et al. Value stream management[J]. The International journal of logistics management, 1998, 9(1): 25-42.

[185] RAYPORT J F, SVIOKLA J J. Exploiting the virtual value chain[J]. Harvard business review, 1995, 73(6): 75.

[186] HUMPHREY J, SCHMITZ H. How does insertion in global value chains affect upgrading in industrial clusters?[J]. Regional studies, 2002, 36(9): 1017-1027.

[187] 綦好东，杨志强. 价值链会计的学科定位及问题域[J]. 会计研究，2005（11）：41-44，96.

[188] 肖艾林. 基于公共价值的我国政府采购绩效管理创新研究[D]. 长春：吉林大学，2014.

[189] 包国宪，王学军. 以公共价值为基础的政府绩效治理：源起、架构与研究问题[J]. 公共管理学报，2012（2）：89-97，126-127.

[190] 吴玉霞. 公共服务链：一个政府购买服务的分析框架[J]. 经济社会体制比较，2014（5）：141-147.

[191] 郝淑红. 政府决策过程的知识价值链[D]. 沈阳：东北大学，2006.

[192] 阳敏，张宇蕊. 基于价值链的公共事业单位内部控制研究：以高校为例[J]. 经济研究参考，2012（11）：82-85.

[193] 谢朝斌. 打破行政垄断，加快推进公共服务市场化和社会化：试论"十二五"时期政府公共服务职能转变与改革[J]. 北京市经济管理干部学院学报，2010（4）：3-10.

[194] 徐可，何桢，王瑞. 供应链关系质量与企业创新价值链：知识螺旋和供应链整合的作用[J]. 南开管理评论，2015（1）：108-117.

[195] 张贤明，田玉麒. 整合碎片化：公共服务的协同供给之道[J]. 社会科学战线，2015（9）：176-181.

[196] 陈晨. 城市治理精细化转型路径分析[J]. 中共珠海市委党校珠海市行政学院学报，2015（1）：38-41.

[197] 竺乾威. 从新公共管理到整体性治理[J]. 中国行政管理，2008（10）：52-58.

[198] 王琦，王生智，吕廷杰. 电信商战风云[M]. 北京：北京邮电大学出版社，2006.

[199] 范如国. 复杂网络结构范型下的社会治理协同创新[J]. 中国社会科学，2014（4）：98-120.

[200] 夏继舟. 社区建设中基层政府与社区自治组织关系探析［D］. 上海：复旦大学，2010.
[201] 何继新，陈真真. 公共物品供给复合主体"复合型"协同机制研究：基于"价值链"理论视角［J］. 吉首大学学报（社会科学版），2016（2）：38-45.
[202] 李峰. 社会组织参与公共服务供给的价值分析［J］. 哈尔滨市委党校学报，2014（1）：87-90.
[203] 王艳. 博弈视角下的业主维权探析［J］. 湖北社会科学，2011（2）：53-55.
[204] 何雨聪. 政府公共项目融资（PPP）及运行机制研究［D］. 重庆：重庆大学，2007.
[205] 李忱，田杨萌. 科学技术与管理的协同关联机制研究［J］. 中国软科学，2001（5）：71-74.
[206] 张兆曙. 城市议题与社会复合主体的联合治理：对杭州3种城市治理实践的组织分析［J］. 管理世界，2010（2）：46-59.
[207] 车海刚. "供给侧结构性改革"的逻辑［J］. 中国发展观察，2015（11）：1.
[208] 李强，葛天任. 社区的碎片化：Y市社区建设与城市社会治理的实证研究［J］. 学术界，2013（12）：40-50.
[209] 华志忠. 价值链的系统构造与协同分析［J］. 经济纵横，2008（5）：117-119.
[210] 刘绍飞. 网络治理视角下社区公共服务供给中的政社合作及其互动逻辑研究［D］. 中共上海市委党校，2015.
[211] 蔡礼强，王世强. 非营利组织孵化器研究［C］//黄晓勇. 中国民间组织报告（2011～2012）. 北京：社会科学文献出版社，2012：58.
[212] 李军鹏. 政府购买公共服务的学理因由、典型模式与推进策略［J］. 改革，2013（12）：17-29.
[213] 周志忍. 当代国外行政改革比较研究［M］. 北京：国家行政学院出版社，1999.
[214] 周梅，苏振民，金少军. PPP-BASED BOT：政府与企业新型合作模式［J］. 建筑经济，2009（3）：32-34.
[215] 许国平. 系统科学［M］. 上海：上海科技教育出版社，2000：29.
[216] 李伟. 协同学视阈下的我国农村公共产品供给系统再造［J］. 行政论坛，2009（1）：25-28.
[217] 黄建云. 城市基础设施经营机制的改革：市场化［J］. 城市发展研究，2000（1）：64-70.
[218] 喻登科. 科技成果转化知识管理绩效评价研究［D］. 哈尔滨：哈尔滨工程大学，2010.
[219] 张松波. 基于价值网的供应链协同机制及实证研究［D］. 济南：山东大学，2010.
[220] 唐红霞. 企业战略联盟·价值链·绩效评价［D］. 南京：南京工业大学，2004.
[221] 陈甲华，邹树梁，刘兵，等. 基于价值链的战略联盟协同效应评价指标体系与模糊综合评价［J］. 南华大学学报（社会科学版），2005（3）：46-49.
[222] 奥斯特罗姆. 公共事物的治理之道：集体行动制度的演进［M］. 余逊达，陈旭东，译. 上海：上海译文出版社，2012.
[223] 迪尼托. 社会福利：政治与公共政策［M］. 何敬，葛其伟，译. 北京：中国人民大学出版，2007.
[224] 金太军，鹿斌. 协同治理生成逻辑的反思与调整［J］. 行政论坛，2016（5）：1-7.
[225] DYER J H, SINGH H. The relational view: cooperative strategy and sources of interorganizational competitive advantage [J]. Academy of management review, 1998, 23 (4): 660-679.
[226] DEKKER H C. Control of inter-organizational relationships: evidence on appropriation concerns and coordination requirements [J]. Accounting, organizations and society, 2004, 29 (1): 27-49.
[227] 周鹏飞. 企业采购知识价值链及其应用研究［D］. 苏州：苏州大学，2014.